심리학이 조조에게 말하다 ②

심리학이 조조에게 말하다 ②

펴낸날 2022년 12월 12일 1판 1쇄

지은이 천위안
옮긴이 이정은
펴낸이 강유균
편집위원 이라야 남은영
기획·홍보 김아름 김혜림
교정·교열 이교숙 나지원
경영지원 이안순
디자인 바이텍스트
마케팅 신용천

펴낸곳 리드리드출판(주)
출판등록 1978년 5월 15일(제 13-19호)
주소 경기도 고양시 일산서구 고양대로632번길 60, 207호(일산동, 대우이안)
전화 (02)719-1424
팩스 (02)719-1404
이메일 gangibook@naver.com
홈페이지 www.readlead.kr

ISBN 978-89-7277-368-9 (04320)
978-89-7277-201-9 (세트)

* 잘못된 책은 바꾸어 드립니다.
* 책값은 뒤표지에 있습니다.

◈ 현대 심리학으로 읽는 삼국지 인물 열전 ◈

천위안 지음
이정은 옮김

심리학이 조조에게 말하다

진실이 때론 거짓보다 위험하다

2

리드리드출판

◆ 차례 ◆

5부 조조 불굴의 투지 효과

6부 조조의 상호작용 원칙

7부 조조 경쟁과 도전의 기술

8부 조조 판단의 기준

5부

조조 불굴의 투지 효과

전장에 나간 사람이 앞을 물러설 자리를 보면 안 된다.
시선은 오직 앞을 향해야 하며 어느 곳에 서 있는지 정확하게 알고
무엇을 위한 싸움인지 알아야 한다. 어려움을 피하지 않고
뜻을 굽히지 않는 의지가 필요하다. 조조처럼.

자신이 불리한 정보에는 물을 타라

조조의 명령을 받은 유엽은 장수의 모사 가후를 찾아갔다. 이야기를 들은 가후는 조조의 넓은 아량에 감탄해 마지않았다.

지모가 깊은 데다 풍부한 경험까지 쌓은 모사 가후는 과거 이각과 장수를 위해 신출귀몰한 계략을 내놓았다. 조조도 가후의 계략에 걸려 두 번이나 장수에게 패하고 맏아들 조앙과 조카 조안민을 잃었다. 또 아끼던 맹장 전위를 잃었으며 조조 본인도 목숨을 잃을 뻔했다. 그러니 아무리 도량이 바다 같은 사람이라도 장수에게 맺힌 한을 뒤로 하고 먼저 손을 내밀 수는 없었다. 그러나 조조는 그 어려운 일을 해내고 있었다. 이 행동은 가후의 마음을 사로잡았다.

'조조야말로 이 어지러운 세상에 진정으로 따를만한 주인이로다! 그 누구도 따를 수 없는 기백과 도량. 장수나 유표뿐만 아니라 원소까지

모두 조조에게 무릎을 꿇고 말 것이다.'

그런데 이때 원소도 장수에게 사람을 보내왔다. 동시에 두 세력가로부터 러브콜을 받은 장수는 마땅히 원소를 선택해야 했다. 원소의 세력이 조조보다 확실히 강하고 장수와 조조는 과거의 원한이 깊기 때문이다. 그러나 장수가 대답하기도 전에 가후가 원소의 편지를 찢고는 원소의 사자를 향해 말했다.

"그대는 돌아가 원소에게 전하시오. 제 동생과도 힘을 합치지 못한 위인이 어찌 우리 장군 같은 분을 받아들일 수 있겠느냐고!"

장수는 깜짝 놀랐다.

"원소는 강대한 세력을 지녔소. 이렇게 편지를 찢고 사자를 냉대했다가 나중에 탈이 나면 어쩌려고 그러시오?"

그러자 가후가 가볍게 웃으며 말했다.

"주공께서는 조조와 손을 잡으십시오."

도무지 납득이 안 되는 장수가 되물었다.

"나와 조조가 철천지원수라는 사실을 잊었단 말이오? 조조가 나를 진심으로 받아들여 주겠소?"

가후는 조조에게 투항해야 하는 세 가지 이유를 말했다.

"첫째, 조조는 천자를 모시고 있어 행동마다 정당한 명분이 있습니다. 둘째, 원소는 세력이 강대하니 우리가 투항해도 중요하게 여기지 않을 것이나 조조는 매우 기뻐하며 주공을 중히 쓸 것입니다. 셋째, 조조는 천하를 노리는 야심가이니 사사로운 원한은 잊고 그 덕을 사방에 떨칠 것입니다. 그러니 장군께서는 망설이지 마십시오."

언제나 가후의 말을 들어온 장수는 고개를 끄덕였다.

"일리가 있는 말씀이오만 조조가 나를 받아줄지 아직 모르지 않소?"

이에 가후가 웃으며 유엽을 데려와 인사시켰다.

"조승상이 이미 사자를 보내왔습니다."

유엽은 다시 한번 조조의 뜻을 전달한 다음 덧붙였다.

"조승상께서는 이미 예전의 일을 다 잊으셨습니다. 그렇지 않았다면 저를 보내셨을 리가 있겠습니까?"

그제야 마음을 놓은 장수는 가후와 함께 유엽을 따라 허도로 갔다. 직접 마중까지 나와 기다리던 조조는 장수가 계단 아래 엎드리자 직접 일으켜 세웠다.

"내 지난 잘못은 모두 잊어주시구려."

조조는 살아오면서 단 한 번도 잘못을 시인한 적이 없었다. 과거 여백사 가족을 몰살하는 큰 죄를 지었을 때도 반성은커녕 자기변호에만 급급했었다. 완성에서 장수의 숙모를 희롱한 일은 비교적 작은 잘못이었는데도 왜 조조는 직접 사과까지 했을까?

그것은 가후가 투항할 시점을 정확히 짚어주었기 때문이다. 조조는 장수가 자신에게 투항할 것이라 기대하지 않았다. 예전에 장수가 항복했을 때 조조는 그의 숙모 추씨에게 반해 장수의 자존심에 상처를 준 적이 있었기 때문이다. 그 일로 화가 난 장수는 조조의 아들과 조카, 맹장까지 죽여버렸다.

그러나 뜻밖에도 장수가 투항하자 조조는 큰 은혜를 입은 셈이 되었다. '호혜의 원리'에 입각하여 조조는 지난날의 잘못을 더욱 부끄럽게 생각했다. 결국, 죄책감을 이기지 못하고 사과를 한 것이다. 만약 가후가 결단력을 발휘해 장수를 설득하지 못했다면 이야기는 달라졌을 것이다. 자기변명에 천재적인 조조는 자기 잘못을 인정하려 들지 않았을 것이고, 장수가 항복해도 지금 같은 대접은 받지 못했을 것이다.

'관직 도매상'인 조조는 장수를 양무장군揚武將軍에 봉하고 가후는 집금오執金吾使로 삼았다. 두 사람은 크게 기뻐했다. 불쌍한 추씨를 제외하고는 모두가 해피엔딩이었다.

한편 조조가 유표에게 보낸 사자는 아무 소득 없이 돌아왔다. 그러자 유표와 친한 장수가 조조에게 보답하고자 입을 열었다.

"제가 편지를 써드릴 테니 승상께서 말 잘하는 사람을 뽑아 함께 보내십시오. 그렇게 하면 유표를 설득할 수 있을 것입니다."

가만히 듣고 있던 공융이 말했다.

"제가 잘 아는 예형禰衡이라는 사람이 있는데 학식이 대단합니다. 다만 성정이 오만하고 말을 함부로 하는 것이 탈이지요. 진작부터 승상께 추천해 올리려 했으나 이 사람이 무례하게 굴까 두려워 그러지 못했습니다. 예형도 유표와 아는 사이니 그를 보내면 일은 틀림없을 것입니다."

공융과 예형은 마음을 터놓고 지내는 친한 사이였다. 예형은 공융을 '공자의 환생'이라 불렀고 공융은 예형을 '안회가 다시 살아왔다'라고 할 정도였다. 공융은 진작부터 예형을 관직에 앉히고 싶었으나 워낙 성격이 특이하고 안하무인이라 쉽게 나서지 못하고 있었다. 그런데 마침 조조가 사람을 찾자 이때다 싶어 예형을 천거한 것이다. 그는 '물타기 효과Dilution Effect(또는 희석효과)'라는 심리적 전략을 사용한 것이다.

'물타기 효과'는 많은 분야에서 응용되는데 선거를 예로 들 수 있다.

유권자들에게 좋지 않은 인상을 준 후보는 어린 시절의 이야기나 집안 인테리어 등 선거와 관련 없는 정보를 알려 자신의 부정적인 이미지를 희석시키려 한다. 또한, 우리가 누군가에게 어려운 부탁을 할 때 이말저말 늘어놓으며 말을 빙빙 돌리는 것도 같은 이치다.

예형과 친한 사이인 공융은 그를 천거하고 싶은 마음이 아주 강했다. 그러나 예형의 성격적 결함이 상당히 크다는 것도 알고 있었다. 만약 천거했다가 예형이 무례하게 굴어 조조의 미움을 산다면 그 화가 자신에게까지 미칠 게 뻔했다. 그래서 공융은 예형을 천거하는 동시에 그의 튀는 성격을 미리 언급했다. 만약 예형의 잘못으로 조조가 분노하더라도 문제점을 미리 말해둔 공융의 잘못은 아니기 때문이다.

공융은 먼저 예형의 재주와 학문이 뛰어난 인재로 소개했다. 긍정적인 첫인상(초두효과)을 만들어 놓은 것이다. 만약 '입만 열면 오만함이 하늘을 찌르는 자입니다만'이라는 말을 먼저 꺼냈다면 조조는 더 들으려고 하지 않았을 것이다. 그러나 공융은 칭찬부터 한 뒤 나쁜 점을 슬쩍 꺼내고 그가 유표와 아는 사이라는 것까지 덧붙였다. 긍정적인 면과 부정적인 면을 샌드위치처럼 엇갈려 놓아 상호 간에 희석작용하도록 한 것이다. 이렇게 하면 예형의 뛰어난 실력이 다소 빛바랠 수 있으나 추천인이 감당해야 할 위험은 현저히 줄어든다. 이는 상대의 심리를 잘 이용하는 수법이기도 하다.

공융의 말을 들은 조조는 예형을 데려오도록 했다. 도착한 예형이 예를 끝냈지만, 조조는 그에게 앉으라고 하지 않았다. 조조가 예형을 시험해보려는 것이었다. 그러자 예형은 길게 한숨을 쉬었다.

"천지가 넓어도 사람이 없구나!"

이에 기분이 상한 조조가 물었다.

"내 휘하에는 영웅이라 할 만한 사람이 수십 명인데 어찌 사람이 없다고 하느냐?"

예형이 말했다.

"어떤 사람들이 있단 말입니까?"

조조가 대답했다.

"순욱, 순유, 곽가, 정욱은 지혜가 많아 옛날의 소하蕭何나 진평陳平 같은 이도 당해내지 못할 것이다. 장료, 허저, 이전, 악진은 무예가 뛰어나 명장으로 이름난 잠팽岑彭이나 마무馬武가 되살아난다 해도 그들에 미치지 못할 것이다. 또한 여건, 만총은 종사일에 뛰어나고 우금, 서황은 선봉장으로 최고다. 하후돈 또한 천하의 기재요, 조자효는 천하가 알아주는 장수다. 어찌 사람이 없다 하겠는가?"

이들은 조조를 지금의 위치까지 올려준 인재들이었다. 그러나 뜻밖에도 예형은 어이가 없다는 듯 웃기 시작했다.

◈ 심리학으로 들여다보기

그릇이 큰 사람이 큰일을 이룰 수 있다. 돈이 담기는 그릇이 아니라 열정과 의지, 도전의식과 진취적 사고가 담기는 그릇이다. 이 그릇은 본인이 직접 크게 빚을 수 있다. 망설이지 마라. 문제는 주저하는 데 있다.

어리석은 자는
타인을 낮추고 자신을 높인다

한참 웃던 예형이 입을 열었다.

"그 말씀은 옳지 않소. 승상이 말한 사람들은 나도 잘 알고 있습니다. 순욱은 초상집 문상과 병든 사람 문병이나 시키면 좋고, 순유는 묘지기 노릇에 알맞지요. 정욱은 관문에 세워두고 문지기를 시키면 되겠고, 곽가는 글이나 짓고 외게 하면 되겠습니다. 허저는 소나 말을 기르게 하고 악진과 이전은 편지나 격문을 나르는 시중꾼에 딱 맞습니다. 여건은 칼갈이로, 만총은 술꾼으로 삼으면 되지요. 우금은 담장이나 만들고 서황은 돼지를 기르고 닭을 잡도록 하면 알맞습니다. 하후돈은 사지가 멀쩡하니 완체장군完體將軍, 조자효는 인색하니 요전태수要錢太守라고 하면 되지요. 그 밖의 자들은 모두 옷을 입으니 옷걸이고 술을 마시니 술통이며 고기를 먹으니 고깃자루라 하면 되겠소!"

수하의 걸출한 인재들을 무참히 깎아내리자 조조는 크게 화를 내며 소리쳤다.

"그럼 자네는 무엇을 잘하는가?!"

"나는 천문지리에 통달하여 모르는 것이 없고 천하의 학문이라면 모두 꿰뚫고 있습니다. 위로 임금을 섬기면 요堯나 순舜이 적합하고 아래로 사귀자면 공자, 안회와 벗할 만하지요. 백성들을 편안하게 할 생각으로 가득 차 있는 이 몸을 어찌 속된 무리와 함부로 비교하십니까?"

좌중에 있던 모두가 놀라고 분노했지만 공융만큼 놀라거나 조조만큼 분노하지는 않았다. 그렇다면 예형은 어째서 이런 엄청난 말을 했을까?

예형을 심리학 관점에서 보면 전형적인 '인격 장애Personality Disorder'다. 인격 장애란 외부의 변화에 따라 감정과 생각, 행동방식을 유연하게 바꿀 수 없다. 여기에는 여러 유형이 있지만 예형의 경우는 '히스테리성 인격 장애Histrionic Personality Disorder'에 속한다. 이 장애를 가진 사람은 언제 어디서나 중심인물이 되고 싶어 한다. 뜻대로 되지 않으면 충격적인 말과 행동을 해서라도 사람들의 관심을 끈다. 사물을 판단할 때 감정에 휘둘리기 쉬우며 근거가 부족한 것이 특징이다. 또한, 별 것 아닌 일에 감정적으로 과도한 반응을 보이기도 한다.

조조가 예형에게 자리를 권하지 않은 것은 작은 일이다. 예형은 벼슬 하나 없는 선비에 불과하고 조조는 만인지상의 신분을 가졌으니 그 정도의 홀대는 관습적으로 충분히 이해된다. 조조와 함께 앉으려면 능력으로 인정받아야 했다. 하지만 자만심이 넘치는 예형은 부당한 대우를 받았다고 생각한 나머지 감정적으로 발작을 일으켜 조조 곁에 있는 모사와 장수들을 한껏 비하한 것이다. 이러한 극단적인 언행은 관심을 받고 싶은 욕구에서 비롯된다.

당시에는 이런 질병에 대한 지식이 전혀 없었다. 그래서 예형의 행동을 객관적으로 이해할 수 없었다. 즉 정상인이 아닌 예형의 튀는 행동은 질병이 아닌 독특한 성격으로 받아들여져 더욱 큰 반감을 산 것이다.

조조의 얼굴이 붉으락푸르락해지자 곁에 있던 장료가 검을 뽑았다. 그러나 조조는 손을 저었다.

“조정의 연회에 북 치는 자가 필요하다. 예형에게 그 일을 맡겨보아야겠다.”

조조는 저토록 건방지고 오만한 자들은 치욕을 뒤집어씌우는 것이 가장 좋은 처벌이라고 생각했다. 북 칠 사람으로 특별히 예형을 지목한 것도 이 때문이다.

한편 공융은 중간에서 난처한 처지가 되었다. 조조에게 예형을 천거한 것은, 조조가 예형을 사자로 삼아 중요하게 쓰리라 생각했기 때문이다. 그런데 상황은 예기치 않은 방향으로 흘러가고 있었다. 예형은 뛰어난 학식과 재주를 지녔지만 사람들에게 올바른 방향으로 어필하지 못한 것이 탈이었다. 여기서 우리는 삼국시대 제일가는 자기포장과 선전의 대가를 떠올리지 않을 수 없다.

바로 제갈량이다.

만약 제갈량이 예형처럼 자화자찬하며 콧대를 한껏 드높였다면 유비가 그를 얻기 위해 삼고초려의 정성을 쏟았을까? 당연히 아닐 것이다. 너무 심하게 잘난 척하거나 자기를 극도로 비하하면 사회적으로 인정받을 수 없다.

제갈량은 '제삼자에 의한 추천', '적당히 튕기기', '후광효과'의 전략으로 자신을 포장했다. 그 덕분에 산에서 내려오자마자 무명의 선비에서 단번에 유비의 모사로 중용될 수 있었다. 반면 예형 같은 사람은 지식에 통달했더라도 조조의 인정을 받을 수 없었다.

공융도 마찬가지다. 예형보다는 훨씬 나은 융통성을 지녔지만 사람과 사회를 보는 눈은 형편없었다. 첫째, 공융은 예형을 잘 알지 못했다. 만약 그가 예형의 성격을 제대로 알았더라면 조조의 앞에서 망발을 늘어놓을 것도 예상해서 천거하지 않았을 것이다. 둘째, 공융은 조조도 잘 알지 못했다. 조조는 필요할 때면 바다 같은 아량으로 관용을 베풀지만 일단 복수하기로 마음먹으면 인정사정 봐주지 않았다. 더구나 조조의 급소는 자존심이었다. 일단 자존심에 상처를 입거나 체면이 깎이면 곧장 복수의 칼날을 갈았다. 그러나 그 반대라면 과거에 아무리 큰 손해를 입혔더라도 포용을 베풀어주는 것이 또 조조의 성격이다. 진궁과 장수를 예로 들 수 있다. 결국, 전자는 조조의 손에 목숨을 잃었지만 후자는 조조에게 벼슬까지 받았다.

이를 모르는 예형이 그 예민한 자존심을 짓밟았으니 조조가 그를 쉽게 놓아줄 리 없었다. 북이나 쳐보라는 말을 듣고도 예형은 꾹 참았다. 히스테리성 인격 장애를 가진 사람은 외부의 작은 자극에도 과장된 반응을 보이는 것이 특징이다. 사실 예형은 꾹 참고 있다가 더 많은 사람들의 시선을 한층 효과적으로 집중시킬 마음을 먹고 있었다.

건안 5년 8월 초, 연회에 여러 대신이 모이자 조조는 북을 쳐서 흥을 돋우라고 했다. 원래 있던 북재비가 예형에게 일러주었다.

"북을 치러 나갈 때는 반드시 새 옷으로 갈아입는 법이요."

그러나 예형은 입고 있던 옷 그대로 나가 북을 쳤다. 예형이 이렇게 오만하게 북채를 잡은 데는 이유가 있었다. 북 치는 실력이 가히 수준급이었던 예형은 '어양삼과漁陽三撾'라는 곡을 쳤는데, 그 음이 절묘하여 듣는 사람들 모두 감탄했다. 그러자 조조의 수하들은 예형이 낡은 옷을 입고 있는 것을 가리키며 트집을 잡았다.

"어째서 새 옷으로 갈아입지 않았는가? 당장 갈아입어라!"

예형은 기다렸다는 듯 그 자리에서 옷을 하나하나 벗기 시작했다. 이내 실오라기 하나 걸치지 않은 알몸이 되었다. 그러고는 준비해둔 새 옷을 천천히 입기 시작하는데 얼굴에는 전혀 부끄러운 빛이 없었다. 옷을 다 입은 그가 다시 북채로 북을 세 번 치자 사람들은 모두 경악했다.

북소리는 아름다웠으나 조조는 눈살을 찌푸렸다. 예형의 행동을 참아낼 수가 없었다. 다시 자존심에 타격을 입은 조조는 드디어 폭발하고 말았다.

"묘당에서 어찌 이리 무례하단 말이냐!"

이에 예형은 잔잔한 얼굴로 대꾸했다.

"임금을 속이는 것이 무례한 것이지요. 나는 부모가 주신 깨끗한 몸을 보였을 뿐입니다."

말 속에 든 가시가 조조를 더욱 노엽게 했다.

"네가 깨끗하다면 더러운 사람은 누구란 말이냐?"

예형이 기다렸다는 듯이 말을 받았다.

"바로 승상이오. 책을 읽지 않으니 입이 더럽고, 충언을 듣지 않으니 귀가 더러우며, 시경을 읊지 않으니 몸이 더럽소. 제후들을 용납하지 않으니 뱃속이 더럽고, 반역할 뜻을 항시 품으니 마음이 더럽소. 나 같은 천하의 명사를 북재비로 삼았으니 이는 옛날 양화陽貨가 공자를 무시하고 장창藏倉이 맹자를 헐뜯은 것과 다를 게 없소. 패업을 이루려고 하면서 이토록 사람을 가볍게 여기다니, 그대는 한낱 필부에 지나지 않소이다!"

이것이 예형이 북채를 잡은 진짜 이유였다. 극단적인 말로 자신을 공자와 맹자에 비유하며 조조의 인정을 구한 것이다.

그러나 예형의 행동은 상식선을 넘어도 한참 넘었다. 이런 방식으로는 조조가 아니라 그 누구도 결코 그를 중용할 수 없다. 아니나 다를까, 조조의 수하들은 당장 예형을 죽여야 한다고 나섰다.

조조는 판단을 내려야 했다.

◈ **심리학으로 들여다보기**

자화자찬은 자신을 포장하는 가장 졸렬한 방법이다. 누구도 인정하지 않으며 오히려 신뢰까지 잃게 한다. 자기가 한 일을 자랑하며 떠벌리기보다 상대의 잘함을 칭찬하라. 상대를 격려하고 아낌없는 박수를 보내라. 그로 인해 당신이 빛난다.

일관된 신념이
신뢰를 키운다

지금 죽여야 하나? 아니면 살려둘까?

예형의 오만방자함과 무례는 극에 달했다. 당장 죽여도 시원찮을 상황이었지만 조조는 그러지 않았다.

"너를 죽이는 것은 닭 모가지를 비트는 것만큼이나 쉬운 일이다. 그러나 살 기회를 주지. 형주로 가서 유표를 달래 항복을 받아낸다면 내 너를 정승으로 삼겠다."

조조는 왜 예형을 죽이지 않았을까?

우리는 한 가지 일을 처리할 때 일관적인 태도를 보이려는 경향이 있다. 특히 처음의 방식이 이미 다른 사람에게 알려졌다면 더더욱 그 방식을 끝까지 밀고 나간다. 예를 들어 축구경기에서 심판이 레드카드를 꺼냈다면, 오심이라는 명백한 증거가 확보돼도 판결이 번복되는 경우는 극히 드물다.

조조는 한번 아량을 베풀어 예형을 살려주었다. 이성의 끈을 놓아버릴 수도 있는 두 번째 상황에서도 처음의 원칙을 고수했다. 그를 죽인다면 처음에 보여준 아량은 자신의 인격을 꾸미기 위한 연극이 되어버리기 때문이다. 그러나 그를 다시 살려준다면 조조의 명성이 한층 더 높아질 수 있었다. 그러기에 조조는 예형을 죽일 수 없었다.

그럼에도 조조는 자기 자존심을 뭉개버린 예형을 가만히 놔둘 수는 없었다. 그래서 생각해낸 것이 '폭탄 돌리기' 작전이었다.

'그래도 나나 되니까 이 정도 아량을 베푼다. 다른 사람 같으면 어림도 없지'라는 심정이다. 그토록 잘난 척하는 예형을 유표에게 보내 투항을 받아낸다면, 예형은 제 말대로 뛰어난 능력을 발휘해 공을 세울 수 있다. 그러나 유표에게 지금처럼 고개를 빳빳하게 들고 안하무인으로 군다면 목숨을 부지하기 어렵다. 만약 유표가 화를 내 예형을 죽이면 사람들은 조조의 인내와 도량을 더더욱 칭송할 테니 어느 쪽이든 조조에게 이득이었다.

예형은 형주로 향했다. 예형과 같은 사람은 '자기조절Self_Regulation 능력'이 부족한 전형적인 예다. 사회생활에 적응하려면 자기조절능력이 반드시 필요하다. 성공적인 삶을 위해서는 늘 여러 개의 가면을 가지고 다녀야 한다. 자기조절능력이 부족한 사람은 한 가지 모습으로 모든 사람과 상황을 대한다. 때와 장소를 막론하고 자기중심적으로 생각하고 타인의 감정과 반응을 감지해내지 못한다.

예형은 형주의 유표를 만나서도 역시 같은 모습으로 일관했다. 안하무인에 콧대가 하늘을 찌르는 오만한 사람은 어디에 간들 환영받을

리 없다. 더구나 유표는 예형과 안면이 있는 사이였다. 당시 유표는 기반을 잡지 못하고 지내던 상황이라 천재적인 재주를 가진 예형의 별난 성격을 받아주었다. 그러나 이제 형주의 주인이자 제후가 된 그가 예형의 오만을 참아낼 리 없었다. 보다 못한 유표의 수하가 말했다.

"저 예형이라는 자는 말끝마다 주공을 능멸하고 있습니다. 어찌하여 죽이지 않으십니까?"

죽이는 일은 어렵지 않았다. 그러나 예형을 둘러싼 여러 가지 상황은 차분히 생각해야 했다. 첫째, 어쨌거나 조조가 공식적으로 보낸 사자이니 죽이면 조조의 체면을 구기는 셈이 된다. 지금 조조와 원소 사이에서 갈팡질팡하며 어느 쪽과 손을 잡아야 할지 결정을 내리지 못하고 있었기 때문에 함부로 예형을 죽일 수 없었다. 둘째, 예형을 사자로 보낸 조조의 속셈도 꼼꼼히 따져보아야 했다. 조조는 아직 천하를 집어삼킬 세력은 갖추지 못했다. 그렇다면 자기를 끌어들이는 일이 무엇보다 중요할 텐데 어째서 '죽음을 자초할 정도로 시건방진 자'를 사자로 뽑아 보냈을까? 예형을 보낸 것은 반드시 다른 목적이 있을 것이다. 한참을 생각하던 유표는 무릎을 탁 쳤다

'조조가 내 칼을 빌려 예형을 죽이려 하는군!'

속셈을 알아차린 이상 뜻대로 움직여줄 수는 없는 노릇이었다. 그렇다면 손안에 들어온 이 뜨거운 감자를 어떻게 처리해야 할까?

해답은 조조의 작전을 똑같이 써먹는 것이었다. 유표는 거칠기로 이름난 수하의 장수 황조黃祖에게 예형을 보내기로 했다.

한편 원소는 조조가 유표에게 사자를 보냈다는 소식을 듣고 부랴부랴 사람을 보내왔다. 그러자 결정을 내리기가 더 힘들어진 유표가 수

하들을 모아 의논했다. 중랑장 한숭韓嵩이 말했다.

"만약 장군께서 천하에 뜻이 있다면 기회를 봐서 적들을 하나씩 물리쳐야 합니다. 그럴 생각이 없으시면 둘 중 더 유리한 쪽을 선택하셔야지요. 조조는 군사를 다루는 데 능숙한 사람입니다. 필시 먼저 원소를 친 다음 강동으로 군사를 몰아올 것인데 그 공세를 당해내지 못할까 두렵습니다. 조공과 손을 잡으십시오. 만약 지금 형주를 들어 조공에게 의탁한다면 반드시 장군을 무겁게 대할 것입니다."

사람들은 유표에게 인재가 없다고 하지만 한숭을 보면 생각이 달라질 것이다. 한숭의 식견은 장수의 휘하에 있는 가후보다 못 할 것이 없었다. 다만 결단력이 없는 유표를 주공으로 모시고 있는 것이 탈이었다. 상황을 꿰뚫어보지 못한 유표는 눈앞에 온 기회를 잡지 못했다.

"그렇다면 그대가 허도에 가서 조조의 동정을 살피고 오도록 하라. 그런 다음 다시 이야기하도록 하지."

우물쭈물하다가 큰코다치는 법이다. 한숭은 조용히 한숨을 쉬고는 다시 입을 열었다.

"저는 지금 장군의 사람이니 장군의 명령이라면 불 속으로 뛰어들 수도 있습니다. 만약 장군께서 위로 천자를 받들고 아래로 조승상을 따를 마음이시면 제가 허도에 가도 괜찮습니다. 그러나 장군께서 뜻을 정하지 못하셨는데 제가 허도에 갔다가 만약 천자께서 벼슬이라도 내리신다면 저는 장군을 모시지 못하게 됩니다. 조승상은 틀림없이 천자의 이름을 빌어 저를 허도에 잡아두려 할 것입니다. 제가 장군을 모시는 한 장군을 위해 목숨을 바치겠으나 천자의 신하가 되면 그럴 수 없습니다. 부디 심사숙고하십시오."

정치적 감각이 뛰어난 한숭은 '천자를 등에 업고 제후들을 움직이는' 조조의 전략을 정확하게 꿰뚫어보았다. 당시 제후들이 각 지방을 실질적으로 다스리고 있었으나 명목상으로는 모두 한나라의 신하였다. 조조는 천자의 이름을 빌려 각 제후의 모사들에게 벼슬을 내리고 조정의 신하로 삼아 제후들의 힘을 빼는 작전을 쓰고 있었다. 한숭이 이처럼 훌륭한 조언을 해주었지만 유표는 끝까지 알아듣지 못했다.

"일단 다녀온 다음 이야기하세. 나도 다 생각이 있으니."

한숭은 어쩔 수 없이 허도로 갔다. 아니나 다를까, 조조는 그에게 시중 벼슬을 내리고 영릉태수零陵太守로 삼아 형주로 돌려보냈다. 사실 영릉은 유표가 다스리는 지역이라 조조가 태수를 임명할 권한이 없었다. 그러나 천자의 명분으로 벼슬을 내릴 수 있던 것이다. 조조가 형주의 내부인사까지 간섭한 것은 유표에게 굉장히 기분 나쁜 일이었다. 게다가 한숭은 벼슬을 받고부터 입만 열면 조조를 칭찬하기 바쁘니 괘씸했다. 이에 유표는 화를 내며 소리 질렀다.

"네놈이 조조에게서 벼슬을 받더니 두 마음을 먹는구나! 죽여버리고 말겠다!"

한숭도 지지 않고 맞섰다.

"장군이 저를 저버리셨을지언정 저는 장군을 저버리지 않았습니다!"

이에 옆에 있던 괴량蒯良이 유표를 말렸다.

"한숭은 허도에 가기 전 조조가 그러한 작전을 쓸 것이라 말씀드리지 않았습니까. 목숨은 살려두시지요."

유표도 생각해보니 지금 한숭을 죽인다면 그땐 정말로 조조의 계략에 빠지는 셈이 될 것 같았다. 예형도 죽이지 않았는데 한숭을 죽일 수는 없었다. 덕분에 한숭은 고비를 넘겼다.

그때 마침 예형이 황조의 손에 죽임을 당했다는 소식이 날아왔다. 유표는 속으로 웃으며 이유를 물었다. 예형을 맞은 황조는 그를 극진히 대접하며 연회를 베풀었다고 한다. 두 사람이 즐겁게 술잔을 주고받다가 술에 취할 무렵 황조가 물었다.

"허도에 계시면서 어떤 사람들을 만나셨습니까?"

예형은 거만한 태도로 대답했다.

"큰아들 공문거와 작은아들 양덕조가 있지. 그 둘을 제외하면 아무도 없었네."

예형은 조조 앞에서 공융을 높이 인정하며 '공자의 환생'이라고 칭찬했다. 그런데 어찌 황조의 앞에서는 그를 '큰아들'이라고 했을까?

이는 자신을 과시하려는 심리에서 비롯되었다. 우리는 권위자 혹은 유명한 사람과 친밀한 관계를 앞세워 자신을 높이려 한다. 상대적으로 권위자를 무시하며 '내가 더 낫다'라는 메시지를 주기도 한다. 전국에 걸출한 인재로 이름을 알리고 있는 공융을 자신의 '큰아들'에 비유한다면 예형의 수준은 말하지 않아도 알 수 있다. 무인 출신의 황조는 예형의 말뜻을 이해하지는 못했지만 참 재미있다며 허허 웃었다. 그런 다음 어리석은 질문을 던진다.

"그럼 저는 어떤 사람이라고 보십니까?"

예형은 이미 허도에 사람이라곤 오직 '두 아들'뿐이라고 했다. 허도의 조조와 그 휘하의 인물들도 예형의 눈에는 술독에 밥통으로 비칠 뿐인데 황조 같은 사람이야 물을 것도 없었다. 그야말로 모욕을 자청하는 꼴이었다.

"자네는 사당에 있는 귀신일세. 제사만 받아먹고 별 영험은 없는 귀신이지! 하하하!"

그나마 자신을 극진히 대접해준 황조의 체면을 생각한 답이었다. 사당의 귀신이 술독이나 밥통보다는 훨씬 나을 것이니 말이다. 오만한 예형에게도 호혜의 원리는 작용한 모양이다. 예형에게 이 정도의 평가를 받은 황조는 당연히 기뻐해야 했다. 그러나 아무것도 모르는 그는 화를 내며 소리쳤다.

"감히 나를 그따위 나무 인형에 비유하다니!"

결국 예형은 황조에게 죽임을 당했다. 예형은 목이 떨어지는 순간까지도 욕을 퍼부었다고 한다. 예형이 안타깝기는 하다. 그는 정신질환자였지만 누구도, 심지어 자신조차도 그 사실을 알지 못했다. 의학적 지식이 없던 탓에 단순히 성격이 특이한 사람으로 몰려 미움을 받았다. 자신의 정신 상태를 바로 알아야 한다. 언제 어디서나 오만하게 굴며 갖은 잘난 체를 다 하는 사람은 반드시 망신을 당할 날이 온다.

◈ 심리학으로 들여다보기

어리석은 자는 타인을 낮추고 자신을 높인다. 지혜로운 자는 타인을 높여 스스로 높아진다. 누구나 자신의 잘함은 위대해 보인다. 상대적으로 타인의 잘못은 커 보인다. 그로 인해 자기를 높이고 상대를 깎아내리는 오류를 범한다. 자신이 이룬 성과 앞에서 겸손해지자.

심리적 내성이 강한 사람은 거짓 정보에 흔들리지 않는다

조조는 예형이 죽었다는 소식을 듣고 크게 웃었다.

"썩은 선비의 칼날 같은 혀가 결국 스스로를 죽게 만들었구나!"

그러나 뒷맛은 씁쓸했다. 남의 칼로 예형을 죽이는 것은 반쪽짜리 목적일 뿐이다. 다른 목적은 유표가 예형을 처리하는 방식에서 그의 속마음을 읽어내고자 했다. 유표의 수하인 황조가 예형을 죽였다면 유표가 직접 예형을 죽인 것이나 다름없다. 유표가 조조를 그다지 위협적인 존재로 생각하지 않는다는 의미였다. 그렇지 않다면 감히 예형을 황조에게 보내 죽이는 일은 없었을 컷이다. 다시 말해 유표는 조조보다 원소를 더 인정한다는 뜻이었다.

자존심이 상한 조조는 '천자의 사신을 이유 없이 죽였으니 모반이 아니고 무엇이겠는가?'라며 당장 군사를 일으켜 유표를 치려 했다. 그러자 순욱이 말리고 나섰다. 이유는 물론 원소와 유비였다. 조조는 마음을 가라앉히고 냉정을 되찾았으나 유표에 대한 원한은 마음 깊은 곳에 남겨두었다.

한편 국구 동승은 유비와 마등이 떠나버린 후로 시름시름 앓다가 결국 병상에 누워버렸다. 이 사실을 안 헌제는 태의太醫 길평吉平을 보내 동승을 돌보게 했다. 길평이 동승의 집에 머물며 약을 달여 주자 동승은 조금씩 건강을 회복했다. 황제의 건강을 돌보는 태의로 의술이 뛰어난 길평은 동승의 병이 마음의 걱정에서 생겼다는 것을 알았다. 그러나 감히 이유를 묻지는 못했다.

어느 날 정월 대보름을 맞아 동승은 길평과 마주 앉아 술을 마셨다. 술이 들어가자 피곤해진 동승은 옷을 입은 채로 쓰러져 잠이 들었다. 꿈속에서 왕자복을 비롯한 네 명의 동지가 동승을 찾아왔다. 왕자복이 흥분하며 말했다.

"국구어른, 유표와 원소, 마등과 한수가 손을 잡고 수십만 대군과 함께 허도로 진격해 온다고 합니다. 조조가 허도에 있는 군사를 모조리 보내어 지금 성은 텅 비어 있습니다. 우리 집에 있는 가솔들만 모아도 천여 명은 될 것이니 오늘 밤을 틈타 승상부를 포위하고 조조를 죽입시다."

동승은 기뻐하며 집안의 장정들을 모아 승상부로 갔다.

"역적 조조를 잡아라!"

시원하게 소리를 내지른 동승이 눈을 떠보니 한바탕 꿈이었다. 앉으나 서나 늘 고민하던 근심거리가 꿈에도 나온 모양이었다. 그때였다.

"국구께서는 조공을 해하려 하십니까?"

옆에 있던 길평의 말에 동승은 식은땀을 흘렸다.

"당황하지 마십시오. 비록 조조의 문하에 있으나 저는 한시도 한실을 잊은 적이 없는 한의 신하입니다. 며칠 동안 국구께서 한숨만 쉬시며 근심하시는 빛이 역력했으나 무슨 까닭인지 감히 묻지 못했는데, 방금 꿈속에서 하시는 말씀을 들으니 이해가 됩니다. 제가 쓰일 곳이 있다면 말씀해주십시오. 목숨을 버리더라도 돕겠습니다!"

동승은 길평을 쉽게 믿을 수가 없었다. 조조의 문하에 있는 길평에게 속마음을 들켰으니 이제 멸문지화를 당할 위기에 처했다고 여겼다. 극단적인 공포와 강력한 생존욕구가 한꺼번에 작용하자 동승은 울음을 터뜨렸다.

"태의가 혹여 나를 떠보는 것은 아닌지 두려워 속에 있는 말을 다 할 수가 없구려."

그러자 길평은 자신의 손가락 하나를 깨물어 한실에 대한 충심을 하늘에 맹세했다. 자해로 타인의 믿음을 얻는 것은 오랫동안 통용되어온 방법으로 효과도 아주 좋다. 우리는 본능적으로 이기적이라 자신을 보호하려는 마음이 당연히 앞선다. 만약 누군가 자해한다면 최소한 이기적인 사람은 아니라는 사실을 증명하는 셈이다.

동승도 그것을 보고 마음을 놓았다. 내실로 들어가 헌제가 내린 밀서를 보이며 자초지종을 설명했다. 그러나 길평에게는 다른 동지들처럼 흰 비단 위에 서명하도록 하지 않았는데, 여기에는 두 가지 이유가 있다.

먼저 흰 비단 위에 이름을 적어넣은 사람들이 모두 높은 관직이었던 것에 비해 길평은 일개 의원에 불과했기 때문이다. 두 번째 이유는 손가락을 물어뜯은 맹세의 효력이 서명보다 더욱 강한 구속력을 지녔기 때문이다. 동승이 한숨을 쉬며 말했다.

"나는 유비와 마등에게 희망을 걸고 있었소이다. 그런데 유비가 멀리 떠나자 마등까지 서량으로 돌아가버렸소. 이런 상태로 천자께서 맡기신 중임을 어떻게 완수해야 할지 몰라 날마다 근심하니 그것이 쌓여 병이 된 것이외다."

이에 길평이 미소를 지으며 말했다.

"그렇다면 걱정하실 필요 없습니다. 조조를 제거하는 일은 제게 맡겨주십시오."

동승은 의아했다. 천하의 영웅으로 손꼽히는 유비나 마등도 조조 앞에서는 숨을 죽였다. 그런데 닭 모가지 하나 비틀 힘도 없어 보이는 의원 길평이 조조를 상대하겠다니 어안이 벙벙했다.

"조조는 두풍을 앓아 이제는 골수 깊숙이 병이 스며들었습니다. 한번 머리가 아파지면 반드시 저를 불러 치료를 받아야 할 정도지요. 그때 제가 약에 독을 섞어준다면 조조의 목숨은 간단하게 끊어버릴 수 있습니다."

동승의 얼굴이 환하게 펴졌다. 군사가 동원되지 않아도 되는 간단하고도 효과적인 방법이었기 때문이다.

"그렇게만 된다면 태의께서는 한실을 구한 공신이 될 것이오."

두 사람은 작전을 의논한 뒤 기분 좋게 헤어졌다. 이제 남은 것은 조조의 '두풍'이 도질 때까지 기다리는 것뿐이었다.

조조가 앓았다는 두풍은 오늘날 중풍과는 다르다. 심혈관 계통 질병인 중풍은 한번 발생하면 대개 후유증을 남기지만, 조조는 두풍을 앓으면서도 정상적으로 활동하고 군사를 지휘하며 국사도 보았다. 현대 의학의 관점에서 보았을 때 조조의 두풍은 만성경막하혈종일 가능성이 크다. 이 병의 원인은 크게 세 가지로 나눌 수 있다. 먼저 머리에 충격을 받아 경막내출혈이 발생한 경우 골절 여부와 관계없이 발병할 수 있다. 두 번째 가능성은 매독이지만 매독은 명나라 후기에 들어서야 중국에 들어왔기에 삼국시대 인물인 조조는 해당되지 않는다. 세 번째는 혈액질환이지만 조조에게 혈액질환이 있었는지 밝혀내기는 어렵다. 다만 세 가지 가운데 가장 흔한 원인은 경막내출혈이다. 어려서부터 사고뭉치였던 조조는 매일 같이 들판을 쏘다니며 사냥과 무술연습을 했다. 그러므로 어딘가에서 머리를 다친 조조가 나중에 두풍을 앓게 되었다고 추측해도 무방하겠다.

조조와 '중풍'에 관해 전해지는 재미있는 이야기가 하나 있다. 어린 시절, 조조는 사고를 칠 때마다 숙부가 일러바치는 바람에 늘 아버지로부터 엄한 꾸중을 들었다. 이 문제를 영구적으로 해결하고 싶었던 조조는 꾀를 냈다. 어느 날 한창 사냥에 빠져 있던 조조는 숙부가 오는 것을 보고는 얼른 바닥에 누웠다. 깜짝 놀란 숙부가 와보니 입에 흰 거품을 문 조조가 의식을 잃은 채 쓰러져 있었다. 잠시 후 정신을 차린 조조가 말했다.

"종종 아무런 이유도 없이 이렇게 쓰러지곤 합니다. 사람들은 중풍이 들어 그렇다고 하던데요."

숙부는 곧장 조숭을 찾아가 조조의 중풍 이야기를 전했다. 몹시 걱정된 조숭이 아들을 찾으러 나갈 채비를 하는데 조조가 들어왔다. 멀쩡한 그를 본 조숭이 의아한 얼굴로 물었다.

"중풍은 좀 괜찮아졌느냐?"

조조는 영문을 모르겠다는 표정으로 되물었다.

"중풍이라뇨? 전 중풍 같은 것을 앓아본 적이 없습니다! 대체 누가 아버지께 그런 말을 했습니까?"

조숭이 말했다.

"방금 네 숙부가 와서 그러더구나. 네가 갑자기 입에 거품을 물고 쓰러졌다면서."

조조는 황당하다는 듯 한숨을 내쉬며 불쾌한 투로 말했다.

"역시 숙부께서 그러셨군요. 숙부님은 어째서 있지도 않은 병을 지어내셨는지 모르겠습니다. 원래 저를 좋아하지 않으시니 일부러 그렇게 말씀하신 거겠지요."

그 후 조숭은 조조 일에 관해서는 동생을 믿지 않았다.

조조가 사용한 전략은 전형적인 '심리적 내성' 기르기 방법이다. 우리는 질병을 예방하기 위해 백신을 주사한다. 백신은 체내에서 항체를 만들어 나중에 같은 종류의 바이러스가 들어왔을 때 감염을 막는 역할을 한다. 내성이 생긴 것이다. '심리적 내성'도 마찬가지다. '정보'를 주입하여 체내에 심리적 항체를 형성하는 것이다.

조숭은 이제껏 동생이 제공하는 정보를 믿었지만, 조조가 숙부의 거짓 정보를 흘리자 심리적 항체가 생겼다. 그 후로 숙부가 조조의 말썽에 대한 정보를 제공해도 믿지 않게 된 것이다. 이렇듯 조조는 어린 나이에도 사람의 심리를 꿰뚫었다. 나중에 '치세의 능신, 난세의 간웅'이라는 평가를 얻은 것도 뛰어난 심리 이해력 덕분이 아니었을까.

이미 여러 차례 언급했지만, 조조는 인과응보로 점철된 인생을 살았다. 어렸을 때 중풍에 걸린 척 어른들을 속인 결과로 '두풍'을 앓게 되었으니 말이다. 하지만 이것도 하늘의 뜻이었을까. 조조의 두풍은 그의 목숨을 노리는 적들에게 좋은 기회가 되었다. 과연 조조는 이들이 쳐놓은 촘촘한 그물망에서 빠져나갈 수 있을까.

◈ **심리학으로 들여다보기**

심리의 백신을 잘 이용하면 인맥 관리에 큰 도움이 된다. 대인관계에서 자기감정을 조절하는 능력을 길러야 한다. 불안과 갈등을 부르지 말고 인내와 포용으로 사람들을 보듬어야 한다. 작은 일에 일희일비하는 사람은 무리에서 도태된다.

쥐가 고양이에게 덤빌 때는 죽기를 각오한다

길평이 돌아간 후 마음이 가벼워진 동승은 후당으로 발길을 옮겼다. 기분이 날아갈 듯 상쾌한 이때, 동승은 첩 운영이 노비 진경동과 함께 있는 것을 발견했다. 크게 화가 난 동승이 다른 노비들을 불러 진경동을 잡아 죽이려 했다. 진경동은 감히 어떻게 주인의 애첩과 사통할 생각을 했을까? 그리고 동승은 왜 일찍 이를 알아차리지 못했던 걸까?

천자의 혈서를 받은 후로 동승은 비밀리에 사람들을 모으는 데 모든 신경을 쏟았다. 유비의 일이 틀어지면서부터는 우울증까지 앓았다. 우울증의 대표적인 증상은 자주 한숨을 쉬는 것과 활동에 흥미를 잃는 것인데, 후당의 첩도 예외는 아니었다. 이런 상황에 운영의 눈에 젊고 기운 센 노비 진경동이 들어왔다. 모든 일에 의욕을 잃어버린 동승이 첩의 변화 따위에 신경을 쓸 리 없었다. 진경동과 운영은 동승이 눈치채지 못하니 점점 대담해져 갔다. 그런데 길평이 조조를 죽일 확실한 방책을 내놓자 오랫동안 동승을 괴롭혔던 우울증이 한순간에 싹 날아가버렸다. 흐릿하던 정신이 다시 맑아지자 노비와 첩의 부적절한 관계도 한눈에 들어왔다. 동승이 진경동을 죽이려 하자 동승의 부인이 나와 말렸다.

"그만한 일로 노비를 죽이시면 안 됩니다. 두 사람에게 벌로 곤장 40대씩 때리도록 하시지요."

그런데 이 부부의 처벌기준이 아주 재미있다. 동승은 노비만 죽이려 했지 제 첩에게는 아무런 벌도 내리지 않았다. 반면 부인은 두 '공범'에게 공평하게 벌하자고 한 것이다. 여기에 숨어 있는 미묘한 심리는 굳이 말하지 않아도 알 수 있다.

동승은 흠씬 두들겨 맞은 진경동을 외딴방에 가두었다. 하지만 이는 현명하지 못한 결정이었다. 처음부터 진경동을 죽이든지, 아니면 매로 다스리든지 둘 중 하나로 일을 매듭지어야 했다. 잔뜩 얻어맞고 갇힌 진경동은 처벌이 아직 끝나지 않았다고 여겼다. 동승이 언제든 자신의 목숨을 빼앗으려 할지도 모른다고 생각했다. 그는 밤을 틈타 자물쇠를 부수고 달아났다. 젊은 노비의 마음은 동승에 대한 증오로 가득 차 있었다.

진경동은 어떻게든 동승에게 복수하고 싶어졌다. 동승의 집에서 왕자복王子服, 오자란吳子蘭, 충집种輯, 마등, 오석이 찾아와 주인과 밀담을 나누던 것이 생각났다. 동승이 흰 비단 한 폭을 꺼내 그 위에 무언가를 적기도 했고, 운영과의 일이 발각된 그 날에는 길평이 손가락을 깨물어 맹세하는 것도 보았다. 집안을 돌아다니던 노비가 모든 상황을 목격한 것이다. 그는 곧장 조조에게 달려가 모든 것을 털어놓았다.

조조는 깜짝 놀랐다. 언젠가 궁궐 문에서 동승을 잡아 천자가 내린 옷을 뒤졌던 일이 뇌리를 스쳤다. 당시 조조는 동승을 믿었지만 이제 보니 모든 일은 그때부터 시작된 것이었다.

'게다가 믿었던 길평까지 내게 독약이라도 먹이려 했다면 꼼짝없이 당할 뻔했군!'

조조는 길평을 통해 사건의 전말을 캐기로 마음먹었다. 이튿날 그는 '두풍'이 도졌다며 길평을 불렀다. 한편 동승은 진경동이 도망쳤다는 말을 들었지만 별다른 신경을 쓰지 않았다.

길평은 조조의 부름을 받자 뛸 듯이 기뻤다. 지금이야말로 조조를 해치울 절호의 기회였다. 그는 조조가 머리가 아픈 듯 침대에 누워있자 자세히 살펴보지도 않은 채 말했다.

"약 한 사발 드시면 바로 나을 것입니다."

잠시 후 길평이 약을 달여 들어와 식기 전에 얼른 마시라고 재촉했다. 조조는 아무것도 모르는 척 느긋하게 말했다.

"그대도 책을 읽었으니 예의에 대해 알 것이오."

생쥐를 죽이기 전에 실컷 갖고 노는 고양이처럼 길평을 잡기 위한 조조의 게임이 시작된 것이다. 하지만 조조의 속셈을 모르는 길평은 빨리 끝내고 약을 먹일 심산으로 아무렇게나 대답했다.

"물론 알고 있습니다."

조조가 이 말을 받았다.

"임금이 약을 마시기 전에는 신하가 먼저 맛을 보고, 아비가 약을 마실 때에는 자식이 먼저 맛을 본다는 말이 있지. 그대는 내 충직한 수하이니 먼저 맛을 본 다음 내게 주는 것이 어떻겠소?"

언제나 군말 없이 주는 대로 약을 마시던 조조였다. 길평은 순간 동승과의 일이 새어나간 것을 알아차렸다. 급박한 상황에서 길평은 약사발을 집어 들고 말했다.

"늘 드시던 약인데 굳이 맛을 볼 필요가 있겠습니까?"

그러면서 재빨리 조조의 귀에 약을 부으려 했다. 귀를 통해서라도 독약을 먹이기 위해서였다. 그러나 평생 무술로 단련해온 조조가 쉽게 당할 리 없었다. 재빨리 일어나 길평의 팔을 비틀자 약사발이 바닥에 떨어져 산산조각이 났다. 바로 이어 조조의 호위 병사들이 길평을 제압했다. 그렇게 게임은 끝났고 조조는 껄껄대며 웃었다.

"내가 병을 핑계로 너를 시험해보았다."

화를 삭이지 못한 조조가 또 소리쳤다.

"일개 의원으로 내 문하에 있는 놈이 감히 나를 독살하려 해? 분명 누군가가 시켰을 것이다. 그자가 누구인지 말하면 너는 놓아주겠다!"

그러나 길평은 모든 책임을 혼자 뒤집어쓰려고 했다. 아무리 물어도 같은 대답만 되풀이하자 조조는 병사들을 시켜 길평을 호되게 고문했다. 하지만 길평은 끝까지 입을 열지 않았다. 피투성이가 된 길평이 끝내 입을 다물자 죽을 것을 우려한 조조는 고문을 멈추었다. 그를 가둔 다음 모두에게 입단속을 철저히 하라고 명령했다.

다음 날 조조는 조정의 대신들을 모두 불러 연회를 열었다. 동승은 병을 핑계로 오지 않았지만 왕자복 등은 모두 나타났다. 조조의 이번 작전은 동탁을 벤치마킹한 것이었다.

지난날 동탁은 연회를 마련한 다음 문무백관을 불러들였다. 그런 다음 항복한 군사 수백 명을 끌고 와 다리와 혀를 자르거나 끓는 물에 집어넣는 등 잔인하게 죽이기 시작했다. 이 끔찍한 광경과 비명에 넋이 나간 대신들은 사시나무 떨듯 벌벌 떨었다. 그러나 동탁만은 아무렇지도 않은 얼굴로 웃고 있었다. 그런 다음 여포를 불러 원술과 내통한 장온의 목을 베었다. 그 머리를 붉은 쟁반에 받쳐 대신 한 사람 한 사람에게 돌려보게 하면서 술을 따라주니 모두 정신을 잃을 지경이 되었다.

여하튼 술이 한 순배 돌고 나자 조조가 말했다.

"내가 오늘 흥을 돋우기 위해 특별히 준비한 게 있소이다."

잠시 후 옥졸들이 길평을 끌고 왔다. 모진 고문으로 차마 눈 뜨고 볼 수 없는 몰골이었다. 대신들은 아연실색했다. 조조가 말했다.

"여러분은 잘 모를 것이나 저놈은 나쁜 무리와 손잡고 조정에 반역하여 나를 죽이려 했소. 다행히 하늘이 도와 이 자리를 마련할 수 있었으니 저놈의 노래나 한번 들어봅시다."

여기서 조조는 왜 '하늘이 도와'라는 말을 했을까?

태사령 왕립의 별자리 예언 이후, 조조는 '하늘이 나를 선택했다'라는 천명을 굳게 믿고 있었다. 그 후 여러 차례 위기를 맞고 수많은 적을 만나 싸웠지만 언제나 무사했다. 이러한 경험이 쌓이면서 조조의 심리적 암시도 점점 강해졌다. 이번에도 길평에게 꼼짝없이 당하기 직전 진경동이 나타나면서 위기를 넘겼다. 이런 일이 반복되자 조조는 하늘이 자신을 지켜주고 있다는 느낌을 강하게 받았다. 하늘의 도움이 아니었다면 동승과 길평이 꾸민 일에 감쪽같이 당했을 것이다.

'하늘이 선택한 자'라는 믿음이 서자 조조는 더욱 거침없이 행동했다. 길평을 잡았지만 게임은 아직 끝나지 않았다. 오늘 연회는 또 다른 생쥐 떼를 잡기 위한 덫이었다. 조조가 길평을 고문하라고 명하자 길평이 악을 썼다.

"이 역적 놈아, 어서 나를 죽이지 않고 무엇을 기다리고 있느냐?"

조조가 대꾸했다.

"이 일은 너 혼자 꾸민 것이 아니다. 뒤에서 사주한 자를 대면 목숨만은 살려주겠다."

그러나 길평은 흔들림 없이 소리쳤다.

"너는 왕망王莽, 동탁과 다를 바 없는 역적인데 어찌 죽이고 싶은 사람이 나 하나뿐이겠느냐? 천하의 모든 사람이 네 살을 씹지 못해 한이거늘!"

조조가 왕망, 동탁과 공개적으로 비교된 것은 이것이 처음이었다. 과거 동탁을 몰아내기 위해 뜻을 세운 젊은 영웅이 어느새 또 다른 동탁이 되어버린 것이다. 그 말을 들은 조조는 느긋하던 태도를 버리고 불같이 화를 냈다.

"모두 7명. 너까지 8명이 함께 벌인 일이다. 그렇지 않느냐?"

듣고 있던 왕자복 등은 소스라치게 놀라 숨도 쉴 수 없었다. 처음에 이들은 길평이 혼자서 모든 책임을 지려고 하자 내심 마음을 놓았다. 그런데 뜻밖에도 조조가 혈서와 관련된 사람의 숫자를 정확히 짚어내자 몸 안의 피가 얼어붙는 듯했다. 조조는 계속해서 길평을 가혹하게 괴롭혔지만 길평이 끝까지 버티자 분한 마음에 입술을 깨물었다.

'이놈 정말 독종 중의 독종이군! 도무지 실토하지 않으니 다른 놈들

에게서 자백을 받아내야겠다.'

조조는 길평을 끌어낸 후 대신들을 향해 말했다.

"모두 돌아가도 좋소. 다만 왕자복, 오자란, 충집, 오석 네 사람은 남으시오. 더 좋은 잔치가 기다리고 있소이다."

그 말을 들은 네 사람은 반쯤 혼이 나갔다. 이제는 정말로 화를 면하기 어렵게 되었다는 것을 알았다. 반대로 평정심을 회복한 조조는 차분한 목소리로 물었다.

"내가 네 분을 남으라고 한 것은 한 가지 궁금한 것이 있기 때문이오. 최근 동승의 집에 자주 갔다고 하던데 무슨 일을 의논하셨소?"

네 사람은 애써 태연한 척 대답했다.

"특별한 일은 아닙니다. 그저 인사차 들렀을 뿐이지요."

조조는 차갑게 돌변했다.

"그럼 흰 비단에 쓴 것은 무엇이오?"

네 사람은 아무런 대꾸도 하지 못하고 입을 다물었다. 더 이상 생쥐 떼를 데리고 놀 마음이 없어진 조조는 진경동을 불렀다. 진경동을 본 왕자복이 조조에게 말했다.

"이 종놈은 국구의 첩과 사통했습니다. 승상께서는 이놈이 제 주인에게 원한을 품고 한 말을 어찌 믿으십니까?"

조조는 드디어 폭발했다.

"그럼 길평이 나를 독살하려 한 것이 동승의 사주가 아니란 말이냐?"

네 사람이 끝까지 자신들은 모르는 일이라고 고개를 젓자 조조는 최후통첩을 던졌다.

"지금이라도 잘못을 시인한다면 살 기회를 주겠다. 하지만 만약 끝까지 잡아떼다가 사실이 밝혀진다면 그때는 절대로 용서받지 못할 것이다!"

길평만큼은 아니지만 그들 역시 만만치 않았다. 조조는 끝까지 부인하는 네 사람을 가둔 뒤 직접 동승에게 묻기로 마음먹었다.

◈ 심리학으로 들여다보기

행운이 너무 잦으면 그 소중함을 잊는다. 행운도 노력의 결과이지만 당연하게 주어지는 선물이 아니다. 행운을 일궈준 주위와 도움을 준 모든 것에 감사해야 한다. 작은 행운도 귀하게 받아 쓸 때 더 큰 행운이 큰 몸짓으로 다가온다.

해적선에 올랐다면
그물을 던지지 마라

다음날 조조는 동승을 찾아갔다. 천 명이 넘는 군대를 앞세운 대규모 문병이었다. 소식을 들은 동승이 밖으로 나가 맞이했으나 조조는 냉랭했다.

"어제 연회에는 어찌 참석하지 않으셨소?"

"천한 몸에 병이 들어 집 밖으로 나갈 수가 없었습니다."

조조는 차갑게 되물었다.

"혹시 나라와 백성을 근심하는 병이 아니오?"

동승은 굳어진 얼굴로 아무런 말도 못 했다. 조조는 단도직입적으로 물었다.

"국구께서는 길평을 아시오?"

"모릅니다."

조조가 입꼬리를 비스듬히 올렸다.

"모르실 리가 있습니까. 여봐라, 어서 놈을 끌고 와라!"

잠시 후 만신창이가 된 길평이 끌려왔다. 길평은 여전히 조조를 무섭게 꾸짖었다.

"이 역적 놈아, 빨리 나를 죽이라 하지 않더냐!"

그러나 조조는 들은 척도 않고 동승에게 물었다.

"이 자가 왕자복을 비롯한 네 사람과 조정을 거역할 계획을 짰소. 모두 잡아 가두었으나 아직 한 사람이 남았지."

동승이 아무 말도 하지 않자 조조는 길평을 향해 소리쳤다.

"나를 독살하라고 사주한 자가 누구냐?"

길평이 갑자기 태도를 바꾸었다.

"사실대로 말해주겠다."

"옳지! 솔직히 털어놓는다면 목숨만은 살려주겠다."

길평은 대답을 기다리는 조조를 노려보며 소리쳤다.

"하늘이 내게 너를 죽이라고 했다, 이 반역자!"

"뭐라고? 여봐라, 이놈을 매우 쳐라!"

옥졸들이 달려들어 길평을 매질했다. 어느 한군데 성한 곳이 없는 길평이 고통스러워하자 옆에 선 동승은 마치 자신이 매를 맞는 기분이었다. 한바탕 매질 끝에 조조가 다시 물었다.

"네 손가락 하나는 어디에 있느냐?"

길평이 대답했다.

"네놈을 죽이겠다고 맹세하며 물어뜯었다!"

그 말에 조조의 얼굴이 다시 일그러졌다.

"그렇다면 남은 아홉 손가락을 모두 잘라주지. 진정한 맹세란 그런 것이니라!"

길평은 손가락을 모두 잘리고도 여전히 악을 썼다.

"손가락 따위 없어도 상관없다! 아직 입이 있으니 네 살을 씹을 수 있고 혀가 있으니 네 죄를 꾸짖을 수 있느니라!"

이 상황에서는 뜻을 굽히지 않는 길평이나 약이 오를 대로 오른 조조나 모두 인간이 아니었다. 급기야는 조조가 길평의 혀까지 잘라버리라고 명령했다. 갑자기 길평이 공손하게 말했다.

"그것만은 거두어주시오. 더는 견디지 못하겠구려. 이제 모든 것을 말씀드리겠소."

조조가 껄껄 웃으며 말했다.

"진작 그랬으면 모진 고문을 당할 필요도 없었을 것을! 이제라도 그렇게 나온다면 네 목숨만은 살려주지."

"나를 옭은 이 밧줄을 좀 풀어주실 수 있겠소? 그럼 누구의 사주인지 말하겠소."

"안 될 것 없지. 풀어주어라."

길평은 황제가 있는 궁궐을 향해 절을 하고 말했다.

"폐하, 신은 결국 역적을 제거하지 못했습니다. 이것이 하늘의 뜻이란 말입니까!"

그러고는 계단의 돌난간에 있는 힘껏 머리를 들이받아 목숨을 끊었다. 끝까지 농락당한 조조는 길길이 날뛰며 길평의 몸을 조각내 걸어두도록 했다.

길평은 어째서 참혹한 고문을 당하면서도 끝까지 굴복하지 않았을까? 이는 사회적인 요인이 신체적인 고통을 덜어주는 일종의 심리적 현상으로 풀이된다. 사회적으로 용납되지 않는 금기에 직면했을 때 우리는 고통을 훨씬 잘 견딜 수 있다. 그리고 정신력이 강한 사람일수록 육체적 고통도 잘 참는다. 정신이 육체보다 강한 까닭이다.

관우의 유명한 고사인 괄골요독刮骨療毒(팔에 독화살을 맞은 관우가 생살을 찢고 뼈를 긁어 치료하는 와중에 아무렇지 않은 얼굴로 바둑을 두며 술을 마셨다는 고사) 역시 같은 선상에서 풀이된다. 엄청난 고통에도 여유로운 모습을 보인 관우는 당시는 물론 지금까지도 삼국시대 제일의 영웅으로 추앙받는다. 그러나 길평은 별다른 주목을 받지 못했다. 당시 천하게 여겨지던 의원이라는 신분 때문이다. 그로 인해 자신의 이름을 흰 비단에 써넣지도 못했고, 나라를 위해 목숨을 바치고도 역사에 이름을 남기지 못했다. 아무리 역사가 영웅들의 무대라고 하지만 우리는 길평 같은 인물에게도 깊은 경의를 표해야 할 것이다.

길평이 죽자 조조는 진경동을 끌고 왔다. 조조에게 귀중한 정보를 제공한 진경동은 그에 걸맞은 대접을 기대했지만, 조조의 눈에는 그저 노비에 불과했다.

"국구께서는 이 자를 아시오?"

진경동을 본 동승은 놀라움과 분노가 겹쳤다.

"이놈은 도망간 우리 집 종놈이오. 오호라, 이것이 다 네놈 짓이었구나. 내 당장에 요절을 내고 말리라!"

조조가 차갑게 말했다.

"그만두시오. 이 자가 제일 처음 고발했소. 그런데도 국구께서는 계속 발뺌을 하시겠소?"

동승은 끝까지 잡아뗐지만, 조조는 본체만체하며 동승의 서재를 뒤지도록 했다. 그리고 잠시 후 조조의 병사들이 헌제가 내린 혈서와 동지들의 서명이 적힌 흰 비단을 찾아냈다. 그것을 본 조조는 앓던 이가 빠진 듯 시원한 마음으로 웃기 시작했다.

"이 쥐새끼 같은 것들이 어찌 감히 이럴 수 있단 말인가! 여봐라, 이 집의 가솔은 하나도 빼놓지 말고 모조리 잡아들여라. 단 한 명도 도망가서는 안 된다."

이미 조조가 끌고 온 천여 명의 군사가 물 한 방울 빠져나갈 틈 없이 동승의 집을 겹겹이 에워싼 상태였다. 동승의 가솔은 모두 붙잡혀 감옥에 갇혔다. 일을 마친 조조가 승상부로 돌아와 모사들을 불렀다. 헌제의 혈서를 가장 먼저 건네받은 순욱이 한참 침묵한 뒤 물었다.

"주공께서는 이 일을 어떻게 처리하실 생각이십니까?"

늘 지략이 넘치고 다양한 의견을 제시하던 순욱이었다. 조조가 어려운 문제에 맞닥뜨릴 때마다 훌륭한 해결책을 내놓곤 했다. 그런데 오늘만큼은 한발 물러서며 조조의 생각을 묻고 있었다.

왜일까? 조조가 황제의 명이라는 거짓말로 동탁을 치자며 군사를 일으켰을 때, 순욱은 모사 가운데 가장 먼저 조조를 찾아왔다. 그리고 순욱이 훌륭한 인재들을 천거하면서 조조의 휘하에는 수많은 인물이 구름처럼 모이기 시작했다. 순욱이 조조를 따랐던 것은 한실을 부흥시키고 역적의 무리를 뿌리 뽑기 위해서였다. 그런데 조조가 세력을 키우면서 어느새 그의 생각과 행동은 천천히 '동탁화'되어 갔다.

황제를 농락하고 조정을 마음대로 장악한 동탁을 제거하려던 것이 순욱의 초심이었다. 그런 그가 자신의 손으로 또 다른 동탁을 길러내고 싶을 리 없었다. 만약 조조가 정말로 제2의 동탁이 되었다면 충성을 다해 그를 도운 자신은 무엇이란 말인가? 조조는 순욱의 물음을 이상하게 생각지 않았다. 곧장 자기 생각을 말했다.

"천자가 직접 이 일을 꾸몄으니 가만둬선 안 되겠지. 처치하고 다른 사람을 천자로 옹립하는 것이 어떻겠소."

순간 순욱의 가슴은 철렁 내려앉았다. 하지만 다행히 그의 머리는 냉정을 유지했다.

"주공께서 명령 하나로 천하를 움직이는 것은 모두 천자가 있기에 가능합니다. 천자를 살려두어야 매사에 명분을 세울 수 있으니 벌을 내리더라도 죽여서는 안 됩니다."

듣고 보니 맞는 말이었다. 최대의 적인 원소를 아직 제거하지 못한 이때 천자를 폐위했다가는 남 좋은 일만 시키는 꼴이 될 수도 있었다. 여기까지 생각한 조조가 헌제를 죽일 생각을 버리자 순욱은 안도의 한숨을 내쉬었다.

'주공께서는 동탁 같은 인물이 되지 않을 것이다. 내가 섬기는 주인은 그렇게 될 수 없다.'

우리는 자신의 선택이 언제나 옳기를 바란다. 일단 결정을 내리면 그 결정이 절대적으로 옳다고 믿고 현실을 왜곡시키면서까지 자신의 결정을 보호하려 한다. 이는 자기기만Self_Deception이다. 우리의 잠재의식에 보편적으로 존재하는 심리 현상이다.

순욱의 태도도 일종의 자기기만이다. 조조가 헌제를 죽이지 않기로 한 결정이 순욱에게 크나큰 위안이었다. 그는 이 같은 자기기만이 가져오는 심리적 안정으로 편안해질 수 있었다. 만약 자기기만이 없다면 우리는 순탄치 않은 인생을 제대로 겪어낼 수 없다.

조조가 말을 이었다.

"하지만 동승 일당은 살려둘 수 없소. 그들을 모조리 죽여 본보기로 삼을 것이오."

"그럼 어떻게 하실 작정이신지요?"

"모반을 꾀했다는 죄목을 씌워 구족을 멸할 것이오!"

순욱은 깜짝 놀랐지만 조조의 결심을 막을 생각을 하지 못했다. '어려운 일부터 부탁하기' 전략 때문이었다. 앞서 조조가 헌제를 죽이겠다고 했지만 순욱이 그를 말렸다. 이때 순욱의 마음에는 조조에 대한 미묘한 죄책감이 생겨났다. 그래서 조조가 동승의 가족을 모두 죽이겠다는 결정을 말리지는 못한 것이다. 한숨을 내쉰 순욱이 말했다.

"일이 이렇게 된 이상 어쩔 수 없는 노릇입니다."

마지못해 동의하는 티가 역력했다. 결국, 조조는 동승과 왕자복을 비롯한 다섯 사람과 그 가족까지 모두 처형했다. 그 숫자는 무려 천여 명에 가까웠다. 이들을 모조리 죽이고 난 조조는 동승의 살아남은 혈육 하나를 떠올렸다. 궁궐에 있는 동승의 딸, 바로 헌제의 총애를 받는 후궁 동귀비였다. 망설임 없이 궁궐로 향한 조조는 검을 든 채 후궁의 처소로 뛰어 들어가 동귀비를 찾았다. 살기등등한 조조의 모습에 겁먹은 헌제가 조심스럽게 물었다.

"승상께서 어쩐 일이시오?"

조조가 차가운 목소리로 물었다.

"동승이 모반을 꾀했습니다. 알고 계셨습니까, 폐하?"

이때 헌제는 극도의 공포감에도 놀라운 재치를 선보였다.

"역적 동탁은 벌써 주살되지 않았소?"

그 말을 들은 조조는 얼음장 같은 얼굴로 헌제를 노려보았다.

"동탁이 아니라 동승 말입니다!"

뒤통수가 서늘해진 헌제는 일단 발뺌부터 했다.

"짐은 모르는 일이오."

조조는 그런 헌제를 비웃으며 대꾸했다.

"폐하께서는 직접 손가락을 깨물어 피로 쓴 조서를 잊으셨단 말입니까?"

그 말에 헌제는 아무런 대꾸도 하지 못했다.

"대역죄인은 구족을 멸하는 법입니다. 여봐라, 어서 동귀비를 끌어내라!"

당시 임신 5개월째에 접어든 동귀비는 이미 눈에 띄게 배가 불러 있었다. 황급히 나선 헌제가 조조에게 말했다.

"동귀비는 황손을 잉태한 몸이오. 승상께서는 불쌍히 여겨 목숨만은 살려주시오."

◈ **심리학으로 들여다보기**

해적선에 오른 사람에게는 해적질이 곧 법이다. 바다에 낚싯대를 드리우거나 그물을 던져 물고기를 잡아서는 안 된다. 자신이 선 위치에서 목적과 목표를 확실히 정해야 한다. 그래야만 다음 행동과 계획이 따른다.

천사도 지옥에 떨어지면 악마가 된다

지금 죽여야 하나? 아니면 살려둘까?

헌제는 동귀비의 임신을 이유로 조조에게 사정했다. 하지만 그건 전혀 도움이 안 되는 선택이었다. 오히려 조조는 동귀비를 반드시 죽여야겠다고 마음을 더 굳게 먹었다. 이유는 단순했다. 만약 동귀비가 아들을 낳는다면 헌제의 뒤를 이을 후계자가 된다. 그런데 '천명'이 자신을 가리킨다고 믿는 조조에게 헌제의 후사는 결코 달갑지 않은 일이었다. 게다가 만약 동귀비가 낳은 아들이 자라서 어른이 되면 제 부모의 복수를 하겠다고 나서지 않으란 법도 없었다. 결국 헌제는 동귀비의 시신이라도 온전하게 해달라고 애걸해야 했다.

"그 부탁은 들어드리지요."

조조는 동귀비에게 흰 비단을 주며 직접 목을 매어 죽도록 했다. 헌제는 눈물만 흘릴 뿐 아무것도 할 수 없었다. 천하의 주인인 황제가 자신의 아이를 가진 여자 하나 지켜주지 못한다니 이보다 애통한 일이 어디에 있을까!

동귀비까지 죽인 조조의 행동은 과거 동탁이 저지른 만행과 하나도 다를 것이 없었다. 그렇다면 조조는 정말로 제2의 동탁이 되어버린 것일까? 동탁도 자신을 죽이고 한실을 일으키려 했던 젊은이가 몇 년 후 자신의 훌륭한 후계자가 되리라고는 꿈에도 몰랐을 것이다.

인간은 상황에 매우 큰 영향을 받는다. 착한 사람은 착한 사람이 될 수밖에 없는 환경에 처해 있고, 나쁜 사람은 나쁜 사람이 될 환경에 직접적인 영향을 받는다. 심리학자 필립 짐바르도는 상황에 따라 성향이 변하는 현상을 가리켜 '루시퍼 효과Rucifer Effect'라고 정의했다.

루시퍼 효과는 '착한 사람이 악마가 되는 과정'을 설명한다. 빛의 수호자로 신의 총애를 받던 천사 루시퍼가 지옥에 떨어지면서 악마 사탄이 되었다. 이는 자신이 처한 환경이 성격까지 바꿔놓는 근본적인 원인임을 보여준다.

1971년, 짐바르도는 '스탠퍼드 감옥 실험'으로 루시퍼 효과를 입증했다. 짐바르도는 스탠퍼드대학의 심리학과 건물 지하실을 감옥으로 꾸며놓고 실험에 참여할 학생을 모집했다. 실험에 앞서 '심리적으로 건강하며 정신질환이 없는 정상인'이라고 증명된 학생은 실험에 참여하는 대가로 하루에 15달러를 받았다. 참가를 신청한 70명은 스탠퍼드와 버클리대학의 여름학기 수업을 듣던 학생들이었다. 짐바르도는 그중 24명을 선발하여 무작위로 '죄수'와 '교도관'으로 분류했다. 짐바르도 본인은 교도소장 역할을 맡았다.

죄수 역할을 맡은 학생들은 죄수 번호를 받았다. 죄수복 차림에 손목과 발목에는 쇠고랑까지 찼다. 교도관 역할의 학생들은 경찰복을 입고 선글라스를 껴 권위를 높였다. 죄수가 감옥에 들어갈 때 교도관은 정해진 절차에 따라 죄수를 알몸 수색하는 등 실제 교도관의 권리를 모두 누렸다. 물론 실험참가자 전원은 원할 경우 언제든 실험에서 빠질 수 있었다.

실험 초반, 경찰 놀이처럼 가볍게 시작한 실험참가자들은 빠른 속도로 자기 역할에 빠져들었다. 교도관은 죄수의 옷을 벗기거나 몇 시간 동안의 감금, 베개와 이불 압수, 식사 금지, 손으로 변기 닦기, 팔굽혀 펴기, 수면시간 줄이기, 한밤중에 죄수들을 불러내 인원확인을 하거나 각종 모욕적인 활동을 시키며 죄수들의 '기선'을 제압했다.

실험이 시작된 지 이틀이 채 안 되어 '심리적으로 건강한' 학생들은 다른 '심리적으로 건강한' 학생들의 억압과 괴롭힘을 참을 수 없는 지경이 되었다. 가장 먼저 죄수 번호 8612가 처음으로 다른 죄수들을 이끌고 교도관들의 권리에 저항하기 시작했다. 그로 인해 교도관들에게 '특별교화'를 받게 된 8612는 이곳이 가짜 감옥이 아니라 '심리학자가 세운 진짜 감옥'이라는 사실을 깨닫고 실험에서 빠지겠다고 요구했다. 하지만 짐바르도 또한 교도소장 역할에 완전히 몰입한 상태였다. 짐바르도는 힘들어하는 8612의 심리상태보다 그가 빠지면 다른 학생들까지 줄줄이 빠져나가 실험에 차질이 생길 것을 더 염려했다.

짐바르도는 교도관들이 심하게 괴롭히지 않도록 해주겠다며 8612를 달랬다. 대신 감옥으로 돌아간 후 스파이가 되어 감옥 안의 상황을 몰래 알려주라고 덧붙였다. 영화에나 나올 법한 제안이었다.

8612가 감옥으로 돌아가자 다른 죄수들은 이 실험에서 마음대로 나갈 수 없다는 사실을 깨달았다. 실험책임자가 아무도 내보내지 않을 것이란 생각에 상황은 한층 심각해졌다. 후에 짐바르도는 당시를 회상하며 이렇게 말했다.

"나는 8612의 의지가 너무 약해서 별 것 아닌 스트레스를 견뎌내지 못한다고 생각했습니다. 실험 시작 후 불과 이틀밖에 지나지 않았는데 너무 빨리 나가려 한다고 생각한 거지요. 예정된 실험은 아직 13일이나 남았는데 말입니다. 실험을 주도한 교수이자 심리학자인 나조차도 8612의 심리적 상태를 객관적으로 평가하지 못했어요. 결국 교도소장의 역할이 나의 판단에까지 영향을 미치고 있었던 겁니다."

그는 '실험 시작 전 교도관과 죄수들은 모두 똑같은 학생이었지만 실험이 일주일째 접어들자 두 그룹은 완전히 다른 집단이 되었다'라고도 털어놓았다. 임시로 꾸며진 실험용 감옥은 점점 악마의 소굴이 되어갔다. 교도관들은 권력을 마음대로 휘둘렀고 죄수들의 불만은 원한으로 변해갔다. 두 그룹의 학생들은 실험종료 이후의 토론에서조차 서로에게 적개심을 버리지 못하고 심각하게 대립했다.

실험 6일째, 짐바르도의 약혼자 크리스틴이 실험실에 찾아왔다. 스탠퍼드대학에서 심리학박사 학위를 갓 취득한 크리스틴은 당시를 이렇게 회상했다.

"실험 시작 전, 참가를 신청한 한 남학생과 잠시 이야기를 나눈 적이 있어요. 굉장히 예의 바르고 사교적인 아주 재미있는 친구였죠. 그런데 그 학생이 모의 감옥에서 '악명 높은' 교도관이 되어 있더군요. 내가 보았던 친절한 남학생과는 완전히 다른 사람이었어요. 짙은 선글라스를 끼고 제복을 입은 그는 경찰봉을 들고 고함을 치며 죄수들을 윽박지르더군요. 죄수들의 인원 체크 시간에는 아주 폭력적인 모습을 보였어요."

크리스틴이 방문했을 때는 목욕시간이었다. 욕실은 실험실 밖에 있었다. 교도관들은 죄수들의 발목에 사슬을 채워 일렬로 줄을 세운 다음 머리에는 용수를 씌워 밖을 전혀 볼 수 없게 한 다음 욕실로 데려갔다. 그 광경을 본 짐바르도가 크리스틴에게 말했다.

"빨리 와서 저걸 봐. 무슨 일이 벌어지고 있는지 보라고."

그는 흥분에 차 있었다.

"봤어? 정말 대단하지 않아?"

크리스틴은 이런 약혼자의 모습이 무척 낯설게 느껴졌다. 착하고 부드러웠던 그가 어느새 잔혹하고 폭력적으로 변해 있었다. 과연 이 악마 같은 남자와 함께 살 수 있을 것인지 의심스러웠다. 결국, 실험실을 나온 두 사람은 처음으로 심하게 싸웠다. 약혼녀와 다투고 제정신으로 돌아온 짐바르도는 다음 날 바로 실험을 중지했다.

선량한 학자였던 짐바르도는 교도소장 역할을 하면서 자신도 모르게 악마가 되어갔다. 실험에 참여한 학생들 또한 자신의 역할에 조금씩 몰입하면서 서서히 본모습을 잃어버렸다. 특히 교도관 역할을 맡은 학생들은 글자 그대로 악마였다.

교수를 포함한 실험참가자 모두 이것이 '실험'임을 알고 시작했다. 그럼에도 모의 감옥은 성공적으로 '악마'를 만들어냈다. 문명사회에 사는 인간은 세련된 이성으로 포장되어 있지만, 상황에 따라 잔인하고 동물적인 야성의 발톱을 드러낼 수 있다는 증명이다. 모의실험이 이 정도라면 실제 상황에서는 어떤 일이 벌어질지 상상에 맡긴다.

조조가 동탁이 되어버린 것도 이 때문이었다. 병권을 손에 쥐고 천하를 좌지우지하게 되자 조조를 막을 수 있는 것은 아무것도 없었다. 그는 더 이상 한나라의 부흥을 꿈꾸는 열혈청년이 아니었다. 조조의 상황은 권력에 대한 욕망을 부풀려 천하의 주인이 되도록 이끌었다. 천자와 천자를 따르는 신하들은 모두 걸림돌이므로 죽여야 했다. 자기 욕망을 이루는 데 장애가 되는 사람들은 더욱 혹독하게 몰아세우고 잔인하게 괴롭혔다. 그것이 조조에게는 당연한 일이었다.

조조나 동탁에게 인간성 상실의 문제가 있었던 것은 아니다. 누구든 그들의 상황이 되면 그렇게 될 수밖에 없을 것이다. 원소와 원술, 손권 같은 다른 영웅들도 제2의 동탁이 되기 싫었던 것이 아니다. 다만 적절한 상황과 기회가 없었을 뿐이다. 이러한 메커니즘이 조조를 도덕적으로 질타할 수만은 없도록 만든다.

조조는 동귀비를 죽이고 나서도 안심하지 못했다. 헌제가 언제 또다시 외부세력과 결탁할지 몰랐다. 그는 조홍에게 군사 3천 명을 주어 궁의 경비를 맡겼다. 이제 헌제는 사실상 궁에 갇힌 신세가 되었다.

◈ 심리학으로 들여다보기

인류의 문명이 아무리 발달해도 인간 속 야성은 여전히 존재한다. 야성은 인류 역사의 축적이며 본성이다. 천사와 악마는 이를 절제하는 자와 그렇지 못한 자로 나뉠 뿐이다. 환경과 조건을 따지면서 변명하지 마라. 인간성은 자신의 양심에서 나온다.

하늘의 계시를 눈치챈 자가 전쟁에서 승리한다

조조는 동승을 비롯한 다섯 명의 일가족 천여 명을 모조리 죽이고도 죄책감을 느끼지 않았다. 다만 '블랙리스트'에 오르고도 용케 빠져나간 유비와 마등을 어떻게 처리할까 궁리했다. 성격 같아서는 지금 당장 요절을 내도 속이 시원치 않을 판이었다. 특히 동승 무리와 손을 잡고 감쪽같이 자신을 속인 유비를 생각하면 자다가도 벌떡 일어날 정도였다. 한편 자기기만을 통해 마음속 인지부조화를 극복한 순욱은 평소처럼 계책을 냈다.

"마등은 서량에 있으니 잠시 두셔도 괜찮습니다. 다만 사람을 보내 그의 안부를 물어 의심이 생기지 않도록 하십시오. 일이 좀 잦아들고 난 다음 허도로 불러들여 처단하시면 됩니다. 유비는 서주를 차지하고 있으나 아직 자리를 잡지 못했습니다. 주공께서 신경 쓰셔야 할 적은 관도에 군사를 주둔시킨 원소입니다. 주공께서 유비를 정벌하러 가신다면 원소는 반드시 그 틈을 노려 허도를 공격할 것입니다."

순욱의 판단은 날카로웠다. 하지만 어디까지나 원소가 기회를 포착하고 재빨리 행동한다는 전제를 바탕으로 한 것이다. 순욱은 원소가 거느리는 모사들이 이렇게 좋은 기회를 놓칠 리가 없다고 생각했다. 그러나 결단력이 없는 원소의 성격을 잘 아는 조조는 곽가에게도 의견을 물었다.

"원소의 휘하에 있는 모사들은 서로 시기하고 견제하느라 의견을 하나로 모으지 못합니다. 그러니 원소 걱정은 접으시고 유비부터 치십시오. 유비가 거느린 5만 군사가 주공의 직속부대라는 사실을 기억하셔야 합니다."

곽가의 마지막 말은 가히 촌철살인이었다. 엄격한 관리와 고된 훈련을 겪어낸 군사들 사이에서 조조의 위신은 매우 높았다. 유비가 원술을 친다는 핑계로 5만 군사를 받아 서주를 차지하고 있지만 사실은 조조의 군사였다. 만약 조조가 나타나 호령한다면 원래 주인에게 되돌아올 것이 틀림없었다. 조조는 망설이지 않고 즉시 20만 대군을 일으켜 서주로 갔다.

소식을 들은 유비는 얼른 손건을 보내 원소에게 도움을 청했다. 손건은 원소를 만나기에 앞서 먼저 전풍을 찾아갔다. 자초지종을 알게 된 전풍은 크게 기뻐했다. 비어 있는 허도를 차지할 절호의 기회였기 때문이다.

다음날 전풍이 손건과 함께 원소를 찾아갔다. 그런데 원소의 모습이 말이 아니었다. 몸이 건장하고 인물도 번듯해서 삼국시대의 미남자로 손꼽히는 원소가 어쩐 일인지 의관이 흐트러진 데다 피곤한 기색이 역력했다. 놀란 전풍이 물었다.

"주공께서는 무슨 일이 있으십니까?"

그러자 원소가 멍한 얼굴로 대답했다.

"내가 금방이라도 죽을 것 같소."

"천하를 손에 넣으실 기회가 눈앞에 있는데 어찌 그런 말씀을 하십니까?"

"내 목숨이 촌각을 다투는데 천하가 다 무슨 소용이란 말이오."

전풍은 이해할 수 없었다. 어제까지만 해도 위풍당당하던 대장부가 하룻밤 사이에 갑자기 이렇게 변하다니, 한마디로 봉황이 닭이 된 꼴이었다. 전풍이 까닭을 묻자 원소가 대답했다.

"나에게는 다섯 명의 아들이 있는데 그중 막내가 나를 가장 기쁘게 했소. 그런데 그 아이가 지금 개창疥瘡에 걸려 죽어가니 내가 어찌 다른 일에 마음을 쓸 겨를이 있겠소."

그 말을 들은 손건은 심장이 덜컥 내려앉았다. 전풍은 포기하지 않고 원소를 설득하려 애썼다.

"조조가 군사를 일으켜 유비를 친다고 합니다. 이 틈을 노리면 비어 있는 허도를 차지할 수 있습니다. 천자를 보위하고 만백성을 지킬 수 있다면 이것이야말로 하늘이 내린 기회가 아닙니까. 옛말에 하늘이 준 것을 받지 않으면 오히려 화가 된다 했습니다. 명공께서는 헤아려주십시오."

완곡히 돌려 말했지만 전풍의 뜻은 분명했다. '천자를 등에 업고 제후들을 움직이는' 전략이 조조에게 얼마나 많은 이점을 가져다주었는가? 그걸 다 보았으면서도 망설이는가? 이제 하늘이 이 좋은 기회를 주었는데 가만히 앉아만 있을 텐가? 그러나 원소는 힘없이 대답했다.

"나라고 그것을 모르겠소. 하지만 지금 내 마음이 어지러워 정신을 다잡을 수가 없소."

원소는 이미 천하의 한 조각을 다스리는 영웅에서 손을 놓은 상태였다. 답답해진 전풍은 조금 무례할 정도로 목소리를 높였다.

"주공, 대체 무엇 때문에 그러십니까?"

"우리 막내 말이오. 그놈이 나이는 어려도 귀골이란 말이오. 만약 그 아이에게 무슨 일이라도 생긴다면 어찌해야 할지 모르겠소."

원소는 이어 손건을 향해 말했다.

"그대는 현덕에게 돌아가 내가 군사를 일으킬 정신이 아니라고 전해주시오. 만약 상황이 심상치 않게 돌아가면 그때 내게로 의탁해 오라고 말이오."

원소도 나름대로 상황을 꿰뚫고 있었다. 자신이 군사를 내어 돕지 않는다면 유비는 조조에게 패할 수밖에 없었다. 싸움에 패하고 갈 곳이 없게 되면 자신에게 의탁하라는 의미였다. 유비는 이 한마디 덕분에 나중에 목숨을 건지게 된다.

모든 것은 왕립의 별자리 예언에서 시작되었다. 당시 예언과 천명은 굉장한 설득력을 지니고 있었다. 특히 어떤 세력과도 연관이 없어 철저한 중립인 왕립이 직접 예언을 했으니 그 위력과 전파력은 대단했다. 원소도 '천명은 조조를 가리킨다'라는 소문을 듣지 못했을 리 없었다. 즉 조조를 대단치 않게 생각하는 원소조차 천명과는 맞서고 싶지 않았던 것이다. 그런데 이러한 두려움을 깨뜨린 것이 바로 막내아들이었다. 원소의 막내아들은 태어날 때부터 귀한 상을 타고났다. 그래서 원소는 천명이 바로 자신에게 있다고 생각했다. 스스로 천하의 주인이 되지 못해도 인물이 남다른 제 아들은 해낼 수 있으리라 믿었다. 그런데 그 아들이 시름시름 앓자 원소의 심리적 주춧돌이 흔들리기 시작했다. 아들이 죽는다면 천하를 차지할 희망도 끝이었다. 원소가 어린 아들의 목숨에 이다지도 큰 의미를 부여하며 흔들리는 데에는 바로 이러한 내막이 있었다.

그러나 전풍과 손건이 원소의 마음을 알 리 없었다. 손건은 불쾌한 얼굴로 돌아가버렸다. 전풍은 울분을 이기지 못하고 밖으로 나가 지팡이로 땅을 치며 탄식했다.

"어린아이 하나 때문에 이 좋은 기회를 놓쳐버리다니 대체 무슨 천하를 논한단 말인가?"

이 소식을 들은 유비도 절망한 나머지 목 놓아 울기 시작했다.

"이제 어찌하면 좋단 말이냐?"

우는 형을 본 장비가 말했다.

"형님께서는 걱정하지 마십시오. 제게 묘책이 하나 있으니 반드시 조조를 물리칠 수 있을 거요."

유비가 무슨 계책이냐고 물었다.

"매복하고 기다렸다가 조조군의 진채를 급습하면 되지 않습니까?"

딱히 탁월한 묘책이 아니었지만 유비는 고개를 끄덕였다. 얼마 전 훌륭한 계략으로 유대를 사로잡은 장비의 모습이 '최신효과'로 남아 있었던 까닭이다. 이제 유비에게 장비는 '용맹한 장수'에서 '지략 있는 장수'로 변신해 있었다.

그러나 조조는 유대 따위에 비할 상대가 아니었다. 대군을 이끌고 온 조조는 소패로 향했다. 그런데 한창 행군하던 중 갑자기 센 바람이 불더니 깃대 하나가 뚝 부러졌다. 당시 싸움에 나선 군대의 깃대가 꺾이는 것은 적의 급습을 알리는 징조였다. 작은 것도 절대 소홀히 넘기는 법이 없는 조조는 당연히 기습에 대비했다.

'역시 하늘은 나를 돕는구나.'

고대의 전투에서는 왜 깃대와 기습을 연관시켜 믿었던 것일까?

이는 '착각상관'에 연유한다. 깃대가 바람에 부러지는 것은 우연한 사건이다, 정확한 횟수를 통계로 내면 깃대가 부러질 때마다 적군이 급습하지는 않았을 것이다. 다만 두 가지 사건이 우연히 맞아떨어지고 그것이 여러 차례 반복되면서 사람들 입에서 입으로 전해졌을 가능성이 크다. 사람들은 서로 다른 사물을 연관시키기를 좋아한다. 이런 식으로 두 가지를 묶어두면 심리적으로 안심할 수 있기 때문이다.

설령 이것이 백 퍼센트 정확하지 않더라도 실전에서 매우 유용했다. 옛날에는 정보를 얻을 방법이 다양하지도 않고 빠르지도 않았다. 그 와중에 깃대가 부러지면 적이 급습한다는 경고를 받은 셈이므로 군대는 꼼꼼하게 전투에 대비할 수 있었다.

밤을 틈타 군사를 움직이던 장비는 부러진 깃대로 인해 조조군의 매복에 걸리고 말았다. 조조군 출신인 장비의 군사들은 눈 깜짝할 사이 조조군이 되어버렸다. 대패한 장비는 소패로 돌아가려 했지만 조조의 대군이 길목을 가로막았다. 빽빽이 진을 친 조조군을 당해내지 못할 것을 안 장비는 어쩔 수 없이 몸을 돌려 산속으로 도망쳤다.

조조군은 여세를 몰아 서주를 공격했다. 조조를 본 유비의 병사들도 대부분 조조군에 편입해버렸다. 상황이 여의치 않자 유비는 가솔을 살필 겨를도 없이 성을 빠져나갔다. 어디로 가야 할지 고민하던 차에 원소가 했던 말이 떠올랐다. 그는 말을 달려 형주로 향했다.

유비와 장비가 없어지자 미축과 손건 등 문신들도 제각기 살길을 찾아 나섰다. 성에 혼자 남은 진등은 자진해서 조조에게 성을 넘기고 목숨을 건졌다. 이중첩자라는 신분 덕분이었다. 성에 들어온 조조는 진등에게 어째서 유비가 차주를 죽일 때 가만히 두었냐고 탓하지 않았다. 뒤처리를 깔끔하게 해놓은 덕분에 차주를 계략에 빠뜨려 죽이고도 무사히 넘길 수 있었던 것이다.

이제 남은 것은 관우뿐이었다. 관우는 서주성에서 조금 떨어진 하비성을 지키고 있었다. 예전에 장비에게 가솔들을 맡겼다가 여포에게 빼앗긴 경험이 있는 유비가 이번에는 관우에게 두 부인을 부탁했기 때문이다.

한편 서주성을 손에 넣은 조조는 마지막 남은 하비성으로 향했다.

'이번만큼은 기필코 관우를 손에 넣으리라!'

조조는 입술을 지그시 깨물었다.

◈ 심리학으로 들여다보기

하늘의 뜻은 곧 사람의 마음이다. 자기 의지라고 하는 편이 낫겠다. 집중해서 자기 길을 가다 보면 생각지도 못한 의미와 행운을 발견하게 된다. 하늘이 도운 듯 순조롭고 탄탄한 길을 걷게 된다. 그만큼 자기 의지가 강하다는 뜻이다.

당연하지만 물질로 사람의 마음을 살 수 없다

조조는 관우가 따뜻한 술을 앞에 두고 화웅의 목을 베어온 그때부터 그를 흠모하고 있었다. 그런 관우를 손에 넣을 생각에 부풀어 있는 조조에게 곽가가 찬물을 끼얹었다.

"관우는 유비에 대한 의리가 남다른 자입니다. 결코 투항하지 않을 것이니 사람을 보내 달래보고 안 되면 죽여버리십시오."

옆에 있던 장료가 나섰다.

"제가 관우와 안면이 있으니 설득해보겠습니다."

관우가 자신에게 호감을 갖고 있으니 시도해볼 만하다는 의견이었다. 이에 정욱이 나섰다.

"문원이 관우와 아는 사이이긴 하나 나는 곽가와 생각이 같소. 관우는 단순히 말로 설득할 수 있는 사람이 아니오."

언뜻 들으면 장료의 뜻에 반대하는 것 같지만 사실은 그렇지 않다. 조조의 진영은 유독 분위기가 좋았다. 모사들과 장수들이 하나같이 똘똘 뭉쳐 최선을 다해 조조를 도왔다. 네 명의 모사가 서로 자기주장을 내세우는 원소 진영과는 확연히 대비된다. 여기서 정욱이 나선 것도 장료에게 도움을 주기 위해서였다.

"관우를 막다른 골목으로 몰아넣은 다음 문원이 가서 투항을 권유한다면 성공할 가능성이 커질 것이오."

정욱은 서주에서 투항한 병사 열 명을 골라 패잔병으로 꾸며 하비로 보내자고 했다. 성안에서 호응하면 하후돈이 관우를 끌어내기에 유리했다. 그러나 상황이 불리함을 아는 관우는 성문을 굳게 걸어 잠그고 나오지 않았다. 이에 관우의 남다른 자부심을 알고 있던 하후돈은 모욕적인 욕을 퍼부어대며 관우를 자극했다. 참을 수 없던 관우는 결국 성 밖으로 나와 조조군에게 완전히 포위되었다. 그 무렵 하비성에 있던 병사들이 관우가 없는 성에 불을 질러 신호를 보내자 조조가 직접 군사를 이끌고 성을 점령했다.

이제 관우는 돌아갈 곳도 물러설 곳도 없었다. 시기가 무르익었다고 생각한 장료가 관우에게 가서 투항을 권했지만 관우는 고개를 저었다.

"나는 유황숙과 도원결의로 의형제를 맺었소. 형님을 배신할 수는 없소."

장료는 '이에는 이, 의리에는 의리'로 맞섰다.

"장군께서 지금 투항하지 않더라도 그저 한목숨 버리시면 그만입니다. 그러나 유황숙께는 세 가지 죄를 짓게 됩니다. 첫째, 만약 유황숙이 살아계신다면 같은 날 태어나지는 못했으나 죽는 날만큼은 함께하자는 도원의 맹세를 어기게 됩니다. 둘째, 장군께서 돌아가시면 유황숙의 두 부인은 의지할 곳이 없게 되니 임무를 저버린 셈이지요. 셋째, 돌아가신 후에는 유황숙이 한실을 부흥시키는 데 힘을 보태지 못하니 이 또한 죄입니다."

도원결의의 구속력과 유비의 권위를 빌린 장료의 설득은 관우의 결심을 효과적으로 무너뜨렸다. 그러나 장료의 말에 세 가지 조건을 붙였다.

"투항하되 조건이 있소. 첫째, 나는 한나라에 투항하는 것일 뿐 조승상에게 무릎 꿇는 것이 아니오. 둘째, 두 분 형수님은 형님의 녹봉으로 생활하시도록 하며 조승상의 도움은 일절 받지 않도록 하시오. 셋째, 형님이 어디에 계신지 알게 되면 즉시 찾아가도록 하겠소."

투항하더라도 자신을 보호할 '방탄복'을 마련하겠다는 것이다. 관우는 조건을 내걸어 인지부조화를 제거하고 조조에게 부담을 떠넘기려 했다.

우리라면 관우의 세 가지 조건을 도전으로 받아들였을 것이다. 특히 욱하는 성격의 조조 같은 사람은 말을 전해 듣자마자 화살을 무더기로 쏘아 관우를 고슴도치로 만들어버렸을지 모른다.

그렇다면 하나씩 따져보자. 싸움에 지고 항복하는 주제에 조조가 아닌 한나라에 항복한다는 말은 어불성설이다. 또 동승과 함께 이미 대역죄인이 된 유비에게 녹봉은 또 무슨 말인가. 유비의 행방을 알게 되면 떠나겠다는 것도 말이 되지 않는다. 즉 투항하는 것이 아니라 조조의 진영을 공짜 여관쯤으로 삼아 당분간 먹고 자겠다는 소리였다.

그러나 더욱 이해할 수 없는 것은 조조가 관우의 조건을 모두 수용했다는 사실이다. 왜였을까? 왕립의 천명 예언으로 강한 심리적 암시를 받은 조조는 자신이 한나라를 차지하는 것은 시간문제라고 여겼다. 이미 조정 전체가 자신의 손에 있는데 황제와 다를 것이 무엇이란 말인가. 일단 황제가 되기만 하면 천하는 자신의 것이다. 천하의 모든 사람 또한 자신의 신하가 될 터였다. 그러면 유비도 투항할 수밖에 없을 테고, 관우가 그에게 돌아가더라고 여전히 자신의 사람이었다. 또 유비의 이름으로 녹봉을 내리는 것도 전혀 어려울 것이 없었다. 관우가 내건 조건 덕분에 유비는 역사상 유일하게 조정으로부터 녹봉을 받는 대역죄인이 되었다.

이렇게 해서 조조는 드디어 꿈에도 그리던 맹장을 손에 넣게 되었다. 관우를 향한 조조의 마음은 진심이었다. 관우가 허도에 온 이후로 조조는 사흘에 한 번씩 작은 연회를, 닷새에 한 번씩은 큰 연회를 베풀었다. 관우의 집에는 조조가 내린 금과 은이 수시로 배달되었다. 어찌나 지극정성인지 조조의 모사와 장수들은 배가 아플 지경이었다. 그러나 이런 적극적인 애정 공세는 조조의 바람과는 달리 정반대의 효과를 낳았다. 바로 '과잉정당화 효과Overjustification Effect'다.

애초에 관우는 어쩔 수 없이 투항을 선택했다. 자신의 '의롭지 못한 행동'이 큰 이득을 가져오자 관우는 더욱 심한 인지부조화에 시달리게 되었다. 조조가 잘해줄수록 관우 마음은 불편해졌다. 조조가 보내주는 선물도 건드리지 않고 고스란히 쌓아두었다.

관우는 특유의 긴 수염으로 중엄한 분위기를 풍겼다. 하루는 그가 조조의 초대를 받아 연회에 참석했다. 술잔이 몇 차례 오간 후, 조조는 습관처럼 수염을 쓰다듬는 관우에게 물었다.

"운장의 수염은 몇 뿌리나 되오?"

유비를 따라다니며 본거지도 없이 오랜 세월 동분서주하던 관우에게 수염이나 세고 있을 시간이 없었다. 그러나 조조에게 항복한 이후로는 본의 아니게 '백수'가 되어버린 관우는 수염을 세며 남아도는 시간을 죽이고 있었다. 만약 조조가 며칠만 더 일찍 물어봤다면 답을 얻지 못했을 것이다.

"한 이삼백 뿌리쯤 됩니다. 그런데 수염이 너무 길어 끊어질까 봐 늘 걱정입니다."

조조는 그 말을 듣기가 무섭게 시종에게 비단으로 수염주머니를 만들어오도록 했다. 이튿날 관우는 수염주머니를 매달고 헌제를 알현했다. 관우를 처음 만나는 것이 아니지만 한 번도 그의 수염을 눈여겨보지 않았던 헌제는 그가 턱에 비단주머니를 매단 것을 보고는 고개를 갸웃하며 까닭을 물었다.

"제 수염이 길어 승상께서 주머니를 만들어주셨습니다."

조조의 철통같은 감시 속에 살던 헌제에게는 실로 오랜만에 나타난 흥밋거리였다.

"그렇소? 그렇다면 과인도 관공의 수염을 좀 보고 싶구려."

관우가 주머니를 풀자 배까지 내려오는 긴 수염이 드러났다. 손으로 잘 쓰다듬어 내리니 그야말로 위풍당당한 영웅의 모습이었다. 헌제는 관우의 풍모에 감탄하며 말했다.

"참으로 멋진 수염이오. 그대는 미염공美髯公이구려!"

이때부터 관우는 '미염공'이라는 별칭을 얻게 되었다. 훗날 천하에 위세를 떨치게 되었을 때 관우는 만인이 흠모하는 영웅으로 큰 인기를 얻었다. 수많은 공적과 실력 덕분이지만 그가 풍기는 특유의 분위기도 한몫했다. 그중 길고 아름다운 수염의 덕을 빼놓을 수 없다.

1973년, 미국 심리학자 로버트 펠레그리니Robert J. Pellegrini는 수염과 성격 인식에 대한 연구를 진행했다. 그는 실험을 위해 기꺼이 수염을 깎을 청년 8명을 섭외했다. 펠레그리니는 턱수염과 콧수염이 있는 청년들의 사진을 찍은 다음 이발사를 불러 8명의 얼굴을 깨끗하게 면도시키고 다시 사진을 찍었다. 그리고는 무작위로 뽑은 실험참가자들에게 사진을 보여주고 그들의 성격을 예측하게 했다. 실험 결과, 사진을 본 사람들은 청년의 얼굴에 수염이 많을수록 남자답다, 성숙하다, 우월하다, 자신감 넘친다, 용감하다 같은 형용사들을 많이 사용했다.

이 실험에서 관찰된 판단은 수천 년 전의 인물인 관우에게도 그대로 적용되었다. 그러니까 관우의 긴 수염이 그의 영웅 이미지에 큰 공헌을 했다는 뜻이다. 꼼짝없이 당할 수밖에 없는 상황에서 극적으로 빠져나올 수 있던 것도 신비로운 분위기를 풍기는 수염과 무관하지 않다. 나중에 관우가 유비를 찾아 조조를 떠날 때 관우를 가로막은 형양태수 왕식王植이 그를 불태워 죽이려 했다. 그런데 왕식의 부하였던 호반胡班이 등불을 켜 책을 읽는 관우의 모습에 매료되어 영웅을 죽일 수 없다며 비밀작전을 알려준다.

조조는 재물을 주어도 본체만체하고 미인들을 뽑아 보내도 거들떠보지 않는 관우를 기쁘게 할 방법에 골몰하기 시작했다. 어느 날, 관우의 말이 비쩍 마른 것을 보자 자신의 집에 있던 명마를 떠올렸다. 그 말의 성질이 하도 유별나 누구도 길들일 수 없었다. 바로 여포와 함께 천하에 위용을 과시했던 적토마였다. 조조는 그 말을 관우에게 주었다. 지난날 동탁이 준 서량마를 타고 도망가 그를 배신했던 조조가 관우에게 적토마를 선사한 것은 무척 재미있는 대목이다. 물론 똑같은 사건이 입장만 바뀌어 되풀이되고 있다는 사실을 조조는 알지 못했다.

한편 말을 받은 관우는 기뻐하며 절을 했다. 조조는 어리둥절하면서도 괜히 기분이 상했다.

"내가 운장에게 금과 비단, 미인까지 숱하게 내렸을 때는 한 번도 절하지 않았소. 그런데 이 말을 보고는 어찌 그리 기뻐하면서 연거푸 절을 하는 거요?"

관우가 웃으며 말했다.

"이 적토마는 하루에 천 리를 달린다고 들었습니다. 이제 형님께서 어디에 계신지만 알면 하루 만에 달려가 뵐 수 있지 않겠습니까?"

조조는 하마터면 방금 준 말을 도로 빼앗을 뻔했다.

'내가 그토록 잘해주어도 말끝마다 그 귀 큰 놈 이야기로군!'

그러나 이미 주기로 한 말을 취소할 수는 없었다. 조조는 신나게 말을 끌고 돌아가는 관우의 뒷모습만 바라봐야 했다. 마음이 크게 상한 조조는 수하들을 불러 관우의 일을 의논했다.

관우도 조조가 자신에게 온 정성을 쏟는다는 사실을 잘 알고 있었다. 그래서 조조를 위해 공을 세워 보답하기 전에는 떠나지 않겠다고 다짐했다. 이를 눈치 챈 장료가 조조에게 슬쩍 귀띔해주었다. 그 말을 들은 순욱이 말했다.

"그렇다면 승상께서는 관우가 공을 세울 기회를 주지 않는 수밖에 없겠습니다. 그럼 떠나지 못할 것이 아닙니까."

조조는 고개를 끄덕이며 관우를 후하게 대접하되 절대 싸움터에는 내보내지는 않으리라 다짐했다. 그러나 여기에는 한 가지 맹점이 있었다. 애초에 조조가 관우를 데려온 목적은 훌륭한 장수를 손에 넣기 위해서였기 때문이다.

◈ **심리학으로 들여다보기**

너무 멀리 가다 보면 원래의 목적지를 잊어버린다. 앞만 보고 달리지 마라. 빨리만 달리지 마라. 한없이 달린 뒤 이 길이 아니었음을 안다면 좌절하게 된다. 삶이 채근하고 재촉하더라도 발밑을 다지며 한 걸음 한 걸음 나아가자. 반드시 목적지에 이를 수 있다는 믿음으로!

나를 떠나는 사람에게 호의를 베풀어라

유비의 설득으로 조조와 맞서기로 결심한 원소는 아끼는 맹장 안량과 문추를 보냈다. 앉으나 서나 관우 생각뿐인 조조로 인해 사기가 떨어진 조조의 장수들은 안량의 상대가 되지 못했다. 보낸 장수들이 줄줄이 패하고 돌아오자 조조는 하는 수 없이 관우에게 도움을 청했다.

관우는 적토마에 오르기가 무섭게 안량과 문추의 목을 베어 돌아왔다. 조조는 크게 기뻐하며 그를 한수정후漢壽亭侯에 봉했다. 그런데 관우의 귀에 유비가 원소 진영에 있다는 소식이 들어왔다. 안량과 문추를 죽여 은혜에 보답했다고 생각한 관우는 조조에게 작별인사를 하려 했다. 관우의 생각을 감지한 조조는 난처해졌다. 한나라 황제보다 더한 권력을 행사하는 '큰 황제' 조조가 관우에게만큼은 몸을 낮추며 온갖 정성을 쏟아왔다. 진영에서는 과도한 편애로 진작부터 불만이 쌓이고 있었다. 하지만 조조의 권위 때문에 누구도 나서지 못하는 형편이었다. 이렇게 파격적인 대우를 받은 관우가 끝끝내 떠나겠다는 것이다. 만약 관우가 가버리면 조조는 닭 쫓던 개 신세가 된다. 그러면 질투에 눈이 벌겋던 모사와 장수들도 참지 않고 한마디씩 해댈 것이었다. 이런 상황에서는 심리적 방어기제인 '자기기만'이 자연스레 모습을 드러낸다.

프랑스 철학자 사르트르는 '자기기만'을 다음과 같이 묘사했다.

"거짓말을 듣는 사람과 거짓말을 하는 사람은 동일한 사람이다. 속이는 사람은 진실을 알고 있는 반면, 속는 사람은 전혀 모른다. 그러나 속이는 사람이 더욱 교묘하게 진실을 숨기기 위해서는 정확히 알고 있어야 한다. 이는 동시에 이루어지며, 한 사람이 하나의 사건을 두고 두 가지 모습을 갖게 된다."

자기기만은 주로 받아들이고 싶지 않은 외부정보를 거부하는 과정에서 발생한다. 조조의 경우 관우가 떠난다는 사실을 알지만 인정하기 싫었다. 이런 상황에서 그가 할 수 있는 일은 '도피'뿐이었다. 자신이 만나주지 않으면 관우는 떠날 수 없다는 '환상'을 만들어낸 것이다.

조조는 승상부 대문에 '방문 사절'이라고 적힌 패를 걸고 관우를 피했다. 그러나 유비가 살아있음을 아는 관우는 마음이 급해져 한시도 지체할 수가 없었다. 유비의 소식을 몰랐을 때는 '한나라에 투항하되 조조에게는 무릎 꿇지 않는다'라는 명분을 내세워 조조 진영에 의탁했다. 하지만 유비의 상황을 알고도 빨리 행동을 취하지 않는다면 부귀영화를 누리느라 주인을 배반했다는 비난을 피하기 어렵다. 관우로서는 용납할 수 없는 평가였다.

조조가 만나주지 않으니 작별인사를 할 수 없고, 마냥 기다릴 수도 없어 인지부조화를 겪던 관우는 결국 편지를 써놓고 가기로 했다. 그는 조조가 보내준 금은보화와 한수정후의 인장을 잘 놓아두고 조조가 준 것은 숟가락 하나 가져가지 않았다. 그리고 작은 수레에 두 형수를 태운 다음 길을 떠났다. 관우가 떠났다는 말을 들은 조조는 멍한 얼굴로 내뱉듯 말했다.

"운장, 결국 가버렸구려!"

그가 느꼈을 실망과 패배감, 슬픔이 함축된 한마디였다. 조조의 넋이 나간 얼굴을 보자 장수 채양蔡陽이 나섰다. 관우를 못마땅하게 생각해온 그로서는 쌓인 감정을 풀어낼 절호의 기회였다.

"승상, 제게 5천 기병을 주시면 관우를 잡아다 바치겠습니다!"

채양의 말에 조조의 수하들은 묵은 체증이 내려가는 기분이었다. 관우가 허도에 머무는 동안 조조의 수하들은 하나같이 관우의 그림자 아래서 살고 있었기 때문이다.

채양의 말을 들은 조조는 '쿨'함을 되찾았다. 관우는 이미 떠났고 다시 돌아올 수 없는 사람이 되었으니 미련을 두지 않기로 한 것이다. 오랫동안 그를 괴롭히던 우울함에서 벗어나자 조조 특유의 예민한 감각도 되살아났다. 조조는 큰 소리로 채양을 꾸짖어 물리침으로써 내부에 싹트던 불만을 한꺼번에 잠재웠다.

"어째서 운장을 쫓는단 말이냐? 옛 주인을 잊지 않고 오고 감이 분명하니 과연 대장부다. 그대들도 모두 운장을 본받아야 할 것이다!"

조조의 말에 모사와 장수들은 모두 황당했다.

'대체 우리더러 뭘 본받으라는 말씀인가? 한나라에 투항하되 조조에게 항복한 것은 아니라는 것? 아니면 말도 없이 그냥 떠나버린 것?'

모두는 조조가 관우에게 심하게 상처받은 탓에 제정신이 아니라고 생각했다.

그러나 조조는 강한 심리면역력을 타고난 사람이었다. 아버지와 맏아들을 잃었을 때도 금방 털고 일어난 그가 관우 때문에 침울해져 있을 리 없었다. '자기방어'라는 심리적 방어기제를 효과적으로 사용하는 것이다.

누구나 자신의 행동이 옳다고 믿는다. 만약 자신이 잘못했다는 객관적인 증거가 발생하면 방어기제는 온갖 이유를 생각해내며 변호한다. 조조는 관우의 문제에서 많은 잘못을 저질렀지만, 수하들이 한 목소리로 자신을 책망하는 것을 용납할 수 없었다. 그래서 채양을 윽박지르고 관우를 '주인을 저버리지 않는 의로운 사나이'로 추켜세운 것이다. 관우의 행동이 옳아야 자신도 옳은 사람이 될 수 있었기 때문이다.

끝까지 관우를 변호하는 조조에게 정욱이 나섰다.

"관우는 세 가지 죄를 지었습니다. 투항한 자를 장군으로 받아들인 승상의 은혜를 저버렸습니다. 비록 안량과 문추를 죽인 공이 있다고 하나 거기에 대해서는 승상께서 이미 한수정후의 벼슬을 내리셨고 그것으로 충분합니다. 그런데도 작별인사도 고하지 않고 떠나버렸으니 이것이 첫 번째 죄입니다. 또한, 관우는 승상의 명령을 어기고 제멋대로 떠나며 가로막는 군사들을 죽였으니 이것이 두 번째 죄입니다. 비록 옛 주인 유비와의 우의가 두터웠다고 하나 승상께서 내리신

크나큰 은혜를 저버리고 승상의 존엄에 흠집을 냈으니 이것이 세 번째 죄입니다."

정욱은 숨을 고르고 다시 입을 열었다.

"만약 오늘 관우를 원소에게 보낸다면 호랑이가 산으로 돌아간 격이니 반드시 큰 화가 될 것입니다. 채양을 보내 관우를 죽이고 후환을 없애는 것이 옳습니다."

이 말에는 결정적인 의미가 담겨 있었다. 정욱이 말에 조조 진영은 찬성의 목소리로 술렁였다. 상황이 심상치 않음을 느낀 조조는 입술을 굳게 다물었다. 채양과 정욱의 생각이 곧 전체의 생각이기에 수하들의 마음을 제대로 이끌지 못하면 조직 전체에 악영향을 미칠 것 같았다.

조조는 한발 물러섰다. '자기방어'에서 '관우 방어'로 전략을 바꿨다. 자신이 잘못을 뒤집어쓰게 되더라도 관우를 변호해야 했다.

"관우가 내게 투항했을 때 유비의 소식을 알게 되면 언제든 떠나겠다는 조건을 걸었소. 애초에 내가 허락한 것이니 그는 은혜를 저버린 것이 아니오."

정욱도 물러서지 않았다.

"그러나 인사도 없이 떠난 것은 예를 저버린 것입니다."

"대신 편지를 남기지 않았소? 나를 찾아왔으나 만나주지 않자 편지를 남긴 것이오. 게다가 떠날 때는 내가 준 재물들을 고스란히 두고 갔다니 대단하지 않소? 천금 앞에서 뜻을 저버리지 않은 것이니, 가히 대장부라 할 수 있소이다! 만약 관우가 떠나지 않았다면 나도 이렇게까지 그를 칭찬하지는 않았을 거요. 그런데 정말로 이렇게 가고 나니 그 충절과 기개에 엎드려 절이라도 하고픈 심정이오!"

정욱은 여전히 분개했다.

"관우는 나중에 반드시 화를 낳을 것입니다. 그때 가서 원망하지 마십시오."

조조가 껄껄 웃으며 대꾸했다.

"운장은 의를 저버릴 사람이 아니오. 나중에 나와 칼을 맞대게 된다고 해도 그것은 제 주인을 위한 것일 뿐 나와의 인정은 남아 있을 것이오. 가만, 운장이 아직 멀리 가지는 못했을 것이니 사람을 보내 작별 선물이라도 주어야겠군."

조조는 곧장 장료를 보내 관우에게 잠시 기다리도록 했다. 그리고 관우에게 줄 금을 준비하고 붉은 비단으로 가을옷까지 한 벌 짓도록 했으니, 그야말로 섬세하기 그지없는 배려였다. 정욱도 더 이상 말하지 않고 입을 다물어버렸다. 보아하니 자신이 관우에 대한 불만을 표출할수록 조조는 관우의 고매한 인품을 한층 추켜세울 것 같았기 때문이다.

관우를 배웅하는 조조의 모습에 수하들은 모두 얼이 빠졌다. 그러나 이들이 모르는 사실이 하나 있었다. 세상은 공평해서 조건 없이 상대에게 잘해주면 반드시 보답을 받는다는 것이다. 관우는 그동안 조조가 자신에게 아무리 정성을 쏟아도 별로 감동하지 않았다. 거기에는 그럴 만한 이유가 있을 것이라 여겼다. 더구나 안량과 문추를 죽인 후 그에 상응하는 대가를 지불했다고 믿었다. 그러나 떠나는 관우에게 베푼 조조의 호의는 아무런 대가를 바라지 않은 것이었고, 이점이 관우의 마음을 크게 움직였다. 그는 이번에도 조조가 보낸 금을 거절했지만 옷만큼은 기쁘게 받았다. 이 대단치 않아 보이는 옷 한 벌이 머지않은 미래에 조조와 정욱을 포함한 여러 사람의 목숨을 구할 것이라고는 아무도 예상하지 못했다.

길을 떠난 관우는 다섯 개의 관문을 지나며 여섯 명의 장수를 죽였다. 그리고 우여곡절 끝에 유비, 장비와 만나게 되었다.

◈ **심리학으로 들여다보기**

자백을 지나치게 강요하면 반대로 엇나갈 수 있다. 내 편으로 끌어들이기 위한 회유는 부작용만 낳는다. 강압으로 마음을 끌어당길 수 없다. 상대의 마음을 사로잡고 싶다면 자유를 줘라. 선택권을 넘기고 그의 선택을 인정하라.

6부

조조의 상호작용 원칙

다른 사람들과 관계를 형성하고 서로 영향을 주고받는 것은
삶의 필요조건이다. 때론 적에게도 자기 것을 내주고
우호적 관계를 유지해야 한다. 적에게 베푼 호의는 호의로 돌아온다.
조조가 이를 증명하고 있다.

때로는 적이 내게 구명조끼를 던져준다

원소는 기분이 몹시 나빴다. 아끼는 장수 안량과 문추를 보내 조조를 상대하게 했다가 뜻밖에도 관우의 손에 잃었다. 자신에게 의탁하던 유비는 조조 진영에 있던 관우를 데려오겠다더니 두 동생을 만나 함께 떠나버렸다. 결국 원소는 안량, 문추, 유비까지 모두 잃게 된 것이다.

얼마 후 강동에서 손책이 젊은 나이에 요절하고 그 동생 손권孫權이 뒤를 이었다. 원소가 사람을 보내 그와 손을 잡으려 했지만 발 빠른 조조가 손권을 토로장군討虜將軍에 임명하고 먼저 화친을 맺어버렸다. 좌절한 원소는 끓어오르는 화를 감당하지 못하고 조조와 전면전을 치르기로 마음먹었다. 그리고 직접 50만 대군을 이끌고 관도로 향했다.

프로이트는 공격적인 방식으로 자신의 감정을 표출하지 못하면 억압된 감정이 스트레스로 변한다고 했다. 이 스트레스가 해소되지 않으면 극단적인 폭력성향 또는 정신질환으로 나타난다는 것이다. 이 주장에 대해서는 논란이 끊이지 않는다. 하지만 다른 심리학자들의 실험으로 증명된 바도 있고, 또 많은 사람의 경험으로 비춰볼 때 전혀 근거가 없는 가설은 아니다.

막대한 군사력을 지닌 원소는 자신의 분노를 억누르지 못한 채 군사를 일으켜 조조를 공격하기로 했다. 여기에는 정치적인 계산뿐 아니라 개인적 감정을 풀려는 욕구도 상당 부분 작용했다.

그러나 원소가 신임하는 모사 전풍은 출전에 반대했다.

"아직 시기가 무르익지 않았습니다. 만약 지금 경솔하게 군사를 일으켰다가는 반드시 화를 입게 됩니다."

이에 전풍을 견제해오던 또 다른 모사 봉기가 이 기회를 놓칠 리 없었다.

"주공께서 의로운 군사를 일으키려 하는데 전풍은 이롭지 못한 말을 하고 있습니다!"

악의 없이 자기 생각을 이야기한 전풍은 봉기의 한마디로 난처해졌다. 치밀어 오르는 울화를 조조에게 쏟아내려던 원소는 전풍의 목을 베라고 명령했다. 하지만 좌우에서 만류한 덕분에 옥에 가두는 것으로 상황은 일단락되었다. 하지만 분이 풀리지 않은 원소는 전풍을 향해 소리쳤다.

"조조를 물리친 다음 돌아오면 네 놈의 목을 베겠다!"

그런데 원소의 대군이 양무陽武에 도착했을 때 전풍과 한 편인 저수가 입을 열었다.

"우리 군의 숫자가 많지만 조조군의 용맹에는 당해내지 못합니다.

그러나 조조군이 제아무리 뛰어나다 해도 저들이 가져올 수 있는 식량은 그리 많지 않을 것입니다. 수비를 위주로 지구전을 펼치면 조조군은 먹을 것이 떨어져 스스로 물러갈 것입니다."

저수의 의견은 옳았다. 하지만 원소의 마음에는 들지 않았다. 가장 신임하던 전풍의 만류도 무시하고 군사를 일으킨 원소였다. 옳든 그르든 밀고 나가고 싶었다. 이미 대군을 끌고 양무까지 와버린 상황에서 저수 따위가 말릴 수 없었다. 아니나 다를까 원소는 크게 화를 냈다.

"전풍이 나를 가로막기에 돌아가서 죽이려고 옥에 가둬두었다. 이번에는 네가 감히 내 발목을 잡으려 드느냐?"

원소는 저수를 진영 안에 가두라고 명령했다. 조조를 물리치고 난 다음 전풍과 함께 죄를 묻겠다는 것이다. 이로써 지금껏 우위에 있던 전풍파는 완전히 세력을 잃었다. 그리고 봉기, 심배의 무리가 원소의 신임을 독차지하게 되었다. 그러나 얼마 지나지 않아 이들 세력은 둘로 갈라져 아옹다옹하기 시작했다. 가장 적극적으로 나선 사람은 심배였다. 그는 원소가 후방의 군량미 관리를 맡긴 것을 기회로 상대방을 헐뜯기 시작했다.

조조는 7만의 군사를 이끌고 원소를 맞았다. 양측이 대치하고 서자 원소와 조조는 감정에 사로잡혔다. 어린 시절 함께 짐승을 쫓으며 사냥을 했고 젊을 때는 함께 동탁을 몰아내겠다며 제후들을 모으기도 했다. 그런데 중년에 접어들어 칼을 맞대게 되었으니 감회가 남달랐던 것이다. 언제나 예를 갖춰 원소를 대했다고 생각한 조조가 먼저 비난했다.

"나는 천자께 부탁드려 그대를 대장군에 봉해주었거늘 어찌 나를 수차례나 배반하시오?"

원소도 할 말은 많았다. 유비가 의탁해 있는 동안 헌제의 혈서 이야기를 해주었기 때문이다.

"너는 말로만 승상일 뿐 사실은 한의 역적일 뿐이다! 그 죄가 왕망, 동탁과 다를 것이 없는데 누구더러 역적이라느냐?"

여기서 조조는 가장 애용하는 무기를 꺼내 들었다.

"나는 천자의 조서를 받들어 역적을 치러 왔는데 그 무슨 해괴한 소리인가?"

원소도 지지 않고 대꾸했다.

"그렇다면 나는 천자께서 옷 속에 감춰 내리신 밀서를 받들어 간사한 네놈을 칠 것이다!"

서로 말이 통하지 않으면 무력을 쓸 수밖에 없다. 두 진영은 결국 전면전에 나섰다. 싸움에서 밀린 조조군이 먼저 관도로 후퇴했다. 원소가 여세를 몰아 관도에 진영을 내리면서 두 군대는 수개월에 걸쳐 대치했다. 그러다 조조군의 식량이 먼저 바닥나고 말았다.

조조는 허도를 지키는 순욱에게 군량미를 지원해달라는 편지를 써서 파발을 띄웠다. 그런데 이 사자가 얼마 못 가 원소의 병사에게 붙잡혔다. 병사는 조조의 편지를 모사 허유許攸에게 전달했다.

허유는 조조의 어린 시절 친구로 지모가 깊은 사람이었다. 하지만 유난히 재물 욕심이 많았다. 그는 조조의 필체를 한눈에 알아보고는 쾌재를 부르며 원소에게 달려갔다. 허유가 손에 넣은 것은 조조를 사지로 몰아넣을 수 있는 특종 중의 특종이었다.

"조조의 모든 병력이 이 싸움에 동원되어 있으니 허도는 반드시 비어 있을 것입니다. 제게 기병대를 주시면 허도로 달려가 성을 무너뜨리겠습니다. 그러면 주공께서는 천자를 보위하고 황명을 받들어 조조를 정벌할 수 있습니다. 앞뒤에서 공격하면 조조군은 금방 무너질 것입니다. 이걸 보십시오. 마침 조조군은 식량이 바닥났으니 지금이야말로 군사를 나누어 공격할 절호의 기회입니다."

놀랍게도 원소는 고개를 저었다.

"조조는 꾀가 많은 자다. 이 편지도 속임수일 것이야. 함부로 움직여서는 안 된다."

원소는 어째서 이런 판단을 내렸을까? 사실 식량 문제는 저수가 일찌감치 언급했던 부분이다. 과연 상황은 그의 예언대로 돌아가고 있었다. 그런데 원소는 저수의 의견을 받아들이지 않고 그를 가두어버렸다. 원소는 자신이 앞서 했던 행동 때문에 선택적 자각을 하는 것이다. 그는 실제 상황이 저수의 예언과 반대가 되길 바랐다. 그래서 무의식중에 조조의 편지가 조작일 것이라 믿었다.

"나를 유인해 얼른 결전을 벌이려는 속셈이다. 정말로 식량이 떨어진 것이 아니다."

허유는 마음이 다급해졌다. 하늘이 내려준 귀한 기회를 놓칠 수 없었던 그가 원소를 설득하려 애쓰던 그때, 원소에게 후방의 심배로부터 편지가 도착했다. 군량미 운송 이야기로 시작된 편지는 후반부로 갈수록 허유에 대한 고자질로 가득했다. 허유가 기주에 있을 때 뇌물 받기를 밥 먹듯 하더니 이제는 그 아들과 조카들이 백성들의 세금과 식량을 함부로 거둬들여 주머니를 채운다는 것이었다. 심배는 허유의 아들과 조카들을 모조리 잡아 옥에 가두고 자백을 받아냈다는 말도 덧붙였다.

심배, 봉기, 곽도, 허유는 원래 한 팀으로 전풍과 저수를 견제해왔다. 그런데 전풍 일당이 힘을 잃자 심배 일당의 공공의 적은 사라지게 되었다. 이때부터 자기들끼리 갈라져 내분이 심했다. 그래서 심배는 허유가 출정한 틈을 타 원소에게 고자질을 한 것이다.

허유가 저수의 예언과 똑같은 소리를 해서 가뜩이나 기분이 언짢았던 원소는 심배의 편지를 보고는 폭발하듯 화를 냈다. 그는 손에 든 편지를 허유의 얼굴에 던지며 소리를 질렀다.

"내 뒤에서 백성의 재물이나 긁어모은 놈이 계책은 무슨 계책이냐! 네가 조조와 오랜 친구 사이라더니 첩자 노릇을 하는 게 아니냐? 단칼에 네놈 목을 쳐버려야 마땅하지만 그랬다가는 사람들이 내가 아량이 없다고 욕할 것인즉, 이번만큼은 살려주겠다. 당장 내 앞에서 썩 꺼져라!"

이는 잘못된 문제해결 방식이다. 원소가 정말로 허유를 용서할 수 없었다면 과감히 그의 목을 베어야 했다. 지금처럼 욕은 욕대로 하고 놓아준다면 후환을 남기는 꼴이다. 원소는 한 사람의 목숨으로 끝낼 일을 결국 수만 명의 목숨을 대가로 치르게 된다.

원소를 도울 생각으로 계책을 냈던 허유는 난데없는 찬물세례에 어안이 벙벙해졌다. 원소의 반응을 차치하더라도, 심배가 후방에서 그의 아들과 조카들을 잡아 가둔 것은 굉장히 화나는 일이었다.

'만약 심배가 아이들을 가두었다면 분명 집을 뒤져 재물을 모조리 빼앗아갔을 것이다.'

재물 욕심이 유별난 허유는 속이 뒤집어지는 것 같았다. 그에게 인생에서 가장 슬픈 일은 살아있되 돈이 없는 것이다. 그것보다 더 괴로운 일은 살아있되 재물을 빼앗긴 것이었다. 여기까지 생각하자 허유는 살고 싶은 생각이 들지 않았다. 허유가 검을 뽑자 그를 따르는 수하들이 말렸다.

"어찌 함부로 목숨을 버리려 하십니까? 공의 말을 듣지 않는 주공을 위해 머무를 까닭이 무엇입니까? 공께서는 조조와 친분이 있으니 그에게 가서 의탁하시지요. 어차피 주공께서 조조와 공의 관계를 의심하는데 여기 있으면 화만 당하십니다."

그 말에 허유는 정신이 번쩍 들었다. 원소의 됨됨이는 허유의 수하들조차 훤히 꿰뚫고 있었다.

'더 머무를 수도, 죽을 수도 없게 되었으니 어서 살길을 찾아야겠다.'

허유는 마음을 정하고 자신을 따르는 수하 몇 명과 함께 몰래 조조의 진영으로 갔다. 마침 야간순찰 중이던 조조의 병사에게 붙잡히자 허유는 기세 좋게 호통쳤다.

"나는 너희 승상의 오랜 친구다. 여기 남양의 허유가 왔다고 어서 전하라!"

병사가 이 소식을 알리자 막 잠자리에 들려던 조조는 옷도 제대로 걸치지 않은 채 맨발로 뛰어나왔다.

◈ 심리학으로 들여다보기

적이라고 반드시 나쁜 것은 아니다. 또한 적이 없다고 해서 반드시 좋은 것도 아니다. 나를 자극하고 움직이게 하는 것은 적이다. 적이 있기에 오늘 내가 행동한다. 경쟁심리가 없는 사람의 내면에는 나태와 태만이 똬리를 틀고 있을 뿐이다.

진심은
무의식에 담겨 있다

조조는 무엇 때문에 잔뜩 흥분한 모습을 보였을까?

남달리 예민한 후각을 지닌 조조가 허유의 등장에 숨겨진 비밀을 곧바로 알아차렸기 때문이다. 지난날 동탁에게 쫓기다 붙잡혔을 때도 진궁의 작은 행동에서 위기탈출의 가능성을 포착한 적이 있다. 그런데 오늘 허유가 왔다는 소리를 듣자 진궁 때와 같은 미묘한 뭔가가 느껴졌다. 허유는 줄곧 원소를 위해 일해 온 사람이다. 그런데 지금 조조는 원소와 정면으로 대치하고 있지 않은가. 이런 민감한 시기에 적의 진영에 속한 허유가 난데없이 방문한 것은 반드시 그만한 이유가 있을 것이다. 이번 전쟁의 승패를 가르는 결정적인 역할을 할 수도 있었다. 순간적으로 이렇게 추리한 조조는 신발도 신지 않은 채 진영 입구로 달려가 허유를 맞아들였다.

"자원子遠이 왔으니 내 일은 이제 모두 풀린 것이나 다름이 없소!"

그는 허유를 앉히고 바닥에 엎드려 절을 했다. 그러자 허유는 황급히 조조를 일으켜 세웠다.

"자네는 한의 승상이고 나는 한낱 선비에 불과한데 이 무슨 지나친 겸손이신가?"

"자네는 이 조조의 오랜 친구인데 벼슬이 무슨 상관인가!"

"내가 사람 보는 눈이 없어 원소에게 몸을 의탁했으나 아무리 좋은 계책을 내주어도 듣질 않아 이렇게 떠나왔네. 승상께서는 나를 의심하시는가?"

"자네가 신의 있는 사람이라는 것을 내가 잘 아는데 그럴 리가 있겠나? 원소를 깨뜨릴 계책이 있다면 부디 내게 알려주시게."

"내가 원소에게 허도로 기병을 보내 성을 무너뜨리고 자네를 앞뒤에서 공격하라고 했네."

그 말을 들은 조조는 깜짝 놀랐다.

"만약 원소가 자네의 말을 따랐다면 우리는 묻힐 땅도 없이 목숨을 잃고 말았을 걸세."

그런 다음 다시 한번 가르침을 청하는 예를 올리고 말했다.

"원소의 세력이 커서 당해내기가 쉽지 않네. 부디 내게 좋은 계책을 주시게."

가만히 생각하던 허유가 물었다.

"승상의 군대는 양식이 얼마나 남았소?"

"1년은 버틸 만하지."

허유가 피식 웃었다.

"아닐 텐데."

"허허, 한 반 년 동안은 충분할 걸세."

그러자 허유는 정색하고 말했다.

"나는 자네를 진심으로 대하는데 자네는 나를 계속 속이는구먼!"

조조는 화가 나 막사 밖으로 나가려는 허유를 얼른 붙잡았다.

"사실대로 말하겠네. 군량미는 석 달 치밖에 남지 않았네."

그 말에 허유가 웃고 말았다.

"세상 사람들이 맹덕을 가리켜 간웅이라 한다더니 과연 그렇군."

조조도 따라 웃으며 말했다.

"자네는 군사를 다스리는 데는 속임수를 써야 한다는 말도 모르는가?"

그런 다음 허유에게 가까이 다가가 귓속말로 말했다.

"사실 양식은 한 달 치밖에 남지 않았다네."

허유는 버럭 소리쳤다.

"그만하게! 양식은 이미 다 떨어졌지 않나!"

조조는 깜짝 놀랐다.

"자네가 그걸 어떻게 아나?"

허유가 순욱에게 보낸 조조의 편지를 꺼내 보였다.

"이 편지를 보게. 누가 쓴 건가?"

편지를 본 조조는 더욱 놀랐다.

"아니, 이걸 어떻게?"

허유가 사자를 붙잡아 편지를 빼앗은 이야기를 해주자 조조가 그의 손을 잡았다.

"자원이 나와의 오랜 우정을 잊지 않고 찾아왔다고 하니 부디 내게 가르침을 주시게."

조조와 허유의 이 같은 심리전이 매우 흥미롭다. 일단 조조는 허유가 온 데에는 반드시 그럴 만한 사연이 있다고 생각했다. 난관에 부딪힌 자신에게 유용하게 작용하리라 기대했다. 그러나 전쟁 중이고 원소와의 세력 차이가 큰 데다 식량마저 떨어진 상황이라 신중할 필요가 있었다. 그래서 조조는 허유에게 예를 갖추되 자신의 약점을 들키지 않으면서 최대한 그를 떠보려 한 것이다.

사람들은 조조의 머리싸움을 두고 간계라고 하지만 실제로는 그렇지 않다. 중요한 순간일수록 조심하는 신중함이야말로 조조가 많은 적을 물리치고 최후의 승자가 되는 원동력이었다.

허유의 계속되는 질문에도 얼굴색 하나 바꾸지 않고 끝까지 거짓말을 늘어놓은 조조의 담력은 그 자체로 대단한 능력이다. 그러나 그의 말투를 자세히 들어보면 거짓말의 증거를 발견할 수 있다.

허유가 군량미 상황을 묻기 전, 조조는 총 다섯 차례에 걸쳐 '**나, 조조, 나, 우리, 나**'라는 단어를 사용했다. 그러나 허유가 조조군의 군량미를 묻는 말에는 이러한 대명사를 단 하나도 찾아볼 수 없다. 이것은 우연이 아니라 거짓말하는 사람의 미묘한 심리에 따른 필연적인 결과다.

우리는 거짓말을 하면서 무의식중에 죄책감과 수치심을 느낀다. 그로 인해 언어 사용에 있어 자신과 거짓말의 직접적인 연결을 회피하려는 경향이 나타난다. 거짓말을 하는 사람은 '나'를 지칭하는 경우가 적고, 진실을 말하는 사람과 비교했을 때 '나', '우리', '나의' 같은 대명사를 사용하는 횟수가 현저히 낮다. 허유와의 대화에서 조조가 말한 내용은 이러한 사실을 전형적으로 보여준다. 허유의 말을 통해서도 같은 내용을 다르게 증명해볼 수 있다.

허유는 처음부터 끝까지 진실만을 말했다. 그래서 그의 말에는 '나'라는 단어가 특별한 편차 없이 고르게 나타난다. 그가 군량미의 진상을 몰랐다면 허유는 조조의 뛰어난 거짓말 실력에 속아 넘어갔을 확률이 높다.

그렇다면 허유는 왜 자신이 쥐고 있는 정보를 이용해 조조를 궁지로 몰아 군량미의 상황을 실토하게 했을까? 그것은 그의 현실적인 필요와 무관하지 않다.

제아무리 조조의 오랜 친구라도 전쟁 중에 적군의 진영으로 투항한 허유는 미심쩍은 눈초리를 살 수밖에 없었다. 양측이 팽팽하게 대적할 때 많이 쓰이는 작전 중 하나가 '가짜 항복'이다. 그러기에 허유는 조조의 진영에서 자리를 잡으려면 먼저 신뢰부터 얻어내야 했다. 이에 허유가 택한 방법은 '선수 치기'였다. 조조가 묻기 전에 먼저 투항한 이유를 말하는 것이다. 허유의 목적은 조조의 군식구가 되는 것이 아니었다. 성공적으로 안착하고 나아가 조조의 모사로 일할 수 있어야 했다.

조조가 정말로 1년간 버틸 군량미를 확보했다면 시간을 두고 원소와 대치할 수 있다. 그럼 허유는 별 소용이 없게 된다. 때문에 군량미가 없다는 상황이 드러나면 허유는 조급한 조조에게 계책을 내줄 수 있고, 조조가 받아들인다면 허유의 몸값도 자연스레 올라갈 것이다. 조조를 구석으로 몰아 진실부터 실토하게 해야 계책을 줄 수 있고, 전쟁에서 승리하는 데 자신의 역할이 얼마나 큰지 확실하게 부각시킬 수 있었다. 여기까지 계산한 허유는 조조를 자극하는 위험(심지어 허유 본인의 목숨까지 잃을 수 있는)을 감수하면서 조조의 거짓말을 폭로한 것이다.

숨 막히는 심리전을 치른 후 두 사람은 진심으로 손을 잡았다. 조조가 원소를 물리칠 계책을 달라며 정중하게 청하자 허유가 대답했다.

"원소의 군량미는 모두 오소烏巢에 쌓여 있소. 오소는 원소 진영에서 40리 떨어진 곳으로, 순우경淳于瓊이라는 자가 지키고 있지요. 그런데 순우경은 술을 좋아하는 자라 임무를 제대로 하지 않고 있소. 승상께서 날랜 병사를 뽑아 원소군으로 꾸며 장수 장기蔣奇의 명을 받아 군량 경비 지원하러 왔다는 핑계를 대면 어렵지 않게 들어갈 수 있을 거요. 그런 다음 오소의 양식을 전부 불살라 버리면 원소의 대군은 사흘 내에 물러가게 되지요."

성공적인 거짓말을 위해서는 세부적인 사항이 중요한 법이다. 만약 허유가 원소 진영의 상황을 훤히 꿰뚫고 있지 않았다면 이토록 완벽한 속임수는 불가능했다.

허유의 계책을 들은 조조는 크게 기뻐했다. 적어도 군량미만큼은 동등한 조건으로 싸울 수 있는 좋은 방법이었다.

다음 날 조조는 직접 마보군 5천을 골라 원소의 병사처럼 꾸민 다음 오소로 보냈다. 그러나 소식을 들은 장료 등 장군들은 즉시 조조를 만류하기 시작했다.

"오소는 원소군이 모든 양식을 보관하는 곳인데 경비가 그토록 허술할 리가 있습니까? 승상께서는 허유의 꾀에 넘어가지 마십시오."

조조가 대답했다.

"그렇지 않네. 어젯밤에 허유가 온 것은 하늘이 원소를 물리치려는 것이네. 지금은 우리도 군량미가 많지 않아 오래 버티기 힘들지 않은가. 만약 허유의 계책을 따르지 않으면 우리도 이 상태에 머물 수밖에 없네. 게다가 만약 허유가 거짓말을 했다면 어떻게 마음 편히 우리 진영에 있겠나? 죽고 싶은 것도 아닐 텐데 말일세. 다들 걱정하지 말게."

조조는 허유의 투항이 '하늘이 원소를 물리치려는 것'이라고 했다. '천명', '하늘의 뜻'은 이미 조조의 중요한 정신적 지주였다. 힘든 상황에도 웃으며 대처할 수 있는 요인이었다. 자신보다 10배는 강한 원소군을 맞고도 여전히 승리를 확신하는 것 역시 같은 이유였다.

결국, 원소의 군량미는 조조군에 의해 잿더미로 변했다. 이로 인해 관도전투는 결정적인 전환점을 맞게 된다.

만약 허유가 투항하지 않았다면 오소를 공략하는 작전도 없고 관도전투에서 조조가 승리하지 못했을 것이다. 그러나 모든 일에는 양면성이 있는 법이다. 허유가 가져다준 성과로 조조의 마음속에는 착각상관이 생기게 되었다. 바로 이 심리적 덫 때문에 조조는 갖은 고생을 하다 장강 기슭에서 목숨을 잃을 상황이 된다.

◈ 심리학으로 들여다보기

무의식은 거짓말을 하지 않는다. 은연중 하는 말이나 하는 행동은 그 사람의 내면을 보여주는 돋보기이다. 의식이 작용하지 않을 때 진심이 드러난다. 포장되지 않고 정제되지 않은 날 것 그대로의 그를 알려거든 그의 무의식을 염탐하라.

외적 매력은
시대를 초월하는 무기이다

오소가 공격을 받았다는 소식에 원소는 황급히 수하들을 불렀다. 장군 장합張郃이 말했다.

"제가 고람 장군과 함께 가서 오소를 돕겠습니다."

곽도가 고개를 저었다.

"조조는 분명 직접 오소를 공격했을 것입니다. 비어 있는 본진을 치면 이길 수 있습니다."

장합은 여기에 발끈했다.

"조조는 꾀가 많은 자라 반드시 본진에 군사를 넉넉히 남겨놓고 갔을 거요."

조조는 위기 상황에서 결코 실수를 저지르는 법이 없었다. 장합의 말이 옳았다. 하지만 작전에 대한 발언권은 곽도가 쥐고 있었다. 원소는 장합과 고람에게 조조의 본진을 공격하게 하고, 오소로 보낼 장수는 장기를 지목했다.

여기서 우리는 허유의 선견지명에 감탄하지 않을 수 없다. 그는 원소가 오소의 군량미를 지킬 장수로 장기를 보낼 것이라면서 조조의 군사들이 그의 이름을 대고 잠입하도록 일러주었기 때문이다. 장기는 오소에 도착하기도 전 조조에게 죽임을 당했다. 조조는 병사를 시켜 군량미를 잘 지키고 있다는 거짓 보고를 하도록 했다. 그로 인해 원소는 장수를 잃은 패잔병들이 도망쳐온 후에야 오소를 빼앗겼다는 사실을 알게 되었다.

한편 장합과 고람은 조조의 본진으로 갔다가 숨어 있던 조조군에게 당해 크게 패했다. 소식을 들은 곽도는 난처했다.

'장합과 고람이 돌아와 주공께 보고하면 내게 불리해진다.'

곽도는 재빨리 원소를 찾아갔다.

"장합과 고람은 진작부터 조조에게 투항할 마음을 품고 있었습니다. 오늘 주공께서 패하셨으니 은근히 좋아할 것입니다."

그리고는 두 장수에게 사람을 보내 귀띔했다.

"주공께서는 그대들이 돌아오면 살려두지 않겠다고 하셨소."

곽도는 왜 이들을 이간질했을까? 표면적으로는 자신의 판단 착오를 덮기 위함인 것 같지만 실제로는 그렇지 않다. 바로 조직을 다스리는 원소의 스타일 때문이다. 원소는 스스로 책임을 지는 지도자와 거리가 멀었다. 이겼을 때는 여유로운 모습을 보이지만 실패했을 경우 관련자를 반드시 죽여야 직성이 풀렸다. 이런 원소의 성격을 잘 아는 곽도는 장수들과 원소 사이를 이간질해 제 목숨을 부지하려 했다. 한편 감옥에 갇혀 있던 전풍은 원소가 패했다는 소식을 듣자 자신은 살아날 가망이 없음을 예감했다. 장합과 고람은 곽도가 전해준 가짜 정보에 차마 돌아가지 못하고 조조에게 투항해버렸다.

군량미가 불타버리고 장수들도 적군에 항복하자 원소군의 사기는 급격히 떨어졌다. 조조는 이 기회를 놓치지 않고 전면전에 나서 원소군을 크게 물리쳤다. 이리하여 관도전투는 '적은 숫자로 대군을 이긴' 전형적인 사례로 기록되었다.

큰 승리를 거둔 조조는 전리품을 살펴보다가 편지 한 묶음을 발견했다. 모두 허도의 대신들이나 자신의 부하 장수들이 원소와 주고받은 비밀편지들이었다. 그것을 본 조조는 뒤통수가 서늘해졌다.

'하늘이 돌보시어 허유가 투항해오고 오소를 불태우지 않았다면 이번 싸움의 패배자는 원소가 아니라 내가 되었을 것이다. 만약 단 며칠만 늦어졌어도 식량이 떨어진 우리 쪽에서 내란이 생겼을 것이고, 이자들은 서로 나를 잡아다 원소에게 바치려 했을 것이다.'

조조는 다시 한번 '천명'이 가져다준 행운에 감사했다. 이제 몰래 원소와 내통한 이들은 어떻게 처리해야 할까? 군법에 따르면 배반자는 모조리 사형감이었다. 순유가 말했다.

"망설이실 것 없습니다, 승상. 하나하나 이름을 밝히시고 죽여버리십시오."

지금 죽여야 하나? 아니면 살려둘까?

조조는 깊이 고민하더니 입을 열었다.

"내가 원소의 강대한 세력을 이긴 것은 하늘이 도우셨기 때문이다. 나조차 승리를 확신하지 못했는데 이 사람들이라고 어찌 마음이 흔들리지 않을 수 있었겠는가? 이 편지들은 모두 불태우고 다시는 언급하지 마라!"

조조의 관대한 모습은 부정적인 자원을 쓸모 있게 바꾸려는 의지였다. 이들의 이름을 밝혀내 죽이는 것은 전혀 어렵지 않았다. 그러나 '이들을 죽였을 때 자신에게 어떤 영향을 끼칠 것인가'라는 고민했고 '별로 좋지는 않을 것'이라는 결론을 내렸다. 용서와 관용을 통해 커다란 은혜를 베풀 수 있기 때문이다. 보복을 받아야 할 사람들은 생각지도 못한 관용에 감동한다. 그로 인해 은혜를 베푼 주인에 대한 충성은 배가 된다. 여기에 더해 조조는 좋은 명성을 얻게 되니 일거양득 아닌가.

외부적 측면에서도 이익은 쏠쏠하다. 원소가 패배했다고는 하지만 덩치가 큰 말은 쉽게 죽지 않는 법이다. 세력이 강대한 만큼 언제든 다시 일어날 수 있었다. 그때는 이번처럼 쉽게 당하지 않을 것이다. 그렇기에 조조로서는 작은 힘이라도 최대한 끌어모아야 했다. 어떤 형태로든 적을 만들어서는 안 됐다.

이 같은 행동은 '약한 조조가 강한 원소를 이긴' 또 하나의 이유였다. 원소와 조조의 대결은 오소라는 변수가 크게 작용한 것처럼 보이지만 본질은 조직을 관리하고 사람을 지휘하는 두 지도자의 능력의 차이에 있다.

원소는 조조보다 훨씬 강한 세력을 갖고 있었다. 그의 수하들 또한 못지않은 충신들이었다. 그러나 허유, 장합, 고람이 투항한 것은 원소 진영 내부의 갈등 때문이었다. 저수를 비롯한 많은 이들은 끝까지 절개를 지키며 항복하지 않았다. 또한 전풍, 저수, 허유 등의 뛰어난 모사들이 수차례에 걸쳐 뛰어난 지략을 내주었다. 만약 원소가 한 번이라도 이를 받아들였다면 손쉽게 조조를 물리칠 수 있었을 것이다. 출중한 인재들을 제대로 쓰지 못하고 갈등하도록 방치한 것은 원소 패배의 결정적인 원인이 됐다.

관도전투 후 원소가 자기 잘못을 인식하고 고치려 했다면 여전히 희망은 있었다. 원씨 집안의 세력이 워낙 강했기 때문이다. 원소가 패하고 기주로 돌아온 후, 큰아들 원담袁譚이 청주에서 군사 5만을, 둘째 아들 원희袁熙가 유주에서 6만을, 조카 고간高干이 병주에서 5만을 끌고 달려왔다. 이로써 원소는 다시 30여 만에 달하는 대군을 확보할 수 있었다.

그러나 안타깝게도 원소에게는 후사를 정하는 문제가 남아 있었다. 순리대로라면 마땅히 큰아들이 아버지의 뒤를 이어야 했지만, 원소의 둘째 부인 유씨가 자신이 낳은 아들 원상을 후계자로 삼아달라고 졸랐다. 원상은 인물이 훤칠하고 체격이 당당한 미남이었다. 원소 또한 천하에 소문난 미남자였기에 잘생긴 원상을 유독 아꼈다.

외적 매력에서 비롯되는 호감은 고대인들 사이에서 보편적이었다. 물론 문명 수준이 높아진 현대에도 예외 없이 적용된다. 2008년 8월, 미국 대통령선거 중 〈월스트리트저널〉은 놀라운 소식을 보도했다. 대통령 후보 버락 오바마의 멋진 몸매 때문에 일부 유권자로부터 외면받을 수도 있다는 내용이었다. 미국 유권자 가운데 66%가 과체중이고 32%는 비만인데, 이들이 '표준체격의 저 말라깽이가 과연 우리를 진심으로 좋아할 것인가?'라며 오바마에게 표를 던지지 않을 것이라 썼다. 그러나 또 다른 일간지 〈볼티모어 선The Baltimore Sun〉은 이러한 주장은 터무니없다며 반박했다. 역대 대통령선거를 살펴보면 외모가 준수하고 표준체격을 가진 후보가 당선된 경우가 많다는 사실을 근거로 들었다. 케네디, 클린턴, 부시, 그리고 초선 때의 오바마가 그랬다. 저명한 미국학자 닐 포스트만Neil Postman은 '사형' 선고를 받는 대통령 후보자의 세 가지 유형은 '뚱보, 대머리, 꾸며도 개선되지 않는 외모'를 꼽았다.

프린스턴대학의 알랙산더 토도로브Alexander Todorov 교수와 동료들은 얼굴의 특징이 정치인의 경력에 매우 결정적인 작용을 한다고 밝혔다. 토도르브는 학생들에게 얼굴을 찍은 흑백사진을 보여주었다. 각각 2000년, 2002년, 2004년에 미국 상원의원 선거에 출마한 사람들이었다. 학생들은 사진 속 인물 가운데 상원의원에 당선되었을 것 같은 사람을 지목했다. 그런데 놀랍게도 70%의 확률로 실제 당선인과 일치했다. 뿐만 아니라 후보에 대한 학생들의 선호도는 실제 유권자들의 선호도와 비교적 정확하게 들어맞았다. 능력 있어 보인다고 생각한 후보가 실제 당선된 것이다.

이런 연구들은 이지적인 동물이라는 인간도 본능의 위력에서 자유로울 수 없다는 사실을 보여준다. 미국 대통령 후보와 상원의원 후보들이 매력적인 외모로 수많은 유권자를 유혹해야 했다면, 원소의 아들 원상은 한결 쉽게 목적을 이뤄낼 것이다. 그가 설득해야 할 사람은 아버지 한 사람뿐이었으니 말이다.

원소는 심배, 봉기, 곽도, 신평 네 명의 모사를 불렀다.

"이제 후계자 문제를 생각해야 할 것 같소. 맏아들 원담은 총명하기는 하나 폭력적이고 사람 죽이기를 좋아하오. 둘째 원희는 너무 나약

하여 후계를 맡기기는 적합하지 않소. 셋째 원상은 재주도 많고 영웅의 기상을 가졌으니 그 아이를 하북의 주인으로 삼고 싶은데 공들의 생각은 어떻소?"

사실, 이 질문은 아무 소용이 없었다. 일찍부터 원소가 심배와 봉기는 원상을, 곽도와 신평은 원담을 보좌하도록 했기 때문이다. 주인이 귀해지면 그 종의 지위도 올라가는 것이 자연스러운 이치이다. 각자 자기가 모시는 사람을 후계자로 추천할 것이 불 보듯 뻔했다. 곽도는 원소의 마음이 이미 원상 쪽으로 기울었음을 알고 상황을 뒤집기 위해 안간힘을 썼다.

"원담은 장자이자 적자이며 지금 청주에 있습니다. 만약 맏이를 제치고 막내를 후계자로 세운다면 반드시 어지러운 일이 생길 것입니다. 조조의 대군을 물리칠 방법부터 생각하시는 것이 옳습니다."

곽도의 말에 원소는 조조와의 싸움이 끝난 후 다시 의논하자며 자리를 떴다. 그러나 결정을 내리지 못하고 망설이는 원소의 마음은 이미 멸망에 화근이 되고 있었다.

◈ 심리학으로 들여다보기

갈등을 해결하는 것이 리더의 진정한 사명이다. 조직의 크고 작음을 떠나 갈등과 반목은 존재한다. 이를 방치하면 골이 깊어지고 봉합할 수 없는 지경에 이른다. 리더가 책임감 있는 자세로 갈등의 원인과 상처를 치료해야 구성원의 신임을 얻는다.

비관적 사고는 자기 의지를 갉아먹는다

조조는 승리의 여세를 몰아 창정倉亭에서 원소군을 또 한 번 크게 격퇴했다. 기주로 쫓겨 간 원소는 죽기로 싸웠지만 곧 병석에 눕게 되었다. 조조가 기주를 정면에서 공격할지 고민하고 있을 무렵, 여남汝南에 있던 유비가 군사를 끌고 허도로 향한다는 소식이 들려왔다. 조조는 즉시 군사를 물려 허도로 향했다.

여남에서 유벽劉辟, 공도龔都의 무리와 함께 많지 않은 군사를 이끌던 유비가 어째서 대담하게도 허도를 공략했을까?

유비가 서주에 있을 당시 조조가 공격해오자 원소에게 손건을 보내 허도를 공격하라고 일러준 적이 있다. 이때 원소는 어린 아들이 개창에 걸려 사경을 헤맨다는 이유로 군사를 움직이지 않았다. 절호의 기회를 놓친 유비는 두고두고 아쉬움이 남았다. 이번 관도전투를 본 유비는 그때 일을 떠올렸다.

유비는 양측 모두 강대한 세력을 지닌 만큼 전쟁이 쉽게 끝나지 않을 것이라 예상했다. 그리고 최후의 승자는 원소일 것으로 예상했다. 따라서 이 기회를 이용해 조조의 퇴로를 끊는다면 더할 나위 없이 좋은 계책이라는 판단이 섰다. 어쩌면 유비 자신이 '천자를 등에 업고 제후들을 움직이는' 주체가 될지도 모르는 일이었다.

그러나 예상과 달리 조조가 원소를 무너뜨렸다. 유비의 움직임을 알아챈 조조가 재빨리 뒤쫓아 오면서 상황은 예측과 다른 방향으로 흘러갔다. 얼마 되지 않는 군대로 조조의 대군을 맞이하게 된 것이다. 맞서 싸우는 것 외에 달리 방법이 없었다.

이로써 조조와 유비는 최초로 전면전을 펼치게 된다. 오랫동안 쌓인 울분을 풀 수 있게 된 조조가 먼저 입을 열었다.

"나는 네게 형제처럼 정을 주었거늘 어찌 이리도 배은망덕하단 말이냐?"

조조는 유비가 부끄러워 아무런 대꾸도 하지 못할 것이라 생각했다. 그러나 유비는 전혀 거리낌 없이 당당했다.

"너는 겉으로 한나라의 승상이라고 하지만 사실은 나라의 역적이다. 나는 한실종친으로서 네놈을 정벌하러 왔노라!"

조조 앞에서 벌벌 떨던 유비가 아니었다. 유비는 불가피한 상황에 부딪히면 절대 물러서지 않았다. 이런 뚝심이 있으니 관우나 장비, 조운 같은 걸출한 장수들이 따랐다. 지금껏 조조와의 정면충돌을 피하려고 애써왔던 그였지만 피할 수 없게 되자 불쑥 배짱과 용기가 솟았다. 당당하게 호통까지 치고 보니 유비의 마음은 한결 가벼워졌다.

전투 상황에는 언제나 상대방을 '부도덕하다', '인의가 없다'라는 말로 몰아붙이게 되어 있다. 천자가 인정한 황숙의 신분이며 천자가 피로 쓴 밀서까지 본 유비는 이제 조조와 한판 붙을 만한 충분한 명분이 있었다. 한편 유비로부터 생각지 못한 공격을 받은 조조는 크게 화를 냈다.

"나는 천자의 밝은 조서를 받들어 못된 무리를 벌하는 중이다. 너는 어째서 나를 모함하는 것이냐?"

유비는 차갑게 대꾸했다.

"말끝마다 천자의 조서를 핑계 대는구나. 하지만 내게는 천자가 내리신 밀조가 있다. 역적 조조를 물리치라는 말씀 말이다!"

조조는 수치심에 얼굴이 벌게졌다.

"그건 거짓말이다!"

이에 유비는 천천히 천자의 밀조를 읊기 시작했다. 동승이 딱 한 번 보여준 밀조를 한 자도 틀리지 않고 줄줄 외웠다. 유비는 천재적인 암기능력의 소유자였던 모양이다. 동승의 집을 뒤져 밀조를 직접 본 조조는 그 내용을 잘 알고 있었다. 유비가 외는 것이 틀리지 않자 조조는 참지 못하고 허저를 내보냈다. 본격적인 공격으로 유비의 입을 막으려는 의도였다.

양측의 설전은 육탄전으로 돌입했다. 그러나 유비의 빈약한 군사가 잘 훈련된 조조 대군의 상대가 될 리 없었다. 참패한 유비가 정신을 차려보니 불과 천여 명의 군사밖에 남지 않았다.

일생동안 수없이 실패하면서도 꿋꿋이 견뎌온 유비였지만 이번 실패는 절망적이었다. 인내에도 한계가 있는 법이다. 사실 조조도 유비

못지않게 쓰라린 경험을 많이 겪었지만 '천명'에 대한 심리적 암시와 특유의 강력한 심리면역력 덕분에 크게 좌절하지 않을 수 있었다. 그러나 유비는 오로지 강한 인내심으로 모든 고난을 견뎌왔다. 그 인내심마저 바닥나자 더는 버틸 수 없었다. 유비는 길게 탄식하고 수하들에게 말했다.

"자네들은 모두 군왕을 섬겨야 할 인재들인데 하필 나 같은 위인을 만나 고생만 하는구려. 내 팔자가 박복하여 모두를 힘들게 했소. 이제 나는 비를 피할 기와 한 조각도, 발을 디딜 땅 한 뼘도 없는 신세가 되었으니 자네들의 앞날에 누가 될까 심히 걱정되오. 모두 어서 훌륭한 주인을 찾아 공을 세우고 부귀를 누리시구려."

유비는 그동안 여포, 조조, 원소 등 여러 사람에게 의탁했으나 하나같이 끝이 좋지 않았다.

'자신을 받아준 사람과 어김없이 등을 돌리고 칼을 맞대는 나를 과연 또 누가 받아줄 것인가.'

여기까지 생각한 유비는 더욱더 절망했다.

지금 유비는 심각한 우울증 상태였다. 중증 우울증Major Depression에 걸린 사람은 비관적 사고에 물들기 쉽다. 일상 활동에 흥미를 잃고 죄책감, 자기비하, 자책의 감정을 느낀다. 반복적으로 죽고 싶다며 자살을 고려하거나 시도하기도 한다.

유비의 말과 행동을 보면 더 버티기 어려워 보인다. 중증 우울증에서 신속히 벗어나지 못한다면 유비 진영은 완전히 붕괴될 게 뻔했다. 관우가 재빨리 나섰다.

"형님, 그런 말씀 마십시오. 한고조께서 항우와 천하를 다툴 때도 이보다 더 많은 좌절을 겪다가 마지막 결전 한 번으로 성공했습니다. 형님께서는 품은 뜻을 잊으셨습니까?"

유비는 한숨을 내쉬었다.

"주인이 귀히 되어야 그 신하도 광영을 누린다 했다. 내가 자리를 잡지 못하고 있으니 너희까지 허송세월하고 있지 않느냐?"

손건이 말했다.

"주공께서는 염려하지 마십시오. 여기서 멀지 않은 곳에 형주가 있습니다. 유표는 천하의 영웅이고 또 한실종친이 아닙니까. 그에게로 가서 의탁하시지요."

잠시 생각하던 유비가 고개를 저었다.

"그가 나를 받아줄지 걱정이오."

손건이 말했다.

"저를 먼저 보내주십시오. 반드시 유표가 직접 주공을 맞이하도록 만들겠습니다!"

유비는 지푸라기라도 잡는 심정으로 이를 허락했다. 손건이 찾아가자 유표가 물었다.

"그대는 현덕을 따라 천하를 누빈다 들었소. 그런데 여기는 어쩐 일이시오?"

약간의 비웃음이 섞인 물음이었지만 손건은 모른 척 대답했다.

"유사군께서는 유장군과 같은 한실종친으로 무너지는 사직을 다시 일으키려 온 힘을 다하시나 군사가 모자라고 세력이 약한 것이 한입니다. 여남의 유벽과 공도는 유사군과 아무런 관계가 없는데도 죽을 각오로 돕기로 했습니다. 그런데 유사군께서 이번에 조조에게 패하고 강동의 손권에게 가시려는 것을 제가 말렸습니다. 형주의 유장군께서는 천하의 영웅이시고 의롭기로 이름난 분이시니 왜 가까운 이에게 가서 의탁하지 않느냐고 말입니다. 게다가 두 분은 황실의 피를 받으신 형제가 아닙니까? 유사군께서는 제 말을 듣고 마음이 흔들리셨으나 장군의 의중을 몰라 직접 오시지 못하셨습니다. 그래서 지금 제가 먼저 장군을 뵙고 말씀드리는 것입니다."

유표를 설득한 이 이야기는 손건의 일생에서 가장 뛰어난 말솜씨라 할 수 있다. '유사군께서는 유장군과 같은 한실종친'이라며 특수집단으로 묶었다. 한실을 일으켜 세우는 것이 종친의 임무이라면 어려움을 겪고 있는 유비를 유표가 모른 척해서는 안 된다. '여남의 유벽과 공도는 유사군과 아무런 관계가 없는데도 죽을 각오로 돕기로 했다'라는 말은 유비와 같은 종친으로서 생판 남남인 유벽과 공도보다 못 할 수는 없지 않겠느냐는 물음을 우회적으로 던지고 있다.

또한 '이번에 조조에게 패하고 강동의 손권에게 가시려는 것을 말렸다'라는 언급으로 유비와 유표의 '친척' 관계를 강조했다. 만약 유비가 '가까운 이'에게 가지 않는다면 유표는 한집안의 동생조차 받아주지 않았다는 평가를 듣게 된다. '형주의 유장군께서는 천하의 영웅이시고 의롭기로 이름난 분'은 유표에게 '영웅'이라는 꼬리표를 붙여주기 위한 말이다. 영웅이라면 영웅답게 아량을 베풀어 유비를 받아들이는 것이 마땅하니 말이다.

아니나 다를까. 유표는 무척 좋아하며 흔쾌히 대답했다.

"아우 현덕과 진작부터 만나고 싶었으나 기회가 없었소. 형주 아홉 개 군을 다스리는 내가 아우 한 사람 받아주지 못할 리가 있겠소? 현덕은 지금 어디 있소? 지금 당장 사람을 보내 맞이하리다."

그때 유표의 처남인 장수 채모蔡瑁가 끼어들었다.

"안 됩니다, 장군. 유비는 속을 알 수 없고 은혜를 모르는 자입니다. 여포와 조조, 원소가 받아주었다가 모두 배신당하지 않았습니까. 게다가 만약 지금 유비를 받아들이면 조조의 심기를 거스르게 됩니다. 만약 조조가 대군을 이끌고 온다면 형주 백성들이 몰살당할 수도 있습니다. 차라리 지금 손건의 목을 베어 조조에게 바치면 조조도 주공을 고맙게 생각할 것입니다."

손건은 재빨리 머리를 굴렸다. 적당한 말을 찾아내지 못하면 유표가 유비를 받아주지 않을 뿐만 아니라 본인의 머리까지 잃게 될지도 지경이었다. 그는 오랫동안 유비를 따라다니며 배운 '도덕성 공략'을 쓰기로 했다.

"유사군께서 여포 등에게 의탁한 것은 사실이고 이들과 등을 돌린 것도 맞소. 그러나 이것은 유사군의 잘못이 아니라 그 세 사람이 불의했기 때문이오. 여포는 자기를 키워준 두 의부를 죽였고, 조조는 조정과 황제를 농락했으며, 원소는 바른말을 듣지 않고 충직한 자들을 함부로 죽였소. 이런 자들과 어찌 맞서지 않을 수 있겠소이까? 유사군께서는 나라를 생각하시는 충신으로 신의가 있고 충효를 지닌 군자시니, 불의한 자들과 어울릴 수 없었소이다."

손건은 여포, 조조, 원소에게 '부도덕'이라는 꼬리표를 달아줌으로써 유비의 배반 행위를 충신의 기개로 미화시켰다. 채모의 공격은 자연스레 힘을 잃게 되었고 유표의 의심도 눈 녹듯 사라졌다. 손건은 계속해서 채모에게 말했다.

"유사군께서는 유장군이 한실의 종친으로 도량이 넓고 어진 이를 존중하며 백성을 아끼는 천하의 영웅이라 하시며 천릿길도 마다 않고 달려오신 것이오. 그대는 거짓된 말을 올려 유장군이 어진 이를 시샘한다는 오명을 쓰게 할 참이오?"

여기까지 듣자 유표가 나서서 정리했다.

"내 뜻은 이미 정해졌으니 여러 말 마라."

채모는 못마땅한 얼굴로 자리를 떴다. 이때부터 채모는 유비에게 불만을 품게 되었다. 한편 유표는 아량이 넓고 어진 이를 존중하는 영웅의 모습을 보여주기 위해 직접 나가 유비를 맞았다. 이렇게 해서 유비는 새로이 몸담을 곳을 찾게 되었다.

◈ 심리학으로 들여다보기

우리는 역경 때문에 죽는 것이 아니다. 우리를 죽이는 것은 절망이다. 어려움은 이겨낼 방법을 고민하게 만들고 빠져나갈 문을 찾게 한다. 난관이 클수록 벗어났을 때 희망을 볼 수 있다. 그러나 스스로 절망의 구렁텅이에 빠진다면 일어설 용기마저 무너져버린다.

아름다움을 타고나지 않았다면 가꿔라

유비는 유표에게 상객으로 대접 받았다. 하지만 채모 등 유비를 눈엣가시처럼 생각하는 사람들의 등쌀에 결국 신야新野로 거처를 옮겼다. 한편 조조는 원소를 완전히 무너뜨리기 위해 모든 병력을 기주에 집중시켰다. 유비가 신야에서 생애 가장 편안한 시간을 보내고 있을 때 원소는 생의 마지막을 향해 천천히 다가가고 있었다. 조조의 맹렬한 공세를 이기지 못한 원소는 붉은 피를 토하며 쓰러졌다. 유부인은 죽어가는 원소에게 원상을 후계자로 정하겠냐고 물었다. 한때 천하를 움직이던 영웅은 가까스로 고개를 끄덕였다. 이 마지막 결정이 결국 원씨 집안을 벼랑으로 몰았다.

장남 원담은 아버지의 결정을 받아들이지 않으면서 집안싸움이 시작되었다. 원담은 조조에게 투항했다가 배신했다. 화가 난 조조는 자신의 딸과 혼인하기로 되어 있던 원담을 죽여버렸다. 조조에게 딸은 정치적 자원에 불과했던 모양이다. 나중에는 헌제도 그의 또 다른 딸을 후궁으로 '맞아들일 수밖에' 없게 되니 말이다. 기주가 조조의 손에 무너지자 원상, 원희 형제는 성을 버리고 도망갔다. 조조는 입성을 앞두고 엄명을 내렸다.

"원씨 집안사람들을 해쳐선 안 된다. 백성이나 병사들도 투항하는 자는 죽이지 마라."

이때 갓 열여덟 살이 된 조조의 아들 조비도 아버지를 따르고 있었다. 전해지는 이야기에 의하면 조비가 태어날 때 푸른 구름이 온종일 방을 뒤덮었다고 한다. 그것을 본 도인이 조조에게 말했다.

"아드님은 참으로 귀하게 될 상입니다. 누군가의 신하에 그칠 인물이 아니지요!"

당시 평범한 장수에 불과하던 조조는 듣기 좋으라고 하는 말이라 여겨 마음에 두지 않았다. 그러나 이 말은 갓 태어난 조비에게는 매우 중요했다. 18년 후, 이 말이 그의 목숨을 살렸기 때문이다.

혈기왕성한 청년 조비는 아버지와 함께한 첫 출정에서 공을 세우고 싶어 몸이 잔뜩 달아 있었다. 그래서 기주를 함락시키고 성에 들어가자마자 그는 곧장 원소의 집으로 달려갔다. 자신의 신분에 맞는 공을 세우려면 기주의 주인인 원소의 가족을 죽여야 정복자 아들의 당당함을 보여줄 수 있다고 생각했다. 조비는 조조가 엄격한 군령을 내렸음에도 아랑곳하지 않았다. 그에게 조조는 군대의 전권을 손에 쥔 사령관이기에 앞서 아버지였다. 그리하여 철없는 이 청년은 보검을 들고 원소의 집으로 향했다.

원소의 저택은 조조의 병사들에 둘러싸여 출입이 엄격히 통제되고 있었다. 조비는 소리를 질러 그들을 물리치고 후원으로 달려갔다. 후원에는 원소의 후처 유씨가 젊은 여인과 부둥켜안고 울고 있었다. 조비는 흥분에 사로잡혀 손에 쥔 검을 휘두르려 했다. 그것을 본 젊은 여인이 공포에 질려 소리를 질렀다. 날카로운 여인의 비명소리를 듣자 조비는 가슴이 뛰었다. 그의 나이 열여덟, 이제 한창 젊음이 꽃필 나이였다. 가까이 다가가 그녀의 얼굴을 본 그는 얼어붙은 듯 우뚝 멈췄다. 머리는 산발에 흙먼지를 뒤집어쓰고 있었지만 옥처럼 고운 얼굴이 너무나 아름다웠던 것이다. 원소의 둘째 아들 원희의 부인 견씨甄氏였다.

외적 매력은 어떤 경우에도 과소평가될 수 없다. 뛰어난 미모의 유혹은 더더욱 견디기 어렵다. 철학자 루소는 '여자는 남자의 성격과 사랑에 빠지고, 남자는 여자의 외모와 사랑에 빠진다'라고 말했다. 여자의 외모가 남자들에게 주는 영향력은 그야말로 엄청나다. 주나라 유왕幽王이 웃지 않는 미인 포사褒姒를 웃게 하려 거짓 봉화를 올리고, 오왕 부차夫差도 서시西施가 적국의 스파이라는 사실을 알고도 그녀를 총애했다. 여자의 미모는 이처럼 막강한 힘을 지니고 있다.

심리학자 앨리엇 아론슨과 진델 시걸Zindel Segal은 실험을 통해 매력적인 여성은 매력적이지 않은 여성에 비해 남성에게 큰 영향을 미친다는 사실을 증명했다.

아론슨과 시걸은 미녀를 섭외한 다음, 매력적인 모습과 그렇지 않은 모습으로 꾸며 실험을 진행했다. 먼저 이 여성은 피부색과 전혀 어울리지 않는 구불구불한 금발의 가발에 촌스러운 옷을 입었다. 임상심리학 전공의 대학원생의 신분으로 몇 명의 남자 대학생들과 인터뷰를 한

다음 각각의 점수를 매기는 것이 그녀의 과제였다. 남학생들 가운데 절반은 아주 좋은 평가를, 나머지 절반은 불리한 평가를 받았다.

실험 결과, 여성이 매력적이지 않은 모습일 때 남학생들은 자신에 대한 그녀의 평가에 별다른 관심을 보이지 않았다. 좋은 평가를 받은 그룹과 그렇지 않은 그룹 모두 그녀에 대해 비슷한 정도의 호감을 보였다. 그러나 그녀가 아름다운 본래의 모습으로 나타나자 좋은 평가를 받은 그룹은 그녀에게 처음보다 높은 호감도를, 불리한 평가를 받은 그룹은 처음보다 낮은 호감도를 보였다. 그러나 이어진 실험에서는 후자 역시 그녀와 말 한마디라도 더 나누려고 애쓰는 모습을 보였다. 이 실험은 참가한 모든 남학생이 여성의 미모에 취약하다는 점을 증명한다.

여기서 또 하나 기억해야 할 점은 조비가 조조의 아들이라는 사실이다. 호색한으로 소문난 조조의 유전자가 조비에게도 전달되었을 테니 말이다. 어쨌든 조비는 이 아름다운 여인에게 완전히 마음을 빼앗겼다. 죽이려고 빼 들었던 검은 이제 그녀를 지키기 위한 도구가 되어버렸다. 조비는 얼른 표정을 바꾸고 제법 근엄하게 말했다.

"나는 조승상의 아들이다. 내가 너희를 보호해줄 테니 안심하라."

남자는 언제나 자신의 힘을 과시하여 여자의 마음을 얻으려고 한다. 여기서 말하는 힘이란 강한 몸과 능력뿐만 아니라 사회적 지위나 신분의 힘도 포함된다. 조비는 '권력자의 2세'라는 것을 앞세워 눈앞에 있는 연약한 여인에게 은혜를 베풀려 했다. 그러나 사실 두 여인은 조비의 보호가 필요하지 않았다. 조조가 벌써 엄명을 내려 원소의 저택을 철통경비하고 그 가족을 해치지 않도록 조치를 해두었기 때문이다. 조비는 원씨 집안 여자들 앞에서 우쭐대며 보호자를 자처하고 있지만, 조조의 명령을 거스린 죄를 목숨으로 갚아야 한다는 사실은 꿈에도 모르고 있었다.

한편 성안의 혼란이 어느 정도 가라앉자 조조가 입성했다. 원소의 저택에 도착한 조조는 말에서 내려 문을 지키던 장수에게 물었다.

"안으로 들어간 자가 있느냐?"

장수는 감히 둘러댈 엄두도 내지 못하고 솔직하게 말했다.

"공자께서 안에 계십니다."

그 말을 들은 조조의 얼굴이 굳어졌다.

조조는 군대를 엄격히 다스리기로 정평이 나 있었다. 낙양북부위洛陽北部尉였던 젊은 시절, 불안한 치안으로 야간통금을 실시하고 있었다. 그는 사대문에 오색몽둥이를 설치하고 통금령을 위반한 자는 신분에 상관없이 벌을 내리도록 했다. 당시 영제가 가장 총애하던 내관 건석蹇碩의 숙부가 조카의 이름을 믿고 법을 무시한 채 통금령을 지키지 않았다. 마침 야간순찰 중이던 조조가 그를 붙잡았는데, 상대가 건석의 숙부라는 소리에도 아랑곳하지 않고 오색몽둥이를 들어 사정없이 때렸다. 일개 도위에 불과하던 시절에도 법과 원칙을 칼같이 지키던 그였으니, 한나라의 실질적인 지도자가 된 지금은 더 말할 필요도 없었다. 조조는 망설이지 않고 조비를 끌어내 군령대로 처리하도록 했다.

미녀를 보호하는 영웅 놀이에 푹 빠져 있던 조비는 제 아버지가 눈 하나 깜짝하지 않고 사람을 죽이는 성격이라는 것을 몰랐다. 그것을 보자 순유와 곽가가 황급히 나섰다.

"만약 공자께서 여기 계시지 않았더라면 다른 자가 함부로 들어와 사람들을 해쳤을 것입니다."

말도 안 되는 소리였다. 젖비린내나는 조비 따위가 아니어도 조조의 명령은 지켜지고도 남았기 때문이다. 조조가 아들을 죽이라고 한 것은 군령의 존엄을 지켜야 한다는 본능적인 반응에서 온 것이었다. 순유와 곽가는 조조를 말리며 그에게 생각할 시간을 주고 있었다.

지금 죽여야 하나? 아니면 살려둘까?

최대의 적수로 여기던 원소를 물리치고 기주를 손에 넣은 지금, 조조는 어느 때보다도 강력한 '천명'을 느끼고 있었다. 그런데 조비를 앞에 두니 불현듯 조비가 태어났을 때 도인이 했던 말이 떠올랐다.

"아드님은 참으로 귀하게 될 상입니다. 누군가의 신하에 그칠 인물이 아니지요!"

신하에 그치지 않는다면 무엇이 되겠는가. 그것은 곧 제왕이 될 상이라는 의미였다. 조조가 가만히 생각해보니 도인의 말과 지금 자신의 상황이 맞아떨어지고 있었다.

'이제 곧 천하를 평정하면 헌제로부터 황제의 자리를 넘겨받게 된다. 나중에 아들 중에 가장 나이가 많은 조비가 제위를 이어받으면 바로 제왕이 될 상이 아닌가.'

여기까지 생각한 조조는 조비를 죽일 수가 없었다. 때마침 순유와 곽가가 나서서 알맞은 구실을 만들어주니, 조조는 부담 없이 조비를 용서했다. 자신도 모르는 사이 죽을 고비에서 살아난 조비는 18년 전의 그 도인 덕에 목숨을 구한 줄은 꿈에도 모를 것이다.

평생 온갖 일을 겪으며 수많은 사람을 보아온 유씨는 원소가 죽고 난 후 자신의 삶도 순탄치 않을 것을 알고 있었다. 절망에 빠져 있던 그 순간, 유씨는 젊디젊은 조비의 얼굴에 떠오른 표정을 포착했다. 그것은 미인을 보고 혼이 나간 사내의 모습이 분명했다. 유씨는 재빨리 일어나 밖으로 나가 조조에게 말했다.

"공자님이 아니었다면 우리 집안은 끝장났을 것입니다. 부디 공자님께서 이 아이를 거두도록 해주십시오."

그 말을 들은 조조가 고개를 돌려 견씨를 보니 과연 뛰어난 미인이었다. 조조는 감탄을 연발하며 고개를 끄덕였다.

"내 아들의 배필이 될 만하군."

당시 조비는 혼례를 치르지 않은 총각이었다. 그런데 조조는 어째서 남의 부인이었던 여자를 아들의 정실로 허락했을까?

그것은 당시의 사회적 관념 때문이었다. 조비의 생모 변씨도 창기 출신이었다. 조조는 여자의 얼굴만 예쁘면 출신 따위는 전혀 문제 삼지 않았던 모양이다. 이렇게 조비의 '첫눈에 반한 사랑'은 완벽한 결실을 맺게 되었다.

◈ 심리학으로 들여다보기

남자가 남자를 상대할 가장 좋은 무기는 검이고, 여자가 남자를 상대할 가장 좋은 무기는 미모다. 여기서 미모는 외모가 아니다. 지혜와 자신만의 개성이다. 겉모습에 치중하지 말고 자기만의 매력을 상승시켜라. 자신만의 강력한 무기를 소유하게 된다.

부등호는 언제나 자신의 역할이 큰 쪽으로 열린다

기주를 점령한 조조는 직접 원소의 무덤에 제사를 지냈다. 승리자의 권위를 강조하기 위한 행동이었지만 조조가 눈물을 흘리며 슬피 울자 지켜보던 사람들이 깜짝 놀랐다.

조조의 눈물은 유비의 눈물과 성질이 다르다. 유비의 눈물은 대부분 도구였다. 특정한 목적을 위해 눈물을 흘린 것이다. 그러나 솔직하고 대범한 성격의 조조는 자주 웃는 반면 좀처럼 울지 않았다. 그의 눈물은 내면의 강렬한 감정 표출이었다.

원소와 조조는 지난 수십 년간 손을 잡기도 하고 맞서 싸우며 서로를 의식해왔다. 조조는 항상 가장 큰 적으로 꼽던 원소가 다시 만날 수 없는 곳으로 가버리자 망연자실해 그와의 옛 기억을 더듬어보았다.

"지난날 내가 본초本初(원소의 자)와 함께 동탁을 정벌하러 군사를 일으켰을 때 본초가 내게 물었소. '만약 일이 실패로 돌아가면 자네는 어디로 갈 건가?' 그때 나는 대답 대신 되물었지. '자네는 어떻게 할 생각인가?' 본초가 말했소. '나는 하북을 근거로 삼고 연燕과 대代를 울타리로 삼은 다음 흩어져 사는 무리를 모을 걸세. 그 후 다시 남으로 내려가 천하를 도모하면 될 것 같거든.' 나는 이렇게 대답했지. '나는 천하의 지혜로운 인재를 모을 생각이네. 그러면 어디로 가든 해내지 못할 일이 없을 테니 말이야.'"

원소는 '땅'을 근거로 삼으려 했고 조조는 '인재'를 앞세웠다. 이처럼 다른 전략적 결정이 두 사람을 완전히 다른 방향으로 이끌었다. 원소는 넓은 땅을 차지하고 충성스런 수하들도 여럿 거느렸지만 그들의 마음을 한데 모으지 못해 결국 파멸하고 말았다. 반면 조조는 뛰어난 인용술로 수많은 인재가 자신에게 충성하도록 만들었다. 그가 최후의 승자가 되어 웃을 수 있던 것도 이 때문이었다.

"그때 나누었던 대화가 아직까지도 귓가에 생생한데 본초는 이미 세상을 떠나고 없구려. 그 생각을 하니 눈물이 참을 수 없이 솟아올랐소."

조조의 진솔한 고백에 모두 슬퍼했다.

한편 허유는 조조가 기주를 손에 넣자 몹시 흥분했다. 이 모든 게 자신의 공이라고 생각한 것이다.

'만약 내가 오소의 군량미를 불태울 계책을 내주지 않았다면 조아만阿瞞이 어찌 이 성을 정복할 수 있었겠는가.'

조조가 기주에 입성할 때, 허유는 의기양양하게 성문을 가리키며 말했다.

"아만아, 내가 아니었다면 너는 아마 이 성문을 넘지 못했을 것이다!

허허허!"

아만은 조조의 어렸을 때 이름으로 다른 사람은 절대로 쓰지 못할 호칭이었다. 이때 허유가 보여준 태도는 어떻게 보면 예형과 비슷하다. 예형이 황조 앞에서 공융을 '큰아들', 양수를 '작은아들'이라고 했다. 허유가 조조를 '아만'이라고 부른 것은 권위 있는 인물을 비하하여 자신의 위신을 올리기 위함이었다. 막 기주를 얻어 마음이 몹시 흡족한 조조는 허유의 말에 웃었다.

"자원, 자네 말이 맞네."

허유는 더욱 기고만장해졌다. 매일같이 성안을 돌아다니며 아무나 붙잡고 자신의 공을 떠들어대기 시작했다. 하루는 동문에서 허저와 마주치자 허유가 큰 소리를 냈다.

"야, 이놈아. 나를 보아라! 내가 없었다면 너희 조무래기들이 어찌 이 성에 들어올 수 있었단 말이냐?"

그 말을 들은 허저는 불같이 화를 냈다.

"우리가 죽기를 각오하고 적병을 죽이지 않았다면 어찌 이 성을 얻을 수 있었단 말이냐? 약해빠진 서생 주제에 어찌 감히 내 앞에서 공을 자랑하냐!"

이에 허유는 불쑥 화가 났다.

'조아만도 내 공로를 인정했는데 너 따위 칼잡이가 감히 내게 대거리를 해?'

허유는 허저를 향해 큰 소리로 욕을 퍼붓기 시작했다. 말보다는 주먹이 먼저 나가는 무장 허저는 참지 못하고 검을 휘둘러 허유를 죽여버렸다. 이 같은 상황은 우리의 일상에서도 심심찮게 벌어진다. 성공의 주역이 자신이라고 믿는 것이다. 이를 자기위주편향 혹은 자기중심적 사고라 한다.

2005년, 하버드 MBA 과정에 있던 학생들에게 본인이 속한 연구팀 프로젝트에 자신의 기여도를 평가하도록 했다. 그 수치를 모두 합산해 보니 각 연구팀마다 평균 139%의 수치를 보였다. 개개인의 공헌도를 모두 합하면 100%가 되어야 올바른 계산이다. 초과분 39%는 학생들이 자신의 공을 그만큼 과도하게 평가했다는 뜻이다. 이렇듯 하버드대학 학생들도 자기위주편향에서 자유롭지 못했다.

허유와 허저의 사건을 다시 한번 돌아보자. 허유는 훌륭한 계책을 내어 원소를 기주로 몰아내며 관도대전에서 큰 공을 세웠다. 그러나 기주로 돌아간 원소는 여전히 상당한 힘을 갖고 있었다. 허저 등 조조의 장수들이 열심히 싸우지 않았다면 기주성도 함락시킬 수 없었다.

즉 허유와 허저는 모두 공이 있었다. 하지만 본인들이 생각하는 것처럼 모든 공을 혼자서 세운 것은 아니라는 말이다. 이 두 사람의 다툼과 허유의 죽음은 자신을 객관적으로 판단해야 한다는 교훈을 준다.

허저는 허유의 머리를 가지고 조조를 찾아갔다.

"허유가 기고만장하여 심하게 무례하기에 제가 죽였습니다."

"자원은 나의 오랜 벗이다. 말을 좀 심하게 한다는 것은 알고 있었지만 어째서 그를 죽였단 말이냐?"

조조는 허저를 호되게 꾸짖고 후하게 장사지내주도록 명령했다.

군법대로라면 함부로 사람을 죽인 허저는 죽음으로 죄를 갚아야 했다. 그러나 아끼는 장수인 데다 만약 그를 죽이면 조조는 허유와 허저 모두 잃게 된다. 게다가 허유의 행동도 확실히 과한 데가 있었다. 그리하여 조조는 몇 마디 꾸중만 내리고 별다른 조치는 하지 않았다. 허유는 스스로의 행동에 대해 아주 값비싼 대가를 치르고 이 사건은 마무리되었다. 우리 사회에서 허유처럼 과도한 오만은 늘 외면당한다는 사실을 기억하자.

조조는 선비 최염을 본주별가종사本州別駕從事로 삼아 기주의 일을 맡겼다.

"기주는 정말로 큰 성이오. 주민이 무려 30만 명이나 됩니다."

워낙 인구밀도가 낮은 시대였다. 게다가 계속되는 전쟁으로 인구가 급속히 감소하는데 거주민이 30만 명이라니, 이들을 정복 활동에 활용할 수 있다는 생각에 조조는 날아갈 것 같았다. 생각한 것은 곧바로 말과 행동으로 표출하는 것이 조조의 천성이었다. 만약 유비였다면 조조와 같은 생각을 했더라도 절대 겉으로 표현하지 않았을 것이다.

최염이 정색하며 말했다.

"지금 천하가 여러 조각으로 갈라지고 원씨 가문은 형제끼리 서로 싸우고 있습니다. 계속되는 전쟁으로 살 곳을 잃은 백성들은 지금 형편이 말이 아니지요. 승상께서는 백성들의 고충부터 먼저 살피시고 그들을 고통에서 구해주셔야 합니다. 그런데 호적을 살피고 군사를 모을 생각부터 하시니 어찌 어진 지도자라 할 수 있겠습니까?"

잘생긴 얼굴에 성격도 반듯한 최염이 사리에 맞는 소리를 하자 조조는 얼른 웃음을 거두고 공손히 사과했다.

조조는 서쪽 사막으로 도망간 원상과 원희의 처리 문제로 수하들을 불렀다. 조홍이 말했다.

"만약 우리가 사막 깊숙이 따라 들어간다면 유비와 유표가 기회를 노려 허도를 공격할 텐데, 그때 따라잡으려면 너무 늦습니다. 저희는 군사를 돌려 허도로 돌아감이 옳다고 생각합니다."

곽가는 반대의견을 냈다.

"여러 장군께서 틀리셨소. 승상의 이름이 천하 구석구석에 전해졌다고는 하나 사막의 사람들은 아직 모르는 이가 많소이다. 그러니 우리를 막을 준비를 치밀하게 해두지는 않을 것이오. 우리가 지금 진격한다면 상대의 허술한 틈을 타 쉽게 무너뜨릴 수 있소. 또 내가 보기에 유비와 유표는 걱정할 필요가 없소. 유표는 자기가 유비보다 못하다는 것을 알고 있기 때무에 유비가 공을 세울까 두려워할 테니 말이오."

조조는 원상과 원희가 나중에 화근이 될 것을 염려하고 있었다. 전쟁터와 조정에서 잔뼈가 굵은 정치인으로서 걱정거리는 뿌리째 뽑아버려야 뒤탈이 없다는 사실을 알고 있었다. 곽가의 말을 듣고 걱정을 말끔히 없앤 조조는 즉시 서쪽으로 가기로 결정했다.

행군하는 동안 바람이 세게 불며 누런 모래가 정신없이 날렸다. 북방의 거친 사막을 겪자 군사를 돌릴 마음이 든 조조가 곽가를 찾았다. 이곳의 풍토가 맞지 않아 병을 얻은 곽가는 해쓱한 얼굴을 가로저었다.

"군대를 단번에 몰아 가볍고 빠르게 들이치십시오. 그래야 상대가 미처 방비하기 전에 깨뜨릴 수 있습니다."

조조는 그의 말에 따르기로 했다. 다만 곽가의 병세가 위중한 것이 걱정되어 역주易州에 남겨 몸을 추스르게 했다. 그런 다음 계속해서 나아가 백랑산白狼山에서 흉노족의 군대를 물리치자 원상과 원희는 수천의 병사만 데리고 요동으로 도망쳤다. 그러나 싸움에서 이긴 조조가 역주로 돌아왔을 때 곽가는 이미 숨을 거둔 뒤였다. 조조는 직접 장례를 치르고 곽가의 무덤 앞에 엎드려 울었다. 조조가 이토록 슬퍼한 이유는 두 가지였다.

첫째, 곽가는 어느새 순욱을 대신해 조조가 가장 믿는 모사가 되어 있었다. 둘째, 아직 젊은 나이의 곽가가 훗날 자기 자식도 도와주기를 바라고 있었다.

조조는 슬피 울며 말했다.

"봉효가 죽다니 하늘이 나를 상하게 하려는가!"

조조가 '하늘'까지 끌어들여 죽음을 아파하는 것은 확실히 파격적인 대우였다. 그렇게 조조가 슬픔에 잠겨 있을 때 곽가의 시종 하나가 유서를 가지고 왔다.

"곽공께서 돌아가시기 직전에 이것을 써서 제게 주셨습니다. 승상께서 여기에 적힌 대로만 하시면 요동의 일은 문제없을 것이라 하셨습니다."

편지를 받은 조조가 감격하여 말했다.

"봉효가 이토록 나를 생각해주는데 어찌 따르지 않을 수 있겠는가."

조조는 편지를 읽으면서 연신 고개를 끄덕였다.

◈ 심리학으로 들여다보기

이 세상은 내가 있기 때문에 더욱 커진다. 자신을 중심으로 세계가 돈다는 말은 우월의식을 심어주려는 의미가 아니다. 자기 존재의 확신을 가지라는 말이다. 자기의 활동 범위, 생각의 범주 안에서 세계가 돌아간다. 그 안에서는 당신이 주인공이다.

적과의 동침을 두려워 마라

조조가 걸음을 멈추자 모두 곽가의 죽음으로 의욕을 잃었기 때문이라고 생각했다. 하후돈이 서둘러 요동으로 진격해 원희와 원상을 해치워야 한다고 말했다. 이것저것 가리지 않고 사막까지 따라가 원희 형제를 잡으려 했던 조조가 뜻밖에도 조용히 말했다.

"그대들의 용맹을 빌리지 않아도 며칠 후면 공손강公孫康이 내게 원씨 형제의 머리를 바칠 것이오."

공손강은 원희 형제가 투항한 요동의 태수였다. 하후돈은 조조의 말을 믿지 못했다. 가만히 앉아서 원하는 것을 얻을 수 있다면 자신 같은 군인들이 천하를 누빌 필요가 있겠는가? 그러나 조조는 입을 다물고 말을 아꼈다.

원희 형제가 상갓집 개 같은 꼴로 요동에 나타나자 공손강은 급히 부하들을 불러 모았다. 공손공公孫恭이 말했다.

"원소가 살아있을 때도 호시탐탐 요동 땅을 넘보았으나 뜻을 이루지 못했습니다. 지금 그 두 아들이 투항하여 온다니 차라리 이들의 머리를 베어 조공에게 바치십시오. 그러면 조공도 우리를 두텁게 대접할 것입니다."

급할 때 불공드리지 말고 평소에 향을 피워두자는 격이었다. 그러나 공손강은 조조가 요동을 침략할 것이 걱정이었다. 그렇다면 원희와 원상을 받아들여 조조를 막는 데 힘을 보태도록 하는 것이 나을 것 같았다. 공손공이 다시 말했다.

"만약 조조가 요동을 공격할 뜻이 있다면 밤새도록 행군해서 달려올 것입니다. 반대의 경우라면 군사를 움직이지 않겠지요. 우리가 사람을 보내 조조의 상황을 알아본 뒤에 행동하는 것은 어떻겠습니까. 조조가 군사를 움직인다면 두 원씨를 받아들이고, 조조가 조용하다면 둘을 죽여 조조에게 바치는 것으로 말입니다."

이렇게 해서 원희와 원상의 목숨은 조조의 움직임에 달리게 되었다.

심리학자 존 란세타John T. Lanzetta의 1995년 실험은 2000년 전 곽가가 내린 판단과 완벽하게 들어맞는다. 란세타는 학사 해군 장교 훈련단NROTC의 학생을 네 명씩 팀으로 정하고 문제를 풀게 했다. 그리고 문제를 채점 후 교내 방송을 통해 일부 팀은 정답률이 용서하지 못할 만큼 낮다며 멍청하기 짝이 없다고 말했다. 반면 다른 팀들은 공개적으로 비난하지 않았다. 그 결과 비난받은 팀원들은 서로 더욱 끈끈해졌고, 열심히 협력하며 내부의 분쟁이나 악의적 경쟁도 매우 적었다.

외부의 위협이나 좋지 않은 평가는 집단의 귀속감을 효과적으로 강화시킨다. 미국에서 9.11 테러 이후, 루이스 요한슨Louis Johanson이라는 아프리카계 미국인은 이런 말을 했다.

"테러가 발생하기 전, 나는 내가 그저 한 사람의 흑인에 불과하다고 생각했다. 그러나 사건 이후 나는 스스로가 미국인임을 그 어느 때보다도 강하게 인식하고 있다."

이러한 효과는 일부에게만 나타난 것이 아니다. 통계에 따르면 9.11 테러 이후, 줄리아니 뉴욕시장이 공식 석상에서 '우리we'라는 단어를 사용한 횟수는 평소의 2배였다. 부시 대통령에 대한 미국인의 생각도 달라졌다. 9.11 테러 전 51%였던 지지율이 무려 90%로 치솟았다. 이처럼 외부의 위협이 닥치면 평소에 대적하던 사람들도 손을 잡고 공동의 위기를 함께 헤쳐나가려 한다.

심리학자 무자퍼 셰리프Muzafer Sherif는 여름 캠프에 참여한 남자 어린이들을 두 팀으로 나누어 경쟁시켰다. 양측의 어린이들은 금세 서로를 적으로 생각하며 대립하게 되었다. 셰리프는 이 두 팀의 화해를 위해 두 가지 프로젝트를 제시했다. 첫 번째는 캠프에 물을 공급하는 파이프라인을 고치는 것이고, 두 번째는 비디오를 대여하기 위해 공동자금을 사용하는 것이었다.

두 가지 모두 한 팀의 힘만으로는 해내지 못하는 프로젝트였다. 두 팀 어린이들은 공동의 과제를 해결하려고 적대관계에서 협력관계로 변했다.

1985년 12월 4일, 미국의 레이건 대통령은 소련을 겨냥한 연설을 했다.

"저는 고르바초프에게 이렇게 이야기하고 싶습니다. 만약 외계행성에서 온 생물체가 지구를 공격하려 한다면 우리가 해야 할 일은 한결 간단해질 것입니다. 우리는 우리가 다 같은 인류이며 이 지구에서 함께 살아간다는 사실을 깨닫게 될 테니 말입니다."

원희, 원상과 공손강도 마찬가지다. 원래 둘은 같은 팀이 아니었다. 하지만 조조라는 '외계생명체'가 공격한다면 상대적으로 약한 두 집단이 자신을 지키기 위해 힘을 합쳐야만 했다. 그러나 조조가 군사를 움직이지 않는다면 외부의 위협이나 압력도 없을 것이고, 원래 한 팀이 아닌 이들은 자연스럽게 서로 싸우며 자신의 이익을 지키고자 할 것이다. 이러한 사람의 심리를 훤히 들여다본 곽가는 조조가 두 호랑이의 싸움을 지켜보며 앉아서 이득을 얻도록 했다. 이는 하후돈 등의 다른 사람이 이해하지 못할 영역이었다. 한편 원희와 원상은 저들 나름대로 작전을 세우고 있었다.

"요동에는 날랜 병사가 수만 명이나 되니 조조와 겨뤄볼 만하다. 잠시 공손강에게 투항했다가 기회를 보아 죽여버리고 요동을 빼앗자. 그런 다음 하북을 되찾고 중원으로 나아가면 될 것이 아니냐."

원희, 원상 형제는 큰 그림을 보는 눈이 없었다. 지금 두 사람은 조조라는 막강한 공동의 적을 공손강에게 부각시키는 것이었다. 그런 다음 요동의 힘을 빌면 목숨을 부지할 수 있었다.

이윽고 원씨 형제가 요동에 도착했다. 하지만 조조의 소식을 알아보러 간 염탐꾼이 아직 돌아오지 않아 공손강은 어떻게 행동해야 할지 결정을 내릴 수 없었다. 그는 일단 원씨 형제를 맞이하여 요동에 머물게 한 다음, 몸이 좋지 않다며 만나지 않았다. 원희와 원상은 달콤한 꿈에 젖어 고요한 요동 땅 도처에 잠복하고 있는 죽음을 감지하지 못했다.

얼마 후 공손강이 보냈던 염탐꾼이 원씨 형제의 명을 재촉할 소식을 가지고 돌아왔다. 역주에 머무는 조조가 군사를 움직일 기미를 보이지 않는다는 것이었다. 이로써 공손강이 해야 할 일은 결정되었다. 그는 칼잡이를 숨겨둔 다음 원소 형제를 불러들였다. 예를 마친 후 공손강은 좌우를 물리며 말했다.

"두 분과 긴히 상의할 일이 있소."

원희와 원상은 아무런 의심도 하지 않았다. 다만 무척 추운 계절인데도 방석이 깔려 있지 않자 원씨 형제가 공손강에게 말했다.

"방석을 좀 가져다주시지요. 앉아서 이야기하면 좀 좋겠습니까."

이에 공손강이 껄껄 웃으며 말했다.

"너희 둘의 목은 곧 만 리나 떨어진 곳으로 가게 될 텐데 자리는 깔아서 뭐하겠느냐?"

그 말을 들은 원씨 형제는 깜짝 놀랐다. 동시에 공손강이 숨겨둔 칼잡이가 뛰어나와 두 사람의 목을 베어버렸다. 공손강은 둘의 목을 상자에 담아 조조에게 보냈다.

그때까지 조조는 역주에 들어앉아 움직이지 않았다. 공손강이 원씨 형제의 목을 베어 바칠 것이라고 믿지 않던 하후돈, 장료 등은 이토록 오래 외지에 나와 있다가 유표가 다른 마음을 먹기라도 한다면 큰일이란 생각뿐이었다. 수하들이 빨리 허도로 돌아가자고 재촉해대자 조조도 마음이 흔들렸지만 죽은 곽가의 마지막 충정을 믿어보기로 했다.

"조금만 더 기다려봅시다. 원씨들의 목이 도착하면 곧장 돌아가도록 하겠소."

그 말을 들은 사람들은 속으로 비웃었다. 그러나 며칠 후 공손강이 보낸 사자가 눈보라를 뚫고 도착해 원씨 형제의 목을 바치자 장수들은 깜짝 놀라며 혀를 내둘렀다.

"과연 봉효의 말 그대로구나!"

조조의 말에 사람들은 이 모든 것이 곽가의 예언이라는 사실을 알게 되었다. 조조는 곽가의 편지를 수하들에게 보여주었다.

제가 듣기로 원희와 원상이 요동으로 투항하러 갔다고 하니 주공께서는 절대 군사를 움직이지 마십시오. 공손강은 원씨 집안이 요동을 삼키려 한다고 생각하는 사람이니 두 원씨가 간다면 분명 의심할 것입니다. 그러나 만약 승상께서 요동을 공격하면 공손강은 그들과 힘을 합쳐 맞설 것입니다. 군사를 멈추고 조용히 기다리시면 공손강과 원씨 형제는 저들끼리 다투게 될 테니 승상께서는 앉아서 원하는 것을 얻으실 것입니다.

조조는 호탕하게 웃었지만 문득 서글퍼졌다.

"봉효, 이제 나는 그대를 영영 잃었구려."

조조는 모든 수하를 이끌고 곽가의 영전으로 가 다시 한번 제를 올렸다. 최정상급 모사 곽가의 죽음은 한 시대의 끝을 의미했다. 이는 또한 새로운 시대의 시작이기도 했다. 새로운 모사들이 속속 등장하여 눈부신 활약을 하기 시작한 것이다. 순풍에 돛단 듯 순조롭던 조조의 시대도 이제 과거가 되었다.

이렇게 해서 조조는 중국 대륙의 북부를 평정했다. 이제 남부의 적들만 남았다. 조조는 허도로 돌아가 반년 동안 휴식기를 가진 다음 '혈서사건'의 블랙리스트에 오른 유비를 다음 목표로 정했다.

이때 유비는 신야에서 편안한 나날을 보내고 있었다. 모사 서서徐庶가 단복單福이라는 이름으로 유비를 찾아와 큰 힘이 되어주었다. 첫아들 아두阿斗도 얻었다. 기분 좋은 경사가 겹쳤지만 모든 것은 가장 참담한 실패의 전주곡이었다. 물론 유비는 아무것도 모른 채 웃고 있었다.

◈ 심리학으로 들여다보기

외부의 적은 내부의 결속을 더욱 단단하게 한다. 집에 강도가 든다면 집안사람 모두 한마음으로 강도와 대적한다. 리더의 말에 따라 일사분란하게 움직이며 빈틈을 허용하지 않기 위해 각자의 책임을 다한다. 어떠한 조직도 이와 마찬가지다.

7부

조조 경쟁과 도전의 기술

하늘이 현명함을 내려 주어도 오만한 자는 이를 이용할 줄 모른다.
고집과 아집, 무능한 신념이 그의 눈을 가리기 때문이다.
자신의 한계를 알고 문제점에 직시해야 한다.
그래야만 대안을 찾을 수 있다.

북극성은 모든 별의 기준이다

원소를 쓰러뜨린 조조는 더욱 자신만만해졌다. 마음만 먹으면 유비 정도는 금방이라도 잡아 올 수 있을 것 같았다. 그러나 믿고 보냈던 조인과 이전 등 장수들이 단복(서서의 본명)이라고 이름을 바꾼 모사 서서의 계략에 당해 어이없이 패하고 돌아왔다. 여기에 더해 번성樊城마저 빼앗겼다.

조조는 군사적으로 무능하던 유비가 어떻게 하루아침에 닭에서 봉황으로 환골탈태했는지 어안이 벙벙했다. 비록 싸움에 졌지만 조인이 단복이라는 무서운 자의 정보를 가져왔으니 소득이 전혀 없지는 않았다.

조조는 처음 들어보는 '단복'이란 이름에 고개를 갸웃했다. 정욱은 서서의 정체를 알고 있었다. 인재 욕심이 유별난 조조는 당장이라도 서서를 빼앗아오고 싶어 못 견딜 노릇이었다. 정욱은 서서의 늙은 어머니를 데려와 그 필적을 흉내 낸 가짜 편지를 써 서서에게 전했다. 효성이 지극한 서서는 어쩔 수 없이 조조의 진영으로 오게 되었다. 그러나 조조가 미처 생각지 못한 부분이 있었다. 유비가 베풀어준 은혜를 갚지 못하고 떠나는 게 안타까웠던 서서가 와룡臥龍선생 제갈량諸葛亮을 천거한 것이다. 그러니 조조는 유비에게서 인재 하나를 빼앗으려다 오히려 희대의 기재奇才를 데려다준 꼴이었다.

유비는 삼고초려 끝에 제갈량을 얻게 되었다. 산에서 내려온 제갈량은 서서보다 훨씬 강력하고 과감하게 군사를 움직였다. 얼마 되지 않는 군사로 박망파博望坡에서 화공을 펼쳐 하후돈의 대군을 물리쳤다. 이쯤 되자 조조는 답답해졌다.

'어째서 별다른 세력도 없는 유비에게 저처럼 뛰어난 인재들이 몰린단 말인가?'

이제 그는 직접 군사를 지휘하여 유표를 제거하고 강남을 평정해야겠다고 결심했다. 지금껏 수없이 출정했지만 세도가 대단한 조조에게 반대하는 이가 단 한 명도 없었다. 그러나 이번만큼은 달랐다. 죽음을 겁내지 않는 대단한 사람이 나선 것이다. 바로 공융이었다.

"형주의 유표와 유비는 한실의 종친입니다. 이들은 먼저 공격한 적이 없고 조정을 배반하지도 않았습니다. 지금 강동에는 손권이 여섯 군郡을 다스리며 호랑이처럼 도사리고 있으며 험한 장강을 끼고 있어 도모하기 어렵습니다. 만약 오늘 출정하신다면 승상께서는 의롭지 않은 군사를 일으킨다는 말을 피할 수 없습니다. 또한, 전쟁으로 군사와 백성을 상하게 하니 천하의 인심을 잃을 것입니다!"

조조에게는 매우 불쾌한 말이었다. 상대의 배반 여부는 조조가 결정할 문제였다. 그는 지금껏 군사를 일으킬 때마다 천자의 깃발을 앞세우며 의로운 군대임을 강조해왔다. 그런데 공융이 직접 '의롭지 않은 군사'라고 칭한 것은 이러한 가면을 정면으로 부순 셈이었다. 조조는 화가 치밀었다.

"유비는 이미 여러 번 나를 농락했다. 그냥 두면 큰 화가 될 자란 말이다. 이제 유표가 그를 받아들여 나와 대적하려 하는데 출정하지 말라니? 손권 또한 왕명을 받들지 않는 놈인데 어찌 그를 가만둘 수 있단 말인가? 두 번 다시 그런 말을 한다면 목을 베어버릴 것이다."

공융은 어째서 위험을 무릅쓰고 이런 말을 했을까?

조조가 흩어진 세력들을 하나하나 정벌하면서 '한실부흥漢室復興'을 외치는 강호들이 '반역자'로 몰리고 있었다. 만약 유표와 유비까지 무너진다면 한실은 끝장이었다. 이에 공융은 한나라 황실에 충성하는 대신이자 백성들을 살피는 유학자로서 나서지 않을 수 없었다. 그렇다고 죽음마저 두렵지 않았던 것은 아니다. 조조가 죽이겠다고 위협하자 공융은 한 걸음 물러났다. 그는 답답한 마음으로 승상부를 나서면서 하늘을 향해 탄식했다.

"어질지 못한 것으로 어진 것을 치니 어찌 패하지 않겠는가!"

서책은 많이 읽었으되 세상 물정은 모르는 공융은 어진 것으로 어질지 못한 것을 탓하면 죽음을 맞이한다는 이치를 모르고 있었다. 그런데 어사대부御史大夫 극려郄慮라는 사람의 집에 머무는 식객 하나가 그 말을 듣고 극려에게 전했다. 공융은 평소 오만한 면이 있었다. 그에게 자주 모욕과 무시를 당해온 극려는 앙갚음을 하기로 마음먹었다. 철저한 준비를 마친 극려는 조조를 만나 이야기에 살을 붙이고 양념을 쳐서 꺼내놓았다.

"승상께서는 공융이 모반을 꾀하려 한다는 것을 알고 계십니까?"

조조는 깜짝 놀랐다. 극려가 던진 미끼를 덥석 문 것이다.

"공융이 자주 승상을 욕보인 것은 알고 계시겠지요?"

못된 극려는 별것 아닌 일을 거창하게 부풀려 말했다.

"승상께서 금주령을 내리셨을 때 공융이 뭐라 했습니까. '예로부터 술은 덕 있는 것이라 했습니다. 성군으로 알려진 당의 요堯임금도 술을 좋아하지 않았습니까. 걸왕과 주왕 같은 폭군들이 여자 때문에 나라를 망쳤으니 혼인도 금하시겠습니까?' 모두 승상의 금주령을 은근히 비꼰 것이 아닙니까."

조조는 고개를 끄덕이며 긍정했다. 그 점은 조조도 전부터 느끼고 있었기 때문이다. 극려가 말을 이었다.

"또 승상께서 은나라의 주왕이 죽은 다음 달기妲己(주왕의 애첩으로 뛰어난 미인이자 악녀로 전해진다-옮긴이)가 어떻게 되었느냐고 물으신 적이 있지 않습니까? 그때 공융이 '무왕이 주왕을 정벌한 다음 달기를 주공에게 주었다'라고 했습니다. 승상께서는 공융이 책을 많이 읽어 아는 것이 많으니 당연히 사실이리라 생각하셨지요. 그런데 공융이 밖에 나와서는 사실 무왕이 달기를 죽였다고 하는 겁니다. 이것이 승상께서 서책을 읽지 않았다고 놀리는 것이 아니고 무엇입니까?"

그러나 이런 일을 역모와 엮기에는 너무 사소했다. 극려가 다시 입을 열었다.

"공융과 예형은 매우 가까운 사이였습니다. 예형은 공융을 가리켜 '공자가 죽지 않았다'라고 했고, 공융은 예형이 '안회가 살아왔다'라고 했다 합니다. 예형이 승상을 모욕한 것도 사실은 공융이 뒤에서 시킨 것이라더군요."

여기까지 해도 조조의 반응이 시원치 않자 극려는 비장의 카드를 꺼냈다.

"그런 과거 일들은 아무것도 아닙니다. 공융은 유비, 유표와 아주 친해서 자주 서신 왕래를 한다 합니다. 뿐만 아니라 손권과도 몰래 정보를 주고받고요. 이것이 역모가 아니고 무엇이겠습니까!"

극려의 말은 모두 '카더라 통신'에 불과했다. 하지만 조조를 자극하기에는 충분했다.

지금 죽여야 하나? 아니면 살려둘까?

일생 수차례 속임수를 당했던 조조지만 '말도 안 되는 이유'로 사람을 죽인 일은 없었다. 그러나 극려의 말에 완전히 넘어간 조조는 크게 화를 내며 명령했다.

"당장 공융을 끌고 와 목을 베고 저잣거리에 걸어 효시하라!"

공융을 죽인 사건은 조조의 인생에 큰 전환점이 되었다. 조조가 거대한 세력을 형성할 수 있었던 것은 모두 인재를 너그러이 받아들이고 적절히 사용하는 인용술 덕분이었다. 예형이 광기를 부렸을 때도 조조는 참았다. 허유가 사람들 앞에서 자신의 아명을 부르며 거들먹거려도 웃어넘겼다. 또 최염이 정색하며 조조의 잘못을 짚었을 때는 그 자리에서 사과했다. 그러나 거듭되는 성공에 따라 조조의 마음에도 미묘한 변화가 일었다. 겸손한 모습은 찾아볼 수 없이 자신을 과신하고 자만했다. 이것은 성공한 사람에게서 흔히 보이는 증상이다. 자주, 크게 성공할수록 이러한 '성공병'은 깊어진다.

'성공병'을 일으키는 심리적 원인은 '조명효과Spotlight Effect'에 있다. 우리는 누구나 무의식적으로 '내가 세상의 중심'이라 생각한다. 온 세상의 시선이 나에게 집중되어 있다는 심리가 '조명효과'이다. 보통은 냉정한 사회를 겪으면서 자기중심의 생각을 조금씩 포기한다. 그러나 리더들은 다르다. 조직의 피라미드 꼭대기에 자리한 이들은 더 많은 관심과 주목을 받는다. 그래서 이제 막 두각을 드러내고 성공의 가도에 오른 리더들은 '조명효과'의 작용을 의식적으로 억누르려는 경향이 있다. 소탈한 모습을 보여 더욱 좋은 평판과 많은 추종자를 얻기 위해서다. 그러나 끊임없이 성공을 거두며 완전히 자리를 잡게 되면 리더는 조금씩 자기중심적으로 변한다. 계속되는 성공이 '조명효과'를 강화시키는 것이다. '내가 최고'라는 무의식적 생각이 점점 커지고, 어느 순간 제어하지 못하는 지경에 이른다.

조조도 예외는 아니었다. 공융을 죽인 것은 그동안 무의식에 머물던 '내가 모든 것의 중심'이라는 생각이 결국 수면 위로 드러났다는 반증이다.

조조의 대군이 허도를 출발했을 때 형주의 유표는 임종을 앞두고 있었다. 그는 맏아들 유기를 후계자로 세우기로 마음을 바꾸고 유비에게 뒷일을 맡겼다. 그러나 막상 그가 죽고 난 뒤, 둘째 부인 채씨는 오라버니 채모와 함께 둘째 아들 유종을 후계자로 정했다며 유언을 조작했다. 어린 유종은 우여곡절 끝에 형주의 주인이 되었지만 며칠 되지 않아 조조의 대군을 맞아야 했다.

원소를 무너뜨리고 더욱 명성이 자자해진 조조였다. 채모를 비롯한 형주의 신하들은 겁에 질려 유종에게 투항할 것을 종용했다. 나이가 어리고 경험도 없는 유종은 어쩔 수 없이 허락했다. 조조는 유종이 보내온 투항의 글을 읽고는 매우 기뻐했다.

"내가 그대를 영원한 형주의 주인으로 만들어주겠다."

피 한 방울 흘리지 않고 형주를 얻은 조조는 '천명이 내게 있다'라고 더욱 굳게 믿었다. 조조는 조인과 조홍을 신야로 보내 유비를 공격하고 자신은 형주에 입성할 준비를 했다.

조조의 군사들이 신야로 유인되어 오자 제갈량은 텅 빈 신야를 불태웠다. 하지만 이는 조조군의 추격을 피해 약간의 시간을 벌었을 뿐이었다. 이것을 잘 아는 제갈량은 유비 진영의 사람들을 모두 하구夏口로 옮겼다.

한편 형주에 입성한 조조는 형주 수군의 상황을 살펴본 후, 채모와 장윤張允에게 각각 수군대도독水軍都督과 부도독의 벼슬을 주고 제후로 삼았다.

"유표는 죽기 전에 형주의 왕이 되고 싶었으나 결국 이루지 못하고 세상을 떠나지 않았소? 이제 유종이 내게 투항했으니 허도로 돌아가면 천자께 청을 올려 유종을 왕으로 책봉하도록 하겠소."

조조는 왜 뜬금없이 '왕으로 만들어준다'라고 했을까?

한고조 유방은 흰말을 죽여 그 피를 신하들과 함께 마시며 '지금부터 유劉씨가 아닌 사람은 왕에 책봉될 수 없다. 누구든 이 맹약을 어기면 천하의 사람들이 함께 그를 토벌할 것이다'라고 맹세했었다. 유종은 한실 종친이니 왕으로 책봉하더라도 고조가 만든 법도에 어긋날 것이 없었다. 그러나 싸움에서 항복한 유종에게 그렇게 높은 관직은 애초에 가당찮았다. 조조는 스스로 왕이 되고 싶었다. 유씨가 아닌 조조는 이미 승상이기에 더는 올라갈 수 있는 신분이 없었다. 더군다나 이 시기에는 이미 왕이라는 개념이 사용되지 않고 있었다. 이에 조조는 유종을 이용해 왕의 책봉에 대한 사람들의 반응을 떠본 다음 나쁘지 않으면 스스로 왕이 되려고 한 것이다.

채모와 장윤이 돌아가고 나자 순유가 조조에게 말했다.

"채모와 장윤은 아첨하는 무리입니다. 주공께서는 어째서 저들을 제후로 삼고 수군을 다스리도록 하셨습니까?"

"나도 그 정도는 알고 있소. 우리 군사들은 모두 북방 사람이라 수전에 익숙지 못하오. 저 둘을 잠시 써먹다가 일이 끝나면 없애버릴 것이오!"

순유는 아연실색했다. 오랜 세월 보좌해온 조조가 마치 다른 사람처럼 낯설게 느껴졌다. 형주를 손에 넣은 조조가 강동 전체도 손쉽게 차지할 수 있을 것이라 심리도 엿보았기 때문이다. 보통 조조를 가리켜 간사하고 악독하다는 평가는 지나치게 솔직한 조조의 성격 때문이다. 그가 진정으로 무서운 인물이었다면 아무리 자신의 심복 순유라도 속내를 드러내지 않았을 것이다.

채모와 장윤로부터 곧 왕으로 책봉될 것이라는 소식을 전해 들은 유종은 무척 기뻤다. 싸워보지도 않고 성을 넘긴 것이 잘한 일인 것 같았다. 그러나 황제도 조조의 그늘에서 하루를 1년처럼 보내는 판국에 일개 왕 따위의 삶이 편할 리 없었다. 게다가 조조는 얼마 못 가 생각을 바꾸었다.

'이제 강동을 무너뜨리는 것은 시간문제다. 천하통일의 대업만 달성한다면 먼저 왕이 되었다가 황제가 될 필요도 없어진다. 그땐 곧장 몸

을 일으켜 왕립의 예언을 실현하리라.'

그런 생각이 들자 조조는 더 이상 필요 없어진 유종을 청주자사로 삼겠다고 했다. 채모나 왕윤보다도 못한 벼슬이었다. 유종은 가기 싫었지만 조조의 명을 거역할 수 없었다. 유종이 길을 나서자 조조는 우금을 불렀다.

"유종을 뒤쫓아 가서 죽여라. 후환은 없애는 것이 좋다."

우금은 이 잔혹한 뒤처리를 묵묵히 해냈다. 그리고 조조가 가장 신임하는 장수의 반열에 올랐다. 그렇게 형주의 일을 마무리 지은 조조는 유비를 잡기 위해 빠른 철갑기병을 보냈다.

"유비는 아직 멀리 가지 못했을 것이다. 밤낮을 가리지 말고 달려 놈을 죽여라!"

◈ 심리학으로 들여다보기

성공한 사람이 결국 실패하는 것은 바로 그 성공 때문이다. 자만에 빠져 오만해지는 순간 나락으로 떨어진다. 성공은 정상을 찍고 내려오는 등산이 아니다. 그것을 지키고 유지하기 위해 더 힘을 써야 한다. 성공에 발목 잡히면 넘어질 수밖에 없다.

집단의 결정은 소수 의견을 집어삼킨다

형주를 너무 쉽게 얻자 부작용이 생겼다. 조조가 하구에 숨어 있는 유비를 무시하고 곧장 강동의 손권과 결판을 내려 한 것이다. 먼저 유비를 완전히 없앤 다음 동오東吳를 치거나, 혹은 동오와 손을 잡고 유비를 회복할 수 없는 상태로 만들어놓고 동오를 노려야 했다. 물론 조조가 그랬다면 그 유명한 적벽대전은 일어나지 않았을 것이다. 여러 차례 언급했지만 조조는 우세를 타고 있을 때는 반드시 실수를 범했다. 이번도 예외는 아니었다.

조조의 100만 대군이 몰려온다는 소문에 손권의 진영은 의견이 분분했다. 노숙魯肅이 말했다.

"먼저 유비에게 사람을 보내 조조군의 허실을 정확히 알아보아야 합니다. 저를 보내주십시오."

유비를 만난 노숙은 제갈량과 함께 동오로 돌아갔다. 손권이 유비와 손을 잡고 조조를 치도록 설득하기 위해서였다. 그러나 두 사람이 도착하기 전 동오에는 조조가 보낸 격문이 당도해 있었다.

> 나는 천자의 명을 받들어 죄인을 잡으러 왔소. 우리 깃발이 남쪽에 나타나자 유종은 제 손을 묶어 투항했고 형주의 백성들도 귀순해왔소. 이제 내 휘하에는 용맹한 군사가 100만에 뛰어난 장수가 천 명이오. 나는 공과 함께 강하에서 만나 사냥을 하면서 함께 유비를 잡고자 하오. 그런 다음 그 땅을 나누고 영원히 동맹을 맺으면 좋을 것이오. 부디 보고만 있지 말고 빠른 회답을 주길 바라오.

강동 사람들은 '함께 유비를 잡자'라는 말보다 '강하에서 사냥을 하자'라는 말에 더 주목했다. 만약 이 사냥이 정말로 벌어진다면 100만 대군과 장수 천 명이 참가하는 역사상 가장 규모가 큰 사냥일 것이었다. 물론 손권과 그의 모사들이 사냥의 진짜 의미를 알아채지 못했을 리 없다. 신중한 성격의 손권이 쉽게 결정을 내리지 못하자 장소張昭를 중심으로 한 모사들은 '집단극화Group Polarization'에 빠지게 되었다.

'집단극화'란 집단의 결론이 개인이 생각한 결론보다 극단화되는 현상이다. 원래 모험적인 경우는 더 모험적으로, 보수적인 경향이라면 더욱 보수적으로 쏠리는 경향을 일컫는다.

프랑스 심리학자 세르주 모스코비치Serge Moscovici와 마리사 자볼리니Marisa Zavalloni는 1969년 프랑스 학생들의 토론으로 실험을 했다. 토론 후 대통령을 긍정적으로 생각하던 학생들은 더욱 긍정적으로, 미국을 부정적으로 생각하던 학생들은 더욱 부정적으로 강화된 태도를 보였다.

장소도 이와 마찬가지였다. 이들은 손권의 조직 내에서 토론을 벌인 결과 한층 '극단적' 방향으로 조조에게 투항하자는 결론을 내렸다. 장소가 말했다.

"조조는 지금 막강한 세력을 거느리고 있습니다. 100만 대군으로 천자의 깃발까지 앞세우고 있어 명분도 충분합니다. 우리가 기댈 것이라고는 험난한 장강뿐인데, 이제 조조가 형주를 함락시켜 형주의 수군까지 손에 넣으면서 장강을 이용할 수 있게 되었습니다. 저의 좁은 소견으로는 투항하는 것이 나을 것 같습니다."

그러자 눈치만 보던 다른 모사들도 앞다투어 말했다.

"자포子布(장소의 자)의 말씀이 하늘의 뜻과 맞습니다."

집단 내의 개인이 서로를 자극하여 의견을 일치시키면 누군가 반박하더라도 집단의 의견은 변하지 않거나 오히려 더욱 극단적인 방향으로 간다. 바로 이 시점에 노숙과 함께 제갈량이 도착했다. 그가 손권에게 조조와 싸울 것을 설득하려 든다면 이는 곧 투항하자는 집단에 대한 도발이 된다. 여기서 제갈량과 동오 학자들의 유명한 설전이 시작된다. 장소를 필두로 한 동오의 모사들은 나름의 이유를 들어 '투항론'을 변호하기 시작했다.

그러나 이런 식의 자기변호는 극단으로 치닫기 쉽다. 여럿의 잇따른 공격에도 제갈량의 말이 청산유수로 막힘이 없자 설종薛綜이 나섰다. 조조를 추켜세워 제갈량을 비하하려는 작전이었다.

"공명께서는 조조를 어떤 인물로 보시오?"

"조조는 한의 역적이 아니오!"

"그 말씀은 틀렸소이다. 옛말에 '천하는 한 사람의 것이 아니라 천하 모든 이의 것이다'라고 했소. 하나라의 걸왕을 무찌른 탕왕이 은나라를 세웠고, 은나라의 주왕이 무왕에게 무너지자 주나라가 탄생했소. 그 후 여럿으로 쪼개진 천하를 한고조가 통일하고 한조를 열어 오늘에 이르렀소이다. 이제 조조가 이미 천하의 삼분의 이를 차지했고 인심도 그에게 기울고 있으니 유예주가 그에 맞서는 것은 순리에 어긋나는 일이오. 계란으로 바위 치는 격인데 이길 수 있겠소?"

조조로서는 춤을 출 일이었다. 적의 진영에 설종 같은 '열성팬'이 다 있으니 말이다. 설종은 자기 의견의 정당함을 지키려 역사를 끌어들였다. 무너지고 새로 열리는 왕조의 변화를 보여주며 이제 천명이 조조에게 있음을 강조했다. 설종 같은 인물은 현실에서도 자주 등장한다.

1938년 9월 15일, 당시 영국 총리 체임벌린Arthur Neville Chamberlain은 2차 세계대전을 막기 위해 독일 총리 히틀러와 회담을 열었다. 6개월 전 히틀러의 군대가 오스트리아를 침공해 그 땅을 독일영토로 편입시킨 후였다. 히틀러의 다음 목표는 체코슬로바키아였다. 그러나 독일군이 충분한 준비를 끝내려면 9월 말까지는 기다려야 했다. 히틀러의 입장에서는 몇 주밖에 남지 않은 상황에서 체코슬로바키아가 방어체계를 완비한다면 큰일이었다. 그래서 히틀러는 머리를 썼다. 비밀리에 부대를 이동시킨 다음 체임벌린에게 '체코슬로바키아가 내 요구에 동의한다면 침공하지 않겠다'라는 뜻을 전달한 것이다. 회담이 끝난 후, 체임벌린은 여동생에게 보내는 편지에서 '냉혹하고 무정한 얼굴이었다. 그러나 약속은 지킬 사람처럼 보였단다'라고 쓰기도 했다. 그로부터 닷새 후, 체임벌린은 국회에서 연설을 했다. 히틀러는 약속을 반드시 지키는 사람이며, 자신은 그를 굳게 믿고 있다는 내용이었다.

결국 이 일은 체임벌린이 히틀러의 거짓말에 놀아난 것으로 일단락되었다. 이 사건을 통해 우리는 스스로(혹은 자기편)의 정당성을 지키기 위해서라면 수단과 방법을 가리지 않고 자신(혹은 자기편)을 변호한다는 것을 알 수 있다.

다행히 노숙은 유비를 만나기 위해 강하를 떠나 있어 집단극화의 영향에서 벗어날 수 있었다. 한편 조조와 맞서야 한다는 제갈량과 노숙의 노력으로 고민하던 동오의 손권은 결국 '항전론'을 받아들였다. 그러나 장소 등은 끝까지 '투항론'을 포기하지 않았다. 어떻게든 손권의 마음을 돌리려 했다.

조조와의 세력 차이가 워낙 크다 보니 손권은 다시 마음이 흔들렸다. 하지만 파양鄱陽에서 군사를 훈련시키던 주유周瑜까지 나서자 비로소 결심했다. 사실 조조가 먼저 주유에게 사자를 보냈지만 이미 제갈량이 손을 써둔 후였다. 주유는 조조의 편지를 뜯지도 않은 채 갈기갈기 찢은 다음 사자까지 죽여버렸다. 아무리 전쟁 중이라도 서로의 사자는 죽이지 않는 것이 법도였다. 이러한 불문율까지 무시한 주유의 행동은 전쟁에 대한 그의 굳은 결심을 반증한다.

조조는 아직 전쟁을 벌일 준비가 되어 있지 않았지만, 자신의 편지를 전하러 갔던 사자가 죽은 채로 돌아오자 자존심에 치명적인 상처를 입었다. 불같이 노한 그는 즉시 채모와 왕윤 등 형주에서 투항한 장수들을 전군으로 삼아 동오를 공격하기 시작했다. 채모는 자기 동생을 선봉으로 삼아 보냈지만 동오의 선봉 감녕甘寧의 활에 맞아 죽고 만다.

동오의 장수 한당韓當과 장흠蔣欽은 조조의 후군이 대부분 청주군으로 수전에 서툴다는 것을 알았다. 이때 물에 익숙지 않은 조조의 병사들은 강에 빠져 죽는 이도 셀 수 없이 많았다. 전쟁에 지고 돌아온 조조는 채모와 장윤을 탓했다.

“많지도 않은 적군에게 지다니, 너희가 힘을 다해 싸우지 않은 게 아니냐? 이번은 말로 끝내겠지만 다시 한번 이런 일이 벌어지면 그때는 군령으로 다스릴 것이다!”

이에 채모가 간청하듯 말했다.

“형주의 수군은 오랫동안 훈련을 하지 않았습니다. 게다가 우리 군의 대부분이 북방 사람이라 물이 낯설고 적군이 빠르게 들이치는 것을 보자 겁을 먹었습니다. 승상께서는 부디 저희에게 수채水寨를 하나 만들어주십시오. 그곳에서 군사들을 밤낮으로 훈련시켜 물에 익숙해지도록 한 뒤 싸우겠습니다.”

채모가 제아무리 수군도독이라는 감투를 쓰고 있다 한들 수군이 없이는 이길 재주가 없었다. 게다가 지난날 유표의 밑에서 대단한 권력을 휘둘렀지만 지금은 조조에 항복한 패장의 신분이었다. 그 위엄도 땅에 떨어져 있었다. 100만 대군의 명성만으로 동오를 겁줄 수 있을 줄 알았던 조조도 문제였다. 주유라는 적을 만나 준비도 채 되지 않은 군대를 싸움터로 내몰았기 때문이다.

조조는 마음이 조급해졌다. 하지만 북방에서 내려온 육군이 하루아침에 수군으로 변할 리는 만무했다. 마지못해 채모의 요구를 들어주었지만 대꾸하는 말은 곱지 않았다.

“그대는 수군도독이다. 필요하다면 알아서 수채를 세우면 될 일이지 내게 허락까지 받으려 하느냐?”

채모가 마음대로 결정을 내리고 행동할 위인도, 입장도 되지 못한다는 것을 뻔히 알면서 하는 소리였다. 사실 이 말을 통해 조조의 마음 속 가득 쌓인 불만을 엿볼 수 있다.

채모는 곧바로 장윤과 함께 수채를 세웠다. 전쟁이 터지고 나서 칼을 가는 격이었다. 그러나 두 사람은 조조의 노여움을 사 목숨을 잃을 수는 없었던지라 최선을 다했다. 그 결과 며칠 되지 않아 수채를 완성하고 본격적인 훈련을 시작할 수 있었다.

이를 몰래 엿보러 온 주유는 깜짝 놀랐다. 조조군이 이런 식으로 훈련을 한다면 수전에 익숙해지는 것은 시간문제였다. 누가 뭐래도 조조군은 100만의 대군이고 주유의 군대는 겨우 3만에 불과했다.

주유는 놀란 가슴을 다독이며 굳게 다짐했다.

‘수전에 정통한 채모, 장윤 두 사람을 반드시 제거해야 한다. 그렇지 않으면 동오는 이 전쟁에서 승산이 없다.’

◈ 심리학으로 들여다보기

집단 속 개인의 의견은 길을 잃기 쉽다. 다수결의 원칙이 얼마나 불합리한지 경험해본 사람은 안다. 민주주의의 기본 원칙이지만 언제나 소수가 희생당하는 이치이다. 집단 내 소수 의견을 경청하고 그 논리의 합당함을 따져봐야 한다. 다수의 결정에 매몰되어서는 안 된다.

적을 상대하기 전에 지푸라기라도 준비하라

첫 번째 전투에서 패배하고 기분이 상한 조조가 중얼거렸다.

'어떤 계책을 써야 동오를 무너뜨릴 수 있을까?'

조조는 별 뾰족한 수가 떠오르지 않았다. 그때 장간蔣干이 속삭였다.

"승상, 주유와 저는 어려서부터 형제처럼 지내온 사이입니다. 저를 보내주시면 썩지 않은 세치 혀로 주유에게 항복을 권해보겠습니다."

싸우지 않고 항복을 받아낸다면 그보다 좋은 전략은 없었다. 조조는 기뻐했으나 미심쩍기도 했다. 장간이라는 자를 수하에 둔 지 오래되었지만 단 한 번도 이렇다 할 재주를 발휘한 적이 없었다. 그래서 과연 성공할 수 있을지 확신이 서지 않았다. 주유는 앞서 보낸 사자도 죽여버리지 않았는가. 만약 이번에도 실패한다면 조조의 체면이 말이 아니게 될 터였다.

"자익子翼(장간의 자), 그대와 주유가 정말로 그렇게 가까운 사이인가?"

장간이 힘주어 대답했다.

"승상께서는 마음 놓으십시오. 반드시 성공하겠습니다."

남을 쉽게 믿는 조조는 이번에도 장간의 말 몇 마디에 고개를 끄덕였다.

"내가 무엇을 준비하면 되겠는가?"

조조는 진귀한 선물이라도 가져가야 하지 않겠느냐는 뜻이었지만 장간은 고개를 저었다.

"아무것도 필요 없습니다. 그저 심부름할 아이 하나와 배를 저을 사람 두 명만 주시면 됩니다."

한편 주유는 채모와 장윤을 제거할 방법을 궁리하고 있었다. 그때 병사가 다가와 장간의 방문을 알리자 주유는 크게 기뻐했다. 오랜 친구를 이용해 채모와 장윤을 없앨 수 있는 계략이 번쩍 떠올랐기 때문이다.

주유가 이토록 빠르게 반응했던 이유는 두 가지다. 첫째로 자기 통제력에 있어 남다른 재능을 타고났기 때문이고, 둘째는 오랜 친구 장간을 속속들이 알고 있었기 때문이다. 주유는 미소를 지으며 말했다.

"손님을 안으로 모셔라."

곧 막사 문이 열리고 장간이 모습을 드러냈다. 자신만만하게 고개를 치켜든 장간은 당당한 말투로 인사를 건넸다.

"현제賢弟는 그간 별일 없었는가?"

주유도 인사를 받았다.

"자익이 고생 많구려. 멀리 강호에서 조조의 세객이 되려 여기까지 왔는가?"

순간 장간은 멈칫했다. 주유와 단도직입적으로 문제를 다룰 준비는 전혀 하지 않았기 때문이다. 주유의 기세에 눌린 장간은 이렇게 대답했다.

"내가 족하足下를 오랫동안 만나지 못하다가 명성이 동오에 자자하다는 소식을 듣고 일부러 찾아온 걸세. 어찌하여 나를 조조의 세객으로 의심하는가?"

장간의 태도는 주유에게 인사할 때와는 천양지차다. 호칭만 봐도 알 수 있는데, 처음에는 친족 사이에서 사용하는 '현제'라는 호칭을 썼다가 금세 존중과 대등의 의미가 담긴 '족하'로 바꾸었다.

장간이 심리변화를 일으킨 이유는 무엇일까?

장간과 예형은 모두 극단적인 인물이다. 예형은 몹시 자기중심적이라 외부의 환경을 생각하지 않고 자기 성격에 따라 행동했다. 반면 장간은 외부의 영향에 극도로 민감하게 반응하는 사람이다. 환경이 변하면 자기 견해를 쉽게 바꿨다.

기주와 형주를 손에 넣는 것을 본 장간은 조조의 100만 대군이 천하무적이라고 생각했다. 동오도 반드시 항복할 것이라고 믿었다. 그래서 아무런 준비도 하지 않은 상태에서 동오를 항복시킬 수 있다고 호언장담한 것이다. 주유도 조조의 위세에 겁먹고 있을 것이니 틀림없이 항복할 것이라 믿었다.

그런데 막상 동오에서 주유와 장수들의 용맹한 모습을 보자 금세 마음이 바뀌었다. 이것이 태도의 변화로 이어졌다. 오만하게 등장한 장간이 갑자기 공손해진 진짜 이유이다. 이미 판도를 장악한 주유가 걸껄 웃으며 말했다.

"내가 비록 사광師曠(춘추시대의 유명한 악사-옮긴이) 같은 재주는 없으나 거문고 소리를 들을 줄은 아네."

주유는 음악에 조예가 깊어 '틀린 음이 있으면 주랑은 바로 알아챈다曲有誤 周郎顧'라는 말이 있을 정도다. 이 말은 '네 속셈은 말 몇 마디만 나눠도 알 수 있다'라는 의도를 비유적으로 표현한 것이다. 막다른 길에 몰린 장간은 달리 대꾸할 말이 없었다.

"족하가 나를 이렇게 대접한다면 돌아가는 수밖에 없지."

이만하면 포석을 충분히 깔았다고 여긴 주유가 장간의 팔을 잡았다.

"자네가 조조의 세객으로 왔을까 봐 걱정되어 그런 것이네. 그게 아니라면 이렇게 빨리 떠날 이유도 없지 않나? 오랜만에 함께 회포나 풀어보세."

주유는 연회를 열고 강동의 영웅호걸들을 불러 모았다. 동오의 문관과 무관들이 자리를 가득 메웠다. 장간은 즐거운 척했지만 실은 좌불안석이 따로 없었다. 사람들이 모이자 주유는 정중히 장간을 소개했다.

"이분은 내가 어렸을 때 함께 공부한 벗으로 강북에서 오셨네. 절대 조조의 세객은 아니니 다들 의심하지 마시게."

주유는 태사자에게 일렀다.

"여기 내 검을 받아라. 이 자리는 회포를 풀기 위한 것이니 조조나 군사 이야기를 꺼내는 자가 있으면 즉시 목을 베라."

장간의 손발을 완전히 묶어두려는 속셈이었다. 술자리에서 기회를 보아 항복을 권할 생각이었던 장간은 주유의 말에 작전을 접어야 했다. 조조에게 잔뜩 큰소리를 쳐놓고 와서는 입 한번 떼지 못한 채 돌아갈 상황이었다. 그는 심각한 인지부조화를 무마하려 조조에게 가져다 줄 '지푸라기'라도 손에 넣으려고 애를 썼다. 그런 장간을 위해 주유는 진작부터 '지푸라기'를 준비해두고 있었다.

그에 앞서 주유는 이 오랜 친구를 좀 놀려주고 싶었다. 그는 장간에게 끊임없이 술을 권했고, 자신도 마구 술을 들이켰다. 장간의 팔을 끌고 군영 이곳저곳을 돌며 군사들과 군량미를 자랑했다. 일종의 술주정이었다. 그렇게 한 바퀴 돌고 난 후에는 다시 막사로 돌아와 술을 마셨다. 장간은 주유에게 이끌려 취하도록 술을 마시다 동이 틀 무렵이 되어서야 겨우 잠자리에 들었다.

처소에 돌아와서도 주유는 여기저기 구토하며 정신을 차리지 못했다. 장간은 말 한마디 하지 못하고 주유가 자리에 들 때까지 기다렸다. 하지만 곧 코 고는 소리에 시달려야 했다.

주유는 장간이 잠들지 못할 것이라는 사실을 알고 있었다. 아니나 다를까 온몸이 녹을 것처럼 피곤했지만 장간은 잠이 오지 않았다. 빈손으로 돌아갈 생각에 속이 끓고 있으니 그 심정은 말로 다 못할 지경이었다. 이때 주유는 장간이 자신의 물건을 뒤질 것을 알고 있었다. 역시나 장간은 주유의 처소를 뒤지기 시작했고, 어렵지 않게 '지푸라기'를 찾아냈다.

바로 주유가 가짜로 만들어놓은 채모와 장윤의 밀서였다.

저희가 조조에게 투항한 것은 어쩔 수 없는 상황이었습니다. 현재 조조의 진영에서 기회를 엿보고 있으니 곧 조조의 머리를 손에 넣을 수 있을 것입니다.

밀서를 펴본 장간은 속으로 쾌재를 불렀다.

궁지에 몰리면 판단력이 현저히 저하된다. 장간은 아무런 의심 없이 편지를 품에 감추고 주유가 잠에서 깨기 전 조용히 시종들을 불러 조조 진영으로 돌아가버렸다. 흥분제를 먹은 사람처럼 들뜬 장간은 배가 강가에 닿기가 무섭게 조조에게 달려갔다. 그를 본 조조도 기쁜 얼굴로 물었다.

"그래, 갔던 일은 어찌 되었소?"

장간은 얼른 흥분을 가라앉히고 사뭇 침울한 표정으로 대꾸했다.

"주유의 마음이 어찌나 단단한지 말로는 설득하지 못했습니다."

조조는 대번에 화를 냈다.

"그대가 애초에 뭐라고 하고 갔소? 일이 잘못되었으니 동오의 비웃음만 사게 되었잖소!"

이에 장간은 은밀하게 속삭였다.

"주유를 설득하지는 못했으나 대단한 소식을 가져왔습니다. 승상께서는 잠시 좌우를 물려주시지요."

장간이 건넨 밀서를 본 조조는 크게 화를 냈다.

"이런 도둑놈들, 감히 이런 짓을!"

조조는 즉시 채모와 장윤을 불러들였다. 속내를 감추는데 서툰 조조는 얼굴 가득 분노가 드러나 있었다. 가뜩이나 호랑이 앞의 쥐처럼 조조를 두려워하는 채모와 장윤은 몸 둘 바를 모를 지경이었다. 조조는 애써 냉정한 말투로 물었다.

"언제쯤 군대를 움직일 수 있겠느냐?"

훈련을 시작한 지 겨우 이삼일 지났을 뿐이었다.

"아직 훈련이 부족해 움직일 수 없습니다."

조조가 고함쳤다.

"훈련이 충분해지면 내 목을 주유에게 바칠 것인가!"

조조는 채모와 장윤이 미처 준비하기 전에 비밀을 드러내 두 사람의 반응을 볼 작정이었다. 그러나 아무것도 모르는 두 사람은 그저 조조가 화가 나 하는 말이라고 생각하고 입을 꾹 다문 채 아무런 대꾸도 하지 않았다. 그러자 조조는 채모와 장윤이 너무 당황한 나머지 할 말을 잃은 것이라고 생각해 밀서의 내용을 더욱 굳게 믿어버렸다.

지금 죽여야 하나? 아니면 살려둘까?

이번만큼은 한 치의 망설임도 없이 즉시 두 사람의 목을 베도록 명령했다.

조조는 어째서 이토록 빨리 결정을 내린 것일까? 하나는 조조가 애초부터 두 사람을 탐탁찮게 여기고 있었기 때문이다. 일찌감치 순유에게 목적을 달성하면 바로 그들을 죽이라고 말한 적도 있다. 다른 하나는 착각상관 현상이 작용했기 때문이다. 사람들은 서로 다른 사물 사이의 연관성을 찾으려 한다. 어떤 사람이 우연히 토끼 한 마리가 나무에 부딪혀 죽는 것을 보았다. 그 후로 매일 같이 그 나무 옆에 앉아 또 다른 토끼가 부딪혀 죽기를 기다렸다고 한다. 우연히 벌어진 사건을 필연적인 인과관계로 변형시킨 경우다.

조조는 첫 번째 전투의 패배와 밀서를 한데 연결시켰다.

'채모와 장윤은 내게 불만이 있을 것이다. 수채를 세우고 수군을 훈련하자는 제안을 한 것도 시간을 벌어 암살할 기회도 노리기 위해서였겠지. 그래서 깜짝 놀라 아무런 대꾸도 못한 것이다'

이런 조조의 추론이 채모와 장윤은 목숨을 앗아간 원인이다.

조조는 금세 자신이 계략에 빠졌다는 사실을 깨달았다. 그러나 평소 엄한 군율로 다져진 조조의 군사들은 명령이 떨어지기가 무섭게 두 사람의 목을 베어 조조에게 바쳤다. 그것을 본 사람들이 깜짝 놀라 이유를 물었다. 다만 순유는 짚이는 바가 있었다.

"목적을 달성한 후에 죽인다고 하시지 않으셨습니까?"

조조는 자기 잘못을 순순히 시인하는 사람이 아니다. 여백사를 죽였을 때도 자신을 변호했고, 관우가 말없이 떠나버렸을 때도 그의 배신을 충의로 포장하며 자신의 선택을 합리화시켰다. 그래서 이번에도 조조는 정색하고 말했다.

"이 둘이 태만하여 진군을 미루기에 죽였소."

누구도 이 말에 이의를 제기할 수 없었다. 조조는 모개와 우금이 수군을 맡도록 했다.

◈ 심리학으로 들여다보기

자기변호는 모든 심리 게임의 가장 강력한 방패이다. 자기만큼 자신을 잘 아는 사람이 없다. 각오와 다짐도 자신의 의지에서 나온다. 싸울 상대가 있다면 물러서지 말고 자신을 적극적으로 표출하라. 그리고 적의 공격을 자기변호로 막아내라. 자신 외에는 대신 나서줄 사람이 없다.

들여다보기 전에는
우물의 깊이를 알 수 없다

주유의 계략에 빠져 채모와 장윤을 죽이고, 제갈량의 작전에 속아 건초를 실은 배에 화살만 잔뜩 빼앗긴 조조는 몹시 기분이 나빴다. 이때 순유가 나섰다. 상대가 가짜 투항을 이용해 계략을 꾸몄다면 이쪽도 똑같이 응수해주자는 것이었다.

"큰 강에 가로막혀 소식을 듣기 어려우니 적군에 세작 두어 명을 보내 정보를 캐는 것이 좋겠습니다."

조조가 이에 응했다.

"나도 같은 생각이네. 누구를 보냈으면 좋겠는가?"

"채모는 죽었지만, 그의 동생 채중과 채화가 이미 부장의 위치에 있습니다. 승상께서 이 둘을 보낸다면 동오도 의심하지 않을 것입니다."

전쟁 중에 적군의 신임을 얻기란 쉬운 일이 아니다. 하지만 채모가

억울하게 죽임을 당한 후 그 형제들이 반감을 품는 것은 당연하니 그 것을 핑계 삼아 투항한다면 명분이 충분했다. 순유가 이러한 작전을 내놓은 것은 조조의 체면을 살려주면서 과거의 잘못을 최대한 활용하려는 의도였다. 게다가 설령 채씨 형제가 작진에 실패하고 죽임을 당해도 이쪽에서는 크게 아쉬울 것이 없었다.

순유의 건의를 흔쾌히 받아들인 조조는 깊은 밤을 틈타 채중과 채화를 불러들였다.

"병사 몇을 줄 테니 동오에 잠입해서 정보를 캐내라. 일이 잘되면 너희를 제후에 봉하겠다."

채모가 죽고 난 후 불안에 떨던 채씨 형제는 조조가 중책을 맡기자 충성을 다하겠노라 다짐했다. 그러나 조조는 한편으로 그들이 정말로 투항해버릴까 봐 걱정되었다.

"너희는 절대로 다른 마음을 먹어서는 안 될 것이다."

채씨 형제가 결연한 표정으로 말했다.

"저희의 처자식이 모두 형주에 있는데 어찌 마음을 바꾸겠습니까? 승상께서는 안심하십시오."

이튿날 채중과 채화는 군사 500명을 이끌고 동오로 투항했다. 주유는 크게 기뻐하며 두 사람을 상장으로 삼고 대장 감녕이 이끄는 선봉군으로 보냈다. 감녕이 그 같은 처리는 온당하지 않다고 항의하자 주유가 대답했다.

"투항한 이유는 그럴 듯하지만 가족들을 데려오지 않았으니 분명 세작일 것이다. 계략에는 계략으로 맞서야 하는 법이다. 잘못된 정보를 흘려줄 테니 그대는 이렇게 하라."

감녕은 고개를 끄덕이며 돌아갔다. 주유의 행동은 빠르고도 과감했다. 주유는 이미 제갈량과 화공을 결정한 상태였지만 구체적인 방법은 아직 생각해두지 않고 있었다. 그때 노장 황개黃蓋도 화공을 염두에 두고 남몰래 그의 막사로 찾아왔다. 주유는 크게 기뻐하며 채씨 형제의 일을 이야기해주었다.

"우리도 조조군 진영으로 세작을 하나 들여보내야겠는데 적당한 사람이 없습니다."

"내가 가겠소."

"장군께서 가주신다면 당연히 좋겠지만 조조의 신임을 얻기가 어려울 텐데요."

고육책이 아니라면 조조를 속일 수 없다는 뜻이었다. 그 말을 알아들은 황개가 말했다.

"나는 어려서부터 파로장군破虜將軍을 따르며 은혜를 입었소. 목숨을 바쳐도 부족할 것이오."

주유는 크게 기뻐하며 감사의 뜻을 표했다.

"노장군께서 나라를 위해 나서주신다니 실로 강동의 큰 복입니다."

다음날 주유는 장졸들을 모아놓고 군령을 내렸다.

"조조가 100만 대군을 이끌고 300리에 이르는 진을 치고 있으니 하루아침에 물리칠 수 없다. 우리는 3개월 간 먹일 군량과 건초를 준비해 적을 맞겠다."

황개가 앞으로 나와 말했다.

"3개월이 아니라 30개월 어치를 준비해도 쓸모가 없을 것이오."

주유가 의아한 듯 되물었다.

"노장군, 그건 무슨 뜻이오?"

황개가 큰소리로 대꾸했다.

"조조를 치려면 이 달에도 충분히 칠 수 있다는 뜻이오. 이 달에 물리치지 못하면 영영 물리치지 못하는 것이니, 차라리 무기를 버리고 항복하는 것이 낫겠소."

그 말에 주유는 크게 화를 냈다.

"나는 주공의 명을 받들어 계획을 세웠다. 감히 투항을 입에 담는 자는 죽음을 면치 못할 것이오. 그대는 선봉대장으로 함부로 입을 놀리고 사기를 어지럽혔으니 죽음으로 죄를 갚으시오!"

그리고는 황개를 끌고나가 당장 목을 베라고 명령을 내렸다. 황개도 분노하며 맞섰다.

"이 젖비린내도 가시지 않은 놈아! 내가 파로장군을 따라 전장을 휩쓸 때 너는 무엇을 하고 있었느냐?"

깜짝 놀란 감녕이 나서서 대신 용서를 청했다. 하지만 주유는 듣지 않고 감녕까지 매질하라고 부하들에게 명했다. 문관과 무관들이 잇따라 무릎을 꿇었으나 주유는 마음을 돌리지 않았다. 모든 이들이 하나같이 용서를 빌자 그제야 황개의 목을 베는 대신 곤장 100대를 치도록 했다.

그러나 나이든 황개가 곤장 100대를 맞는다면 목숨이 위태로울 게 뻔했다. 자리에 있던 모든 이들이 사정했지만, 주유는 탁자를 내리치며 형을 집행하라고 소리쳤다. 50대를 때렸을 때 황개의 몸은 피부가 너덜너덜해지고 살점이 튈 정도가 되어 차마 눈뜨고 볼 수 없을 지경이 되었다. 보다 못한 이들이 다시 간곡하게 주유에게 사정하자 마지

못해하며 입을 열었다.

"네가 감히 나를 얕본단 말이냐? 남은 50대는 기록해두었다가 다시 태만하는 일이 있으면 그때 두 배로 벌하겠다!"

하마터면 황개의 목숨까지 앗아갈 뻔했던 무시무시한 연극에 사람들은 꼼짝없이 속아 넘어갔다.

자신의 막사로 돌아간 황개는 앓아누웠다. 그를 보러 온 사람들은 하나 같이 눈물을 흘리며 주유를 원망했다. 황개는 아무 말 없이 그저 이만 부득부득 갈 뿐이었다.

모두를 속인 고육계였지만 단 한 사람 감택闞澤만은 속지 않았다. 그가 찾아오자 황개는 주위를 물리치고 속을 드러냈다.

"내 3대째 오나라의 은혜를 입어왔는데 갚을 길이 없었소이다. 이번에 이 한 몸 바쳐 조조를 무너뜨리려 하오."

그 말을 들은 감택이 껄껄 웃으며 말했다.

"장군께서 제게 이런 말씀을 하시는 것은 조조에게 항복하는 글을 쓰게 하려는 뜻이 아닙니까?"

황개는 '노출 호혜의 효과'를 노렸다. 먼저 자신의 비밀을 털어놓고 상대방이 부채의식을 느끼도록 만들어 이어질 부탁을 수월하게 하려는 것이다. 감택도 똑똑한 인물인지라 황개의 의도를 꿰뚫어보고는 그 자리에서 수락했다.

밤이 깊어지자 어부로 변장한 감택이 작은 배에 올라 조조의 진영으로 건너갔다. 조조군의 순찰병이 앞을 막아서자 그가 말했다.

"속히 승상께 말씀드려주게. 동오의 감택이 기밀을 갖고 왔다고."

소식을 들은 조조는 관도전투에서 허유가 밤을 틈타 찾아왔던 일을 떠올렸다. 천명이 자신에게 있다고 믿던 그는 하늘이 중요한 시기마다 승리의 사신을 보내준다고 생각했다. 우리는 이미 일어난 일의 규칙을 아직 일어나지 않은 일에 대입하여 예측하기를 좋아한다. 이것 역시 일종의 착각상관이다.

그러나 조조는 좋아하는 기색을 내비치지 않고 허유를 대했던 방법대로 감택을 꼼꼼히 심문했다.

"동오의 모사가 여기는 어쩐 일인가?"

'뜸들이기'는 상대방의 호기심을 자극하는 가장 좋은 방법이다. 모사가 반드시 갖춰야 할 기본이기도 하다. 감택은 직설적으로 대답하는 대신 에둘러 말했다.

"조승상은 어진 이에 목마른 사람이라고 들었는데, 오늘 보니 다 허튼 말이로다. 황공복黃公覆(황개의 자), 그대는 크게 잘못 생각했구려!"

조조가 미심쩍은 얼굴로 되물었다.

"나와 동오는 군사를 맞대고 있는데 그대가 홀로 나타났으니 이유를 묻는 것이 당연하지 않은가?"

"황공복은 3대째 동오에 충성하는 노장입니다. 오늘 모두가 보는 앞에서 주유에게 모진 매를 맞고 한스러움을 이기지 못해 저를 찾아와 마음을 털어놓았습니다. 저는 그와 골육 같은 사이로, 함께 의논한 결과 승상께 투항하기로 마음먹었습니다. 군량미와 무기를 승상께 바치고 싶은데 승상의 의중은 어떠신지요?"

그는 황개가 쓴 항복서를 꺼내 조조에게 내밀었다. 항복서를 받아 든 조조는 글을 찬찬히 살펴보며 읽고 또 읽었다. 과거 허유에게 군량미 상황을 거짓으로 말할 때와 마찬가지로 신중하게 행동했다. 항복서를 꼼꼼히 보던 조조는 갑자기 무릎을 치며 외쳤다.

"황개가 고육계를 써서 세작 노릇을 하려고 하는구먼! 헌데 벌써 들통이 나버렸으니 이를 어쩐단 말인가? 여봐라, 이 자를 끌고 나가 당장 목을 쳐라!"

감택은 깜짝 놀랐다.

'완벽하게 항복서를 썼는데 조조는 어떻게 계략을 알아차렸을까?'

그러나 감개는 단지 계략에만 능한 인물이 아니었다. 일촉즉발의 상황에서 조금이라도 긴장하는 빛을 내보인다면 모든 것은 끝장이었다. 오히려 큰소리를 치며 떳떳한 듯 행동해야 실낱같은 기회라도 잡는다. 이를 아는 감택은 얼굴색 하나 바꾸지 않고 하늘을 향해 크게 웃기 시작했다. 이 행동이 조조의 관심을 자극했다. 애초에 감택이 하늘이 보낸 승리의 사자라고 생각한 조조는 그가 세작이기를 바라지 않았기 때문이다. 조조는 수하들을 멈추게 하고 물었다.

"내가 이미 간계를 꿰뚫어보았는데 너는 무엇이 좋아 그렇게 웃는 것이냐?"

그러자 감택도 한숨을 돌렸다. 만약 조조가 아무런 반응을 보이지 않았다면 자신의 목은 그대로 달아나는 상황이었다. 그런데 조조가 웃음의 까닭을 물어왔으니 감택으로서는 목숨도 구하고 계략도 성공시킬 발판이 마련된 셈이었다.

"네가 아니라 황공복을 비웃은 것이다. 그가 사람 보는 눈이 없어 나를 죽게 만들었잖소."

"사람 보는 눈이라니?"

감택은 조조의 호기심을 당기기 위해 대답을 피했다.

"죽이려면 그냥 죽일 것이지 무슨 질문이 그리 많단 말인가?"

알려주지 않으면 더 궁금해진다. 조조도 예외는 아니었다.

"네가 세작이라는 걸 빤히 알고 있는데 어찌 나를 속이려 하느냐?"

"그럼 어디 한번 말해 보거라. 그 글 어디에 계략이 있단 말이냐?"

"좋다. 말할 것은 해주어야 죽어서 눈이라도 감겠지. 만약 네가 진심으로 투항하는 것이라면 어째서 이 서한에 구체적인 시각을 적지 않았단 말이냐?"

그 말을 들은 감택은 다시 한번 미친 듯이 웃었다.

"이 배우지 못한 자야, 전쟁하면 반드시 주유에게 질 것이다! 너 같은 자의 손에 죽는 내 목숨이 불쌍하구나."

이번에는 조조가 발끈했다. 항복서의 암호를 풀었다고 생각했는데 도리어 비웃음을 산 것이다.

"어째서 내가 배우지 못했다는 것이냐?"

"주인을 배신하는 자는 그 때를 미리 알 수 없다는 말도 모르는가? 나와 황개가 몰래 투항하려 마음 먹었지만 상황이라는 것이 어찌될 줄 모르는데 어찌 미리 날짜를 정할 수 있단 말인가?"

감택이 순간적으로 기지를 발휘한 것이지만 상당한 일리가 있었다. 조조는 마침내 고개를 끄덕이며 감택을 일으켜 세우고는 술자리를 마련했다. 두 사람이 마주 앉아 술잔을 기울이고 있을 때였다. 누군가가 조조에게 다가와 귓가에 대고 속삭이자 그의 얼굴에 서서히 미소가 번졌다. 분명 채씨 형제가 황개의 일을 보고한 것이 틀림없었다.

상황이 딱 맞아떨어지자 조조도 감택의 말을 완전히 믿게 되었다. 술이 몇 순배 돌고 난 후 조조가 말했다.

"선생께서 동오로 돌아가 주셔야겠습니다. 황개와 좋은 날을 골라 미리 알려주시면 군사들을 이끌고 가서 맞이하지요."

조조는 이렇게 상황에 따라 자유자재로 상대를 시험할 줄 알았다. 중요한 시기마다 매우 강한 경계심이 발휘됐기 때문이다. 만약 감택이 기뻐하며 황급히 동오로 돌아간다면 조조는 의심했을 것이다. 감택은 호랑이굴 같은 조조의 진영에 오래 머물고 싶지 않았지만 그럴수록 머물고 싶은 척해야 했다.

"저는 이미 강동을 떠났으니 다시 돌아가고 싶지 않습니다. 제가 가면 위험할 수 있으니 승상께서는 다른 사람을 보내시지요."

"다른 이를 보내면 이 일이 새어나갈 것이 아닙니까. 수고스럽겠지만 선생께서 가주시지요. 일이 마무리되면 후히 보답하겠습니다."

감택은 재차 거절하다가 마지못해 승낙하는 척 고개를 끄덕였다.

"승상께서 꼭 저를 보내시겠다면 곧바로 움직이지요. 주유의 의심을 피하려면 해가 뜨기 전에 동오로 돌아가야겠습니다."

조조는 그를 신뢰한다는 의미로 금덩이를 건넸다. 하지만 감택은 받지 않고 황급히 몸을 돌렸다.

◈ 심리학으로 들여다보기

상대를 알기 전에 자신을 드러내지 마라. 당신을 이용하려는 사람은 자신의 의도를 철저히 숨긴다채 감언이설을 쏟아낸다. 우물은 속을 들여다보아야 깊이를 알 수 있다. 겉모습만으로는 그 사람의 진중함이나 인간됨을 판단할 수 없다는 점을 기억하자.

어리석은 물고기는
그물에 두 번 걸린다

감택은 나는 듯 배를 저어 동오로 돌아갔다. 배 위에 오르는데 온몸은 식은땀으로 흥건했다. 방금 조조와 고도의 심리전을 벌인 것은 일생일대의 모험이었다. 간웅이라 불리는 조조는 과연 명불허전이었다. 감택은 한숨을 몰아쉬면서도 매우 기뻤다. 조조도 결국 자신의 작전에 걸려들고 말았기 때문이다.

그는 황개를 찾아가 상황을 설명한 후 감녕의 막사로 향했다. 세작으로 있는 채씨 형제를 시험하기 위해서였다. 채중과 채화가 세작이라는 사실을 아는 감택은 그들과 직접 대화를 나눌 생각이었다. 일의 성공을 도모하려면 반드시 필요한 수순이었다.

채중, 채화의 신임을 얻으면 그들을 통해 황개와 자신의 투항이 조조에게 증명되기 때문이다. 조조는 꾀가 많은 인물이고 뛰어난 수하들을 거느리고 있었다. 그러니 일시적으로는 속을지 몰라도 나중에는 반드시 의심할 게 분명했다. 만약 조조의 사람인 채씨 형제가 황개의 투항을 뒷받침할 만한 정보를 제공한다면 조조도 당연히 믿을 것이다.

그러나 비밀리에 세작 노릇하는 채씨 형제의 신분을 들추지 않은 채 대화를 시도하기란 어려웠다. 세작이라는 사실이 들통나면 임무를 완수하지 못하는 것은 물론이고 목까지 날아가기 때문이다.

이에 감택은 황개가 썼던 '노출 호혜의 효과'를 사용하기로 했다. 누구나 남들에게 쉽게 말할 수 없는 비밀이 있다. 비밀은 그 특성상 남과 나누었을 때 부채의식이 발생한다. 나의 비밀을 누군가에게 말한다면 그 사람도 자기 비밀을 털어놓음으로써 신뢰에 보답하려 한다. 감택이 채씨 형제에게 기밀을 털어놓게 하려면 먼저 자신의 기밀을 말해야 했다. 어떤 비밀을 내놓아야 상대방에게 부채의식을 느끼게 할 수 있을까?

감택은 조조에게 항복서를 바쳤으므로 공식적으로는 이미 동오를 배반한 상태였다. 바로 이것이 그의 비밀이었다. 물론 이는 포장된 거짓이지만 이 사실을 아는 사람은 극소수에 불과했다. 채씨 형제가 스스로 본모습을 드러내도록 감택과 감녕은 두 사람 앞에서 연극을 하기로 했다.

감녕이 중얼거렸다.

"그놈이 제 재주만 믿고 우리 따위는 안중에도 없는 게지."

그러자 감택이 감녕의 귓가에 대고 뭐라고 소곤거렸다. 감녕은 고개를 숙인 채 아무 말도 하지 않다가 길게 한숨만 쉬었다. 영락없이 배반을 모의하는 모습이었다. 이것을 본 채씨 형제가 기회를 놓치지 않고 나타나 물었다.

"장군과 선생께서는 무슨 괴로운 일이라도 있으십니까?"

감택이 대꾸했다.

"우리 마음의 괴로움을 너희가 어찌 이해하겠느냐? 너희는 여기가 좋을 줄 알고 투항해온 것이 아니냐?"

이에 채씨 형제가 대담하게 물었다.

"두 분께서는 동오를 버리고 조조에게 갈 생각을 하시는 것이 아닌지요?"

이 말을 들은 감택은 속으로 쾌재를 불렀다. 하지만 겉으로는 깜짝 놀란 표정을 지으며 감녕에게 신호를 보냈다. 감녕은 즉시 검을 빼들었다.

"이들이 우리 작전을 알아차렸으니 죽여버려야겠소!"

채중과 채화는 허둥지둥 손을 내저었다.

"오해하지 마시고 제 말을 들어보십시오. 저희 형제는 조승상이 보내신 세작입니다. 만약 두 분이 조승상께 투항하신다면 저희가 길을 내드릴 수 있습니다."

그 말에 감녕과 감택은 크게 기뻐했다.

"하늘이 우리를 돕는구나."

이렇게 채씨 형제의 신임을 얻은 감택과 감녕은 그들을 통해 조조를 속일 수 있게 되었다. 네 사람은 함께 술을 마시며 조조를 도와 동오를 무너뜨릴 방법을 의논했다. 채화는 곧바로 조조에게 편지를 보내 감녕이 동오를 배신하고 자신들과 손을 잡은 사실을 보고했다. 감택도 따로 사람을 보내 황개가 투항할 날짜를 정하기 어려우며 푸른 깃발을 꽂은 배에 식량을 실어 보내겠다고 조조에게 전했다.

두 통의 편지를 받은 조조는 흡족했으나 또 한편으로는 어딘가 석연치 않은 생각이 들었다. 직감이 작용한 탓이었다. 그는 궁리 끝에 따로 사람을 보내 강동의 상황을 살펴보는 것이 좋겠다고 결론을 내렸다.

이 생각을 입에 올리기 무섭게 누군가 앞으로 나섰다. 그를 본 조조는 탐탁찮은 표정을 지었다. 바로 주유를 설득하러 갔다가 입 한번 떼지 못하고 가짜 편지만 훔쳐 돌아온 장간이었다. 지난번에는 제대로 시도조차 해보지 못하고 실패한 데다 인사도 없이 돌아왔으니 다시 한번 찾아가 체면을 회복해볼 요량이었다.

"제가 일전에 주유를 설득하러 갔다가 실패하고 돌아온 이후로 늘 마음이 무거웠습니다. 이번에는 목숨을 걸고 다녀오겠습니다. 또 실패한다면 그때는 어떤 벌도 달게 받겠습니다."

장간은 지난번 실패를 직접 인정하면서 자신의 죄책감을 확실히 드러냈다. 바로 이 점 때문에 조조의 마음이 움직였다. 장간은 주유는 설득하지 못해도 조조를 설득하는 재주는 있었던 것이다. 그의 말에 넘어간 조조는 강동으로 가도록 허락했다.

죄책감은 타인의 기대에 부응하지 못했을 때 발생하는 불안 심리다. 조조는 앞서 장간을 철석같이 믿었지만, 그는 임무를 완수하지 못했다. 이는 조조의 신임에 빚진 것과 같다. 은혜를 입으면 반드시 보답해야 한다. 은혜를 입은 자가 보은이라는 명분을 내세우면 은혜를 베푼 사람은 그 동기를 의심하지 않는다.

장간은 죄책감에 새로운 노력으로 과거의 잘못을 덮으려 하고 있다. 이것은 조조의 신임에 대한 강한 부채의식을 보여준다. 호혜의 원리에 따라 조조도 장간의 말에 설득될 수밖에 없었다.

장간은 다시 동오로 향했으나 여전히 주유의 옛 친구라는 신분을 벗어나지 못했다.

한편 주유는 제갈량과 화공을 펼칠 계획을 세웠다. 하지만 조조의 수많은 전함이 워낙 넓게 포진해 있어 단순한 공격으로는 치명적인 타격을 입힐 수 없을 것 같았다. 마침 동오에 머무르고 있던 방통이 좋은 생각을 내놓았다.

"크고 작은 배들을 사슬로 연결하도록 조조를 설득할 수만 있다면 한꺼번에 불태울 수 있을 것이오."

바로 이것이 방통의 연환계다.

좋은 방법이지만 계략을 성공시키려면 누군가가 강을 건너 조조를 설득해야 한다. 연환계를 생각한 방통이 가는 것이 가장 좋을 것 같았고 본인도 가고 싶어 했다. 그런데 길을 열어줄 사람이 없었다. 아무런 이유도 없이 위험을 무릅쓰고 강을 건넌다면 조조의 의심을 살 게 뻔하기 때문이다.

이 문제를 두고 주유가 고민에 빠져 있을 때 장간이 도착했다는 소식이 왔다. 주유에게는 하늘에서 천사가 내려온 것과 마찬가지였다. 사실 적벽대전에서 손권과 유비의 연합군이 대승을 거둘 수 있었던 데에는 장간의 공이 가장 컸다.

주유는 장간을 맞이하자마자 불만을 터뜨렸다.

"자익, 내 자네에게 참 섭섭하네! 나는 좋은 마음으로 회포를 풀려 했는데 자네가 내 밀서를 훔쳐 채모와 장윤을 죽게 만들었으니 말이야. 조조군에 심어둔 첩자를 잃었지 않은가. 다행히도 채중과 채화가 새로 투항해왔네. 내 자네를 단칼에 목을 베어도 시원치 않겠지마는 오랜 정을 생각하면 그럴 수도 없네. 이번에도 자네를 그냥 돌려보내면 또 무슨 기밀을 발설할지 모르니 조조놈을 물리칠 며칠 동안만 서산의 암자에 가 있어야겠네. 일이 마무리되면 풀어주겠네."

한마디로 자신을 가둬놓겠다는 뜻이었다. 장간으로서는 달리 할 말이 없었다. 이후 서산의 암자로 보내진 장간은 마음이 몹시 우울했다. 밤에도 잠을 이룰 수 없어 이곳저곳을 돌아다니던 그는 웬 초가에서 흘러나오는 글 읽는 소리에 걸음을 멈췄다. 살그머니 다가가 안을 들여다보자 누군가가 불을 밝혀놓고 손자와 오자의 병서를 읽고 있었다. 한눈에 봐도 기인 같았다. 호기심이 생긴 장간이 인기척을 냈고, 책 읽던 사내는 문을 열고 그를 맞아들였다. 사내의 비범한 얼굴을 본 장간은 황급히 이름을 물었다.

사실 방통은 매우 못생겼으며 옷차림에도 신경을 쓰지 않는 사내였다. 그러나 글 읽는 소리를 듣고 분명 대단한 사람일 거라 생각한 장간에게는 '비범한 얼굴'로 보였다.

"내 이름은 방통이오."

"아니, 그럼 봉추선생이 아니십니까?"

"그렇소."

장간은 더욱 공손한 자세로 물었다.

"선생처럼 고매하신 분께서 어찌 이 외딴 곳에 계시는지요?"

봉통이 한숨을 쉬며 대답했다.

"주유란 자가 자기 재주만 믿고 사람을 품을 줄 몰라 여기서 혼자 지내고 있소이다."

그 말을 듣고 장간은 쾌재를 불렀다. 생각지도 못한 '지푸라기'를 또 줍게 된 것이다. 이번에도 운이 없어 도착하자마자 주유의 진영에서 쫓겨났는데 뜻밖에도 명성이 자자한 봉추선생을 만나게 되었다. 방통을 조조에게 데려간다면 대단한 공을 세울 수 있었다.

"주유가 선생의 재주를 알아보지 못한다면 어째서 조승상에게 가보시지 않습니까?"

방통이 또 한숨을 쉬었다.

"연고도 없이 가면 조승상이 나를 중히 쓰지 않을까 걱정이오."

"제가 있으니 걱정하지 마십시오. 저와 함께 강을 건너 강북으로 가시지요. 제가 승상께 선생을 추천하겠습니다."

"그렇다면 지금 당장 가겠소!"

그렇게 두 사람은 밤을 틈타 강북으로 건너갔다.

◈ **심리학으로 들여다보기**

보은은 복수를 위한 최고의 수단이다. 은혜를 베푼 자에게 정성을 다하라. 어려울 때 주는 도움과 힘은 당신의 발판이 되고 성장의 밑거름이 된다. 혼자의 힘으로 헤쳐 나가고 이뤄낸다면 더할 나위 없이 좋지만 사회적 관계에서는 주고받는 도움이 필요하다. 상대의 선의를 부담스럽다며 거부하고 밀어내지 마라.

문제점을 찾는 것은
돌다리를 두드리는 것과 같다

와룡과 봉추 가운데 하나만 얻으면 천하를 얻을 수 있다고 했던가. 당시 본격적으로 등장한 제갈량이 정치계의 톱스타로 떠올랐지만, 그와 어깨를 나란히 하던 방통의 명성은 더 높았다.

장간이 방통의 소식을 전하자 조조는 뛸 듯이 기뻐했다. 감택의 항복서를 받은 이후 '천명'이 자신을 향해 손짓하는 것을 느끼고 있던 차였다. 방통까지 얻게 되니 천명에 확신이 섰다.

조조는 방통을 극진히 대접했다. 방통은 주유가 인재들의 능력을 시기하고 안하무인으로 군다는 이야기부터 꺼냈다. 황개와 감택이 투항해온 이유와 똑같았기에 조조는 고개를 끄덕이며 의심하지 않았다.

군대를 다스리는 능력에 자부심이 대단했던 조조는 천하에 명성이 자자한 방통 앞에서 실력을 뽐내고 싶어졌다. 그래서 방통을 데리고 진채가 한눈에 보이는 곳으로 갔다. 조조가 직접 만든 진채였다. 물샐 틈 없이 짜인 진채를 보자 방통은 감탄할 수밖에 없었다. 과연 조조는 듣던 대로 용병술의 대가였다.

"그야말로 장군다운 재주입니다!"

방통의 평가를 들은 조조는 기쁨을 감추지 못했다. 칭찬은 받으면 받을수록 겸손해지는데, 그것은 더 많은 칭찬을 받기 위해서다. 조조도 다르지 않았다.

"참으로 과찬이십니다. 부족한 부분은 지나치지 마시고 잘 가르쳐 주십시오."

방통이 미소를 지으며 입을 열었다.

"산과 숲에 기대어 앞뒤를 두루 볼 수 있는 데다 들고 나는 문이 있고 진퇴에 곡저가 있으니 손자와 오자, 양저穰苴가 살아 돌아온들 더 낫지 않을 것입니다."

아부에도 급이 있다. 조정을 장악하고 무소불위의 권력을 쥔 조조의 주변은 늘 아첨하는 자들로 넘쳐났다. 온갖 말로 아첨하는 소리를 조조는 질리도록 들었다. 만약 방통도 남들과 비슷하게 말했다면 조조의 마음을 사지 못했을 뿐만 아니라 자신의 품위까지 떨어뜨렸을 것이다.

그러나 방통의 칭찬은 달랐다. 단어의 선택도 남다르거니와 전문적인 병법 용어를 사용했다. 유명한 고대 병법가들의 이름까지 빌려 조조를 추켜세웠으니 최고급의 아첨이라고 할 만하다. 고명한 사람은 아부하는 방법도 단연 뛰어난 것이다.

특급 칭찬을 들은 조조는 구름 위를 나는 것 같았다. 기분이 좋을 때는 장밋빛 안경을 쓰고 주위를 보기 때문에 모든 것이 더 아름다워 보이게 마련이다.

조조는 기분이 좋아지자 자연스럽게 경계심이 누그러졌다. 방통에게 진채를 보여준 것도 사실은 계산적인 행동이었다. 큰 전쟁을 눈앞에 두고 있는 시기이며 방통은 어쨌거나 강 건너편에서 넘어온 사람이었기 때문이다. 진채는 실전에서 큰 역할을 하지 않으니 기밀이 새어나갈 걱정 없이 보여준 것이었다. 의심을 말끔히 떨쳐내자 이번에는 수채를 보여주었다. 이것이 방통이 기다리던 기회였다.

조조의 수채는 남쪽을 향해 24개의 문이 있고 전함들이 성곽처럼 늘어서 있었다. 중간 크기와 작은 배들이 오가는 것이 매우 질서정연했다. 방통은 속으로 놀라움을 금치 못했다. 수채 건설을 시작한 것은 채모와 장윤이었지만 두 사람은 진즉에 죽임을 당했기 때문이다. 그 후로는 조조가 수채를 지었다. 수전에 대해 아는 것이 없는 조조가 길지도 않은 시간 사이에 제법 그럴 듯한 수채를 꾸려놓은 것이다. 조조에게 조금이라도 시간을 더 준다면 어떻게 될지 모를 수준이었다.

방통은 감탄하며 조조에게 말했다.

"승상의 용병술은 참으로 명불허전입니다!"

그리고는 손가락으로 강남을 가리키며 소리쳤다.

"주랑아, 주랑아! 너는 반드시 망하고 말겠구나!"

방통의 이 말에는 두 가지 의도가 있었다. 첫째는 자신이 주유를 미워하고 있다는 것을 조조에게 재차 확인시키기 위함이었다. 둘째는 주유의 실패가 곧 조조의 승리를 의미하기 때문이었다. 아니나 다를까 그 말을 들은 조조는 기뻐하면서도 겸손한 말로 가르침을 청했다. 방통이 말했다.

"진채와 수채를 보니 내가 다 부끄러울 지경인데 승상을 지적할 것이 어디 있겠습니까."

조조는 만족스럽게 웃음을 터뜨렸다. 막사로 돌아와 술을 마시며 용병술에 관해 이야기를 나누자 분위기는 점점 무르익었다. 방통은 이때다 싶어 지나가는 말투로 물었다.

"군영에 좋은 의원이 있습니까?"

"좋은 의원은 어째서 찾으시오?"

"수군은 병이 잦게 마련이라 의원이 있어야 합니다."

사실 그것이 조조의 큰 골칫거리기도 했다. 형주에서 투항한 군사들을 제외하면 조조의 군대는 북방 출신이라 남방의 환경이 맞지 않았다. 익숙지 않은 수전 훈련까지 받으니 대부분 구토 증세를 보였다. 심지어 목숨을 잃는 자들도 많았다.

"맞는 말이오. 사원士元은 생각해두신 방법이라도 있소?"

사원은 방통의 자로, 조조가 그를 사원이라고 부른 것은 이미 방통을 자기 사람으로 생각하고 있다는 뜻이다. 방통은 속으로 쾌재를 불렀지만 태연한 얼굴로 말했다.

"방법은 있으나 쉬운 것은 아닙니다."

그러고는 입을 다물어버렸다.

밀고 당기기를 활용해 설득력을 높이려는 전형적인 방법이다. 나는 이야기하고 싶지 않은데 네가 자꾸 물으니 어쩔 수 없이 가르쳐주겠다는 식이다. 이렇게 하면 나의 의견을 상대 자신의 의견처럼 교묘히 바꾸어놓을 수 있다. 그리고 한번 내린 결정을 포기하지 않으려는 습성 때문에 남들이 반대해도 흔들리지 않는다.

만약 여기서 방통이 자신의 의견으로 '연환계'를 내놓았다면 조조는 다른 사람이 다른 의견을 내놓으니 고민을 했을 것이다. 그러나 조조가 연환계를 자기 생각처럼 느끼게 만든다면 나중에 사람들이 반대하더라도 생각을 바꿀 위험이 크게 줄어든다.

조조가 재차 묻자 방통이 못 이긴 듯 입을 열었다.

"큰 강은 풍랑이 잦은 법인데 중원에서 온 사람들은 배를 타본 경험이 없어 병에 걸리는 것입니다. 배를 평지처럼 만들면 수군들의 병이 나을 것이라 생각해보았습니다."

"어떻게 배를 평지처럼 만들 수 있단 말이오?"

그제야 방통은 준비해둔 계획을 꺼냈다.

"크고 작은 배들을 30척이나 50척 씩 한 줄로 세우고 뱃머리와 꼬리 부분을 사슬로 연결해두는 겁니다. 각 배 사이에는 널빤지를 놓아 사람과 말이 마음대로 지나다닐 수 있게 한다면 아무리 거센 바람이 불어도 두렵지 않을 것입니다."

조조는 무릎을 치며 고마움을 감추지 않았다.

"선생의 훌륭한 계책 덕분에 이제 동오를 깨뜨리는 데 아무 문제가 없을 거 같소이다!"

조조의 머릿속에는 다시 '천명'이라는 두 글자가 떠올랐다. 아직 전쟁은 시작도 하지 않았지만 무의식중에 승리를 기정사실처럼 받아들였다. 방통은 굉장히 겸손한 말투로 말했다.

"그저 얕은 식견에 지나지 않습니다. 자세한 것은 승상께서 잘 생각해보시고 시행하십시오."

자기 생각을 '조조의 계책'으로 바꾸기 위한 마무리 발언이었다.

조조는 전혀 의심하지 않았다. 대장장이에게 밤을 새워 배들을 연결할 못과 사슬을 만들도록 했다. 지독한 멀미에 시달리던 장졸들은 이 소식을 듣자 너도나도 기뻐했다.

이제 남은 것은 안전하게 발만 빼면 되었다. 만약 방통이 곧장 떠난다면 조조의 의심을 살 것이 분명했다. 채중과 채화가 동오에 투항하면서 가족들을 데리고 오지 않아 주유에게 속셈을 들킨 것과 마찬가지다. 정말로 투항한 것이라면 마땅히 남아서 조조를 도와야 정상이다. 애초에 동오를 등진 것도 주유가 인재를 알아보지 못한다는 이유였으니 말이다. 게다가 만약 조조의 의심을 사기라도 한다면 간신히 포석을 깔아둔 연환계도 끝장날 가능성이 높았다.

그래서 방통은 조조의 의심을 사지 않고 무사히 몸을 빼낼 방법을 생각했다.

"이리도 융숭히 대접을 해주시니 저도 목숨을 걸고 승상께 보답하고 싶습니다."

이번에도 호혜의 원리가 등장했다. '보답'은 누구에게나 가장 훌륭한 핑계가 되어 준다.

"강동의 걸출한 인물들 가운데 주유에게 불만을 품은 자들이 많습니다. 제가 가서 그들이 승상께 오도록 설득하고 싶습니다. 그러면 동오를 무너뜨린 후에도 인재들을 유비에게 빼앗기지 않을 것입니다."

방통이 본보기가 된다면 훌륭한 인재들이 앞다투어 조조에게 투항해올 것은 자명한 일이었다. 게다가 방통은 한때 조조가 가장 경계했던 라이벌 유비의 존재를 상기시켜 설득력을 높였다. 앞날을 내다보는 듯한 방통의 제안에 조조는 기분이 좋아졌다.

“선생께서 큰 공을 세우시면 천자께 말씀드려 삼공의 반열에 오르도록 하겠소.”

방통은 기다렸다는 듯이 대꾸했다.

“제가 움직이는 것은 백성을 구하기 위함이지 일신의 부귀영화를 위해서가 아닙니다. 승상께서도 강을 건너시면 부디 무고한 백성을 해치지 마십시오.”

방통은 자신의 행위에 숭고한 목적을 부여함으로써 조조에게 강한 신뢰를 이끌어냈다. 또한 ‘강을 건너는’ 것을 기정사실처럼 언급한 것도 조조를 한층 도취하게 만들었다. 조조는 정색하고 대답했다.

“나는 하늘의 뜻을 따르는 사람인데 어찌 백성을 함부로 해치겠소?”

상황이 여기까지 진척되자 방통은 안전하게 집으로 돌아갈 마지막 ‘보험’을 들기로 한다. 사실 조조도 사용한 적이 있는 수법이다. 젊은 시절 조조는 왕윤의 신임을 얻기 위해 동탁을 찌를 보검을 빌려달라고 했다. 때로는 맹세보다 무언가를 요구하는 것이 더욱 확실한 신임을 얻어내는 데 효과적이지 않은가.

“나중에 군사들이 와도 제 가솔들이 안전할 수 있도록 승상께서 글 한 통만 써주십시오.”

“선생의 가솔들은 지금 어디에 있소?”

“강변 부근에 살고 있습니다. 승상께서 글 한 통만 주시면 목숨을 보전할 수 있을 것입니다.”

조조는 허허 웃으며 속으로 생각했다.

‘만백성을 구하려 한다는 이 사람도 결국 제 가솔들부터 챙기려 하는구나.’

그러나 이 역시 약한 모습을 보여 더욱 강한 믿음을 얻기 위한 방통의 계략이었다.

조조는 곧바로 글을 써서 방통에게 주었다. 이제 가족에게 돌아갈 명분이 생긴 방통은 떠나기 직전 다시 한번 조조에게 당부하는 것을 잊지 않았다.

"승상, 제가 가고 나면 주유가 눈치채기 전에 최대한 빨리 군사를 움직이십시오."

조조는 연신 고개를 끄덕였고 방통은 홀연히 강을 건넜다.

◈ 심리학으로 들여다보기

다른 사람의 문제를 찾았다면 그 문제를 해결할 방법을 알아야 한다. 지적질만으로는 상대의 마음을 돌릴 수 없다. 벗어날 길이 없는 막다른 골목에 그를 몰아넣는 꼴이다. 함께 고민하고 개선 방안을 찾아야 한다.

먼저 터트린 샴페인에 취하지 마라

조조가 배들을 큰 사슬로 연결하자 과연 평지처럼 흔들리지 않았다. 배 위에서 무기를 휘두르고 말을 달릴 수 있게 되자 병사들의 사기는 하늘을 찌를 듯했다. 조조는 매우 기뻐하며 이 계책이 반드시 승리를 안겨주리라 생각했다.

건안 13년 11월 15일, 하늘은 맑고 물결도 잔잔했다. 조조는 배 위에서 연회를 열었다.

"오늘 밤에는 장수들과 함께 흠뻑 취하겠다."

한평생 전쟁터를 누빈 조조에게는 드문 일이었다. 전쟁에서 승리한 후에는 먹고 마시며 마음껏 즐겨도 큰 전쟁을 앞두고서는 절대로 경계를 풀지 않던 조조였다. 어차피 승리하게 되어 있다고 철석같이 믿고 있는 그의 심리 상태를 고스란히 드러난다.

밝은 달이 강물을 환하게 비치자 조조가 큰 배에 올랐다. 문무백관들은 신분에 따라 비단옷과 갑옷을 차려입고 계급에 맞춰 두 줄로 늘어섰다. 그 주위의 풍경은 한 폭의 그림 같았다.

성공한 사람은 지난 일을 돌아보게 마련이다. 달 밝은 아름다운 밤, 인생의 최고봉에 올라 있다고 생각한 조조도 자연스레 과거 기억들이 떠올렸다. 그는 좌우를 돌아보며 득의양양하게 입을 열었다.

"내가 의로운 군사를 일으킨 이래, 나라를 위해 흉악한 세력을 없애고 사해를 깨끗이 하여 천하를 평안케 하기를 바랐으나 아직 강남을 손에 넣지 못했소. 이제 100만 대군이 있고 공들이 있으니 두려울 게 뭐가 있겠소. 강남을 수복하고 천하가 평정되면 제공들과 부귀와 평화를 함께 나눌 것이오. 내 오늘의 이 말을 잊지 않을 테니 다들 기억하시오."

조조는 지금까지의 삶을 정리하고 나아가 아름다운 미래까지 그려 보였다. 이런 마음이 문무백관들에게도 옮아갔는지 다들 허리를 조아리며 말했다.

"하루 빨리 개가를 울리게 하소서, 저희는 죽을 때까지 승상께 의지해 복을 누릴 것입니다!"

조조의 진영은 필승이라는 집단극화에 빠져버렸다. 자리에 앉아 술잔을 기울이는 사람 가운데 치명적인 위험이 다가오고 있다는 사실을 아는 이는 아무도 없었다. 대부분이 강에서 목숨을 잃을 텐데 싸우기도 전에 성공을 기뻐하는 것이다.

조조는 부하들과 어울려 술을 마시니 취기와 함께 기분도 잔뜩 고조되었다. 자리에서 일어나 남쪽을 가리키며 크게 말했다.

"주유와 노숙은 천시天時를 모르는구나. 오늘 내게 투항한 자가 너희에게는 큰 화근이 될 것이다. 하늘이 나를 돕는다!"

순유는 조조가 취했다는 것을 알고는 급히 나섰다.

"승상께서는 말을 아끼십시오. 일이 새어나갈까 두렵습니다."

조조는 큰 소리로 웃으며 대꾸했다.

"지금 여기 있는 이들은 내가 믿는 사람들인데 무엇이 두렵단 말이오?"

그러더니 이번에는 하구夏口 쪽을 가리키며 큰 소리로 외쳤다.

"유비, 제갈량아! 개미 같은 힘으로 태산을 움직이겠다니 참으로 주제를 모르는구나!"

정말이지 조조는 속내를 감추지 못하는 사람이다. 한참을 떠들던 그는 다시 부하들을 향해 말했다.

"내가 올해로 쉰넷이오. 강남을 손에 넣으면 마음껏 즐겨야 하겠지. 내가 교공橋公과 가까운 사이였을 때 그 두 딸이 천하절색이었는데 아쉽게도 손책과 주유에게 시집을 갔소. 이번에 동수潼水 변에 동작대를 세우지 않소? 반드시 그 두 딸을 데려와 대에 두고 남은 생을 즐길 것이오."

역시 본성은 쉽게 사라지지 않는 모양이다. 조조는 득의양양해지면 선을 지키지 않고 함부로 행동하는 사람이었다. 부하들이 있는 자리에서도 자신의 욕정을 숨기지 않았다. 달콤한 꿈에 빠져 자신을 제어하지 못할 지경에 이르렀다는 것이다.

그때였다. 웃음소리가 그치기도 전에 갑자기 까마귀 한 마리가 울며 남쪽으로 날아갔다. 그것을 본 조조가 물었다.

"웬 까마귀가 밤에 날아간단 말인가?"

누군가가 대답했다.

"달이 밝아 날이 샌 줄 알고 나무를 떠나는 모양입니다."

껄껄 웃은 조조는 긴 창을 가져오도록 했다. 그러고는 뱃머리에 서서 강물에 술을 부은 다음 이어서 술 석 잔을 가득 채워 마셨다. 기분이 최고조에 달하자 절로 시흥이 솟아 '단가행短歌行'을 읊기 시작했다.

술을 마주하고 노래하리, 인생 그 얼마나 되리오.
아침 이슬에 다름없건만, 지난 나날 고난이 적지 않았지.
분개하고 탄식하며 노래하여도, 근심을 잊기는 쉽지 않으니.
무엇으로 이 시름 떨쳐버릴까, 오로지 술뿐이로다.
푸르고 푸른 현인들의 옷깃은, 내 마음에 아련히 남아 있네.
오로지 그대들이 있기에, 지금까지 나직하게 노래하네.
사슴의 무리 슬피 울며, 들판의 풀을 뜯는구나.
귀한 손님이 오면, 거문고와 피리로 반기리.
밝고 밝은 저 달빛, 어느 날에 비추임을 그칠까.
달빛 따라 이는 시름, 끊을 수가 없구나.
논둑길 넘고 밭두렁 건너, 몸을 굽혀 안부를 물으려 하네.
헤어짐과 만남 함께 이야기하며, 마음속에 옛정을 떠올린다.
달이 밝아 별빛이 흐릿한데, 까막까치는 남쪽 향해 날아가누나.
나무를 세 번 둘러봐도, 의지할 가지 하나 없구나.
산은 높은 것을 마다하지 않고, 바다는 깊은 것을 싫어하지 않으니.
주공은 입에 문 것을 뱉어내며, 천하의 마음을 얻었네.

당대의 문장가이기도 했던 조조의 이 작품은 천 년이 지난 오늘날까지도 감동을 주는 수작이다. 듣던 이들이 하나같이 단가행의 묵직하고도 진한 감동에 젖어 있었다. 그때 양주자사 유복劉馥이 벌떡 일어나 앞으로 나섰다.

"대군이 서로 목숨을 걸고 맞선 상황에서 승상께서는 어찌 그리 불길한 말씀을 하십니까?"

술과 시에 취해 감상에 빠져 있던 조조가 흥이 싹 가신 얼굴로 되물었다.

"어디가 불길하단 말인가?"

"'달이 밝아 별빛이 흐릿한데, 까막까치는 남쪽 향해 날아가누나. 나무를 세 번 둘러봐도, 의지할 가지 하나 없구나'라는 구절이 매우 불길하지 않습니까."

유복은 조조가 신임하던 인물로 충심에서 바른말을 한 것이었다. 그러나 흥을 깬 사람은 의도와 상관없이 늘 결과가 좋지 않은 법이다. 아니나 다를까 조조는 크게 화를 내며 고함을 쳤다.

"네가 감히 내 흥을 깨느냐!"

지금 죽여야 하나? 아니면 살려둘까?

알코올에 취해 자제력을 잃은 조조에게 선택의 여지는 없었다. 그는 손에 든 창을 던져 그대로 유복의 가슴을 꿰뚫어버렸다. 화기애애하던 연회는 그렇게 끝나버렸다. 이것만큼은 확실히 불길한 징조였다.

다음 날 아침, 조조는 지난밤 자신의 충동적인 행동을 떠올리며 후회를 금할 수 없었다. 동오와의 전쟁을 시작하기도 전에 방종에 빠져 군대의 사기를 어지럽힌 결과는 끔찍했다. 충성스러운 공신을 죽인 것도 장졸들을 경악하게 했다.

조조는 유복의 아들 유희를 불러 눈물까지 흘리며 정중히 사과했다. 유복의 시신을 허도로 운반하여 후한 장례를 치르도록 해주었다. 덕분에 유희는 적벽대전을 피할 수 있게 되었다. 유복이 자신의 죽음을 통해 아들을 살린 셈이다.

한편 수군도독인 모개와 우금이 조조를 찾아와 마지막 점검을 요청했다.

서북풍이 심하게 불었지만 쇠사슬로 단단히 연결된 배 위는 평지처럼 흔들리지 않았다. 사기가 오른 군사들이 배 위에서 무기를 휘두르는 모습도 용맹해보였다. 전후와 좌우의 각 군대가 질서정연했고, 작은 배 50여 척도 대열이 흐트러지지 않았다.

조조는 모사들에게 말했다.

"하늘이 나를 돕지 않았다면 어찌 이런 묘책을 얻을 수 있었겠는가? 사슬로 배들을 연결하니 강을 건너는 것이 마치 평지를 달리는 것과 같구나."

조조의 '천명'이 어김없이 등장했다. 이때 모사 정욱이 치명적인 문제점을 지적했다.

"배들을 연결하니 흔들림은 없어졌지만, 만약 적이 화공을 쓴다면 어찌하시겠습니까?"

사실 조조도 진작부터 그 문제를 염려하고 있었다. 많은 이들은 방통이 조조를 쉽게 속였다고 생각하지만 실은 그렇지 않다. 적벽대전의 패배로 조조의 용병술을 평가절하해서는 안 된다. 전쟁에서는 주유가 승리했지만, 이 문제에 대한 예지력만큼은 조조 쪽이 훨씬 나았다.

"중덕仲德(정욱의 자)은 지혜가 깊은 사람이나 용병술은 잘 알지 못하는구려."

뛰어난 모사로 활약하던 정욱은 모두가 보는 앞에서 웃음거리가 되자 할 말을 잃었다. 옆에 있던 순유가 나섰다. 정욱의 말에 일리가 있어 고개를 끄덕이던 차에 조조의 말을 듣자 궁금증이 생긴 것이다.

"저 역시 중덕의 말이 옳은 것 같습니다. 그런데 왜 승상께서는 용병술을 모른다 하는지요?"

조조가 설명을 시작했다.

"모름지기 장수라면 먼저 천시를 알고 지리를 살펴야 군사를 움직일 수 있소. 패배보다 승리의 가능성을 높게 셈한다면 아예 셈하지 않는 것과 무엇이 다르겠소? 지금은 겨울이라 서북풍이 있을 뿐 남풍이나 동풍은 없소. 우리는 서쪽에 있고 주유는 남쪽에 있으니, 화공을 한다면 자기 군사들이나 태워죽일 텐데 걱정할 것이 무엇이오? 지금이 만약 시월이거나 초봄이었다면 나는 벌써 거기에 대비했을 것이오."

자리에 있던 사람들은 하나 같이 조조의 묘수에 탄복했다.

◈ 심리학으로 들여다보기

걱정거리와 술은 사실 천적 관계다. 상실과 불안, 두려움과 실패를 술로 달래고 위안 삼는 사람이 있다. 그들은 술독에 빠져 '지금 내가 얼마나 괴로운지 알아?'라고 항변한다. 분명히 말하지만 술은 걱정거리를 잊게 하는 대신 자신의 세력을 키운다. 종국에는 당신을 집어삼킬 것이다.

경계하지 않은 믿는 도끼가 발등을 찍는다

조조가 일찌감치 바람의 방향을 생각해두었던 것과 달리, 주유는 싸움이 시작되고 큰 바람이 불어 조조군의 깃대가 꺾이는 것을 보고서야 깨달았다. 화공을 하면 불타는 것은 아군이라는 사실을.

오랫동안 생각하고 계산한 끝에 겨우 연환계에 성공했는데 정작 핵심을 놓치고 있었던 것이다. '하늘이 조조의 편인가'라고 탄식한 주유는 피를 토하며 쓰러져버렸다. 이때 제갈량이 나섰다.

"11월 20일부터 22일 사이에 동남풍이 불 것입니다."

계절상 동남풍이 불 수 없는 시기였다. 그러나 제갈량이 칠성단에 올라 제사를 지내자 갑자기 바람의 방향이 바뀌었다. 동풍이 부는 것을 본 주유는 즉시 행동을 개시하도록 했다. 황개는 조조에게 밀서를 써 불붙기 쉬운 것이 실은 배에 푸른 깃발을 꽂아 식량을 실린 것처럼 꾸며두었다.

한편 동남풍이 부는 것을 본 정욱이 급히 조조를 찾았다. 조조에게 훈계를 들은 이후로 줄곧 날씨를 주시한 것이다.

"오늘따라 이상하게 동남풍이 일고 있습니다. 승상께서는 방비를 하십시오."

조조는 이미 알고 있었다.

"동지는 양기가 한번 되살아나는 때가 아니오. 동남풍이 분들 무슨 대수란 말인가?"

자신의 권위와 자존심을 지키려는 의도였다. 이미 조조의 마음에는 경계심이 흔적도 없이 사라졌다는 사실을 보여주는 대목이다. 조조는 오히려 황개가 투항해오는 것을 보고는 외쳤다.

"황공복이 투항해오니 이는 하늘이 나를 돕는 것이로다!"

'맙소사, 지금이 어느 때라고 아직도 '하늘' 타령일까!'

이런 생각을 하며 천천히 다가오는 황개의 배를 유심히 보던 정욱이 급히 조조에게 말했다.

"저건 분명 속임수입니다. 가까이 오지 못하게 하십시오!"

"그건 또 무슨 말인가?"

"식량을 실은 배라면 무거워야 정상이거늘 저 배들은 가볍게 떠 있습니다. 동풍이 이렇듯 거세게 불고 있는데 적들의 계략에 빠진다면 어찌하시려고 그러십니까?"

그제야 정신을 차린 조조는 급히 대장 문빙을 불러 배들을 막도록 했다. 덕분에 정욱은 잃었던 체면을 되찾았지만 상황을 되돌리기에는 이미 늦어 있었다.

동풍이 불자 황개는 배에 불을 붙였다. 배들은 바람을 타고 조조군의 배로 다가와 부딪혔다. 바람을 만난 불은 무서운 기세로 타올랐다. 크고 작은 배들을 사슬로 연결해놓은 조조군은 불을 피할 수가 없었다. 순식간에 불이 번지면서 배 위는 아비규환이 되었다. 병사들은 이성을 잃고 날뛰었다. 타 죽은 자와 물에 빠져 죽은 자가 셀 수도 없을 지경이었다.

다 틀렸다고 판단한 조조는 100만 대군을 등지고 도망쳤다. 이렇게 적벽대전은 '적은 군사로 많은 적을 이긴' 전형적인 사례로 남았다.

가까운 모사와 장수들을 데리고 한참을 달린 조조는 의도宜都의 북쪽에 이르렀다. 큰불이 난 곳에서 멀리 떨어져 한숨을 돌리자 그는 수풀이 우거지고 지형이 험한 주위를 둘러보더니 갑자기 껄껄 웃기 시작했다. 이겼을 때는 거만하게 굴지만 져도 기죽지 않는 조조였다.

적벽대전에서 절대적인 우위에 있던 조조는 화공 한 번에 맥없이 무너지고 말았다. 다른 사람이었다면 '천명' 어쩌고 하던 말도 쏙 들어갔을 것이다. 그러나 조조는 달랐다. 특유의 대단한 심리면역력에 '천명'에 대한 믿음이 더해지면서 남다른 정신력을 갖추게 되었다. 그 어떤 어려움과 좌절에 부딪혀도 쉽게 굴복하지 않았다. 이번에는 하늘이 돕지 않았지만 조조는 하늘을 굳건히 믿었다. 최악의 상황에서 일부러 하는 행동은 결코 아니었다.

곁에 있던 이들은 아무리 조조라도 이런 상황에서 어떻게 웃을 수 있는지 의아했다. 패배도 그냥 패배가 아니라 조조 일생에 가장 큰 대패였다. 사람들이 이유를 묻자 조조가 대답했다.

"주유와 제갈량의 지모 없음을 비웃은 것이오. 나라면 여기에 군사들을 매복시켰을 것이오. 그럼 내가 꼼짝없이 잡혔을 게 아니오."

그러나 조조의 평가와 달리 제갈량은 진작부터 조운을 매복시켜 놓은 상태였다. 조조의 웃음소리가 잦아들기 무섭게 조운이 뛰어나왔다. 서황과 장합이 목숨을 걸고 조운을 막아선 덕분에 조조는 간신히 도망칠 수 있었다.

겨우 빠져나와 보니 푸르스름하게 동이 터오는 가운데 주위는 안개가 자욱했다. 얼마 지나지 않아 소나기가 쏟아져 조조 일행은 온몸이 흠뻑 젖어버렸다. 조조가 물었다.

"여기가 어디인가?"

"이릉夷陵 호로곡葫蘆谷입니다."

조조는 자리를 잡은 후 밥을 짓고 말을 잡아 허기를 채우도록 했다. 말고기를 배부르게 먹고 힘을 되찾자 조조는 다시 크게 웃었다.

"제갈량과 주유 말이오. 그들의 재주라는 것도 별 것 아니지 뭐요. 호로곡 입구에 군사를 매복시키고 기다렸다면 적들이 어디로 빠져나간단 말이오. 하하하!"

웃음소리가 잦아들자 이번에는 장비가 나타나 고함을 쳤다. 너무 놀라 간담이 서늘해진 조조는 급히 말을 달려 달아났다. 허저가 안장도 얹지 않은 말에 올라 장비를 상대했다. 장료와 서황도 말을 타고 가세하면서 죽기 살기로 장비군을 막아냈다. 잇따른 매복에도 무사히 빠져나오자 조조의 자신감은 다시 회복되었다. 그래도 하늘은 내 편이라는 식이었다.

'조운과 장비 같은 대단한 장수들이 매복하고 있었는데도 무사하니 이것이 하늘의 뜻이 아니고 뭐란 말인가.'

화용도華容道에 도착한 조조는 지난번의 두 곳보다 더 위험한 지형을 보고는 다시 크게 웃어젖혔다. 그러나 이곳에는 관우가 기다리고 있었다.

지난날 조조가 관우에게 베풀었던 은혜를 생각하면 길을 열어주는 것이 인지상정이었다. 그러나 관우는 이미 제갈량의 도발에 넘어가 군령장까지 쓰고 온 터였다. 만약 조조를 보내준다면 자신의 목을 내놓기로 약속한 것이다.

관우를 본 조조는 몇 남지 않은 자신의 부하들을 둘러보았다. 이번만큼은 빠져나갈 수 없을 것 같았다. 조조는 관우가 유비를 위해서라면 무엇이든 하는 사람이라는 것을 잘 알고 있었다. 수년간 유비를 못살게 군 자신을 절대로 그냥 보내줄 리 없었다.

조조도 사내인지라 죽을 때 죽더라도 맞서고자 했다. 하지만 그의 수하들은 이미 투지를 잃은 지 오래였다. 그들은 핑계를 댔다.

"저희는 싸우고 싶으나 말이 너무 지쳤습니다."

이대로는 죽을 수밖에 없다고 판단한 정욱이 조조에게 말했다.

"관우는 자기보다 강한 사람에게는 오만해도 약한 자에게는 관용을 베푸는 사람입니다. 승상께서 지난날 그에게 은혜를 베푸셨으니 직접 가셔서 말씀하신다면 빠져나갈 수 있을 것입니다."

이 말은 '저희에게 관우는 충의가 대단한 사람이니 본받으라고 하지 않으셨습니까? 이제 직접 나가서 해결하시지요'라는 뜻이었다. 조조는 고개를 돌려 자신의 군사들을 보았다. 하나같이 지치고 헝클어진 모습인지라 한숨이 절로 나왔다. 그는 말을 몰고 나가며 관우를 향해 몸을 살짝 숙였다.

"장군께서는 별고 없으셨소?"

여기서 조조가 취한 행동이 미묘하다. 일반적으로 인간관계에서는 높은 자리에 앉은 사람이 유리하기 때문이다. 조조가 몸을 숙인 것은 자신을 낮추는 것과 같았다.

약한 것이 강한 것을 이긴다고 했던가. 관우는 지난날 조조가 선물한 적토마를 타고 있었다. 말이나 주인이나 조조보다 키와 덩치가 컸다. 관우는 자신이 유리하다는 것은 분명 느꼈을 테지만 조조의 저자세는 상당한 심적 부담을 주었다. 그는 조조가 부탁하기 전에 앞질러 입을 열었다.

"군사의 명령을 받고 이곳에서 승상을 기다린 지 오래요."

군사니 명령이니 하는 것은 한마디로 '나는 위에서 시키는 대로 일을 할 뿐이오'라고 하는 것과 같다. 만약 관우의 자존심이 조금만 더 약했다면 '군령장'이라는 단어까지 덧붙였을 것이다.

관우가 좀 더 강하게 거절의 뜻을 밝혔다면 조조도 말을 꺼내기 어려웠을 것이다. 그러나 모호한 말은 오히려 자신을 옭아맨다.

"지금의 나는 싸움에서 패하고 심히 위태로운 지경이오. 장군께서는 부디 지난날 하셨던 말씀을 중히 여겨주시오."

관우는 조조에게 은혜를 갚겠노라 약속한 적이 있다. 그러나 이런 식의 약속은 보통 자기 목숨을 내놓으면서까지 지키지는 않는다. 만약 지금 관우가 고개를 끄덕이면 목이 달아나게 된다. 아무리 신의를 중요하게 생각하는 관우라도 이 순간만큼은 뜻대로 할 수가 없었다.

"저는 이미 안량과 문추를 베어 승상의 은혜를 갚았습니다."

조조는 기가 막혔지만 조용히 참았다. 관우를 자극하는 순간 자신은 죽은 목숨이나 마찬가지다.

“내가 유비를 찾아 떠나는 그대를 위해 옷을 지어 보냈던 것을 잊으셨소? 다섯 관을 지나며 여섯 장수를 죽인 것은? 운장, 그대는 《춘추》를 깊이 아시면서 어찌 유공지사와 자탁유자의 이야기를 모르신단 말이오?”

조조가 떠나는 관우에게 금과 옷을 보냈을 때, 관우는 금은 돌려보내고 옷은 받았다. 또 조조의 통관문서가 없어서 여섯 명의 장수를 죽였다. 하지만 조조는 죄를 묻지 않고 오히려 장료를 시켜 통관문서를 보내주었다. 그러니 안량과 문추를 죽인 것만으로는 신세를 다 갚았다고 할 수 없었다. 유공지사와 자탁유자의 이야기는 지금 조조와 관우의 상황과 매우 흡사했다.

춘추시대, 정나라의 자탁유자가 위나라와의 싸움에서 패해 도망가고 있었다. 위나라도 사람을 보내 그를 쫓게 했다. 자탁유자는 추격해오는 사람이 유공지사라는 사실을 알자 마음을 놓았다. 유공지사는 활쏘는 법을 가르친 제자였기 때문이다. 과연 유공지사는 자탁유자를 따라잡자 이렇게 말했다.

“당신에게 배운 기술로 당신을 해칠 수 없습니다. 그러나 오늘은 임금의 뜻에 따라온 것이니 명을 어길 수도 없습니다.”

그러고는 활촉을 빼버린 화살을 쏜 다음 돌아갔다.

관우는 말을 잇지 못했다. 이렇게 해서 조조 일행은 관우의 칼을 피해 구사일생으로 살아날 수 있었다. 물론 관우는 제갈량의 군법에 따라 처벌을 받아야 했다.

관우가 떠나고 놀란 가슴이 채 가라앉기도 전, 조조의 눈앞에 한 떼의 군사들이 나타났다. 조조는 한숨처럼 내뱉었다.

"나는 이제 죽었구나."

그러나 그 군인들은 조조의 동생 조인이 데려온 지원군이었다. 조인을 만난 조조는 갑자기 큰 소리로 울기 시작했다. 눈물을 쏟아내며 우는 모습이 슬프고 한스럽기 그지없었다. 저승 문턱까지 갔을 때도 울지 않던 조조가 웃어야 할 지금에서야 울음을 터뜨리니 주위 사람들은 이해할 수가 없었다.

"봉효! 봉효! 그대가 있었다면 내가 이토록 크게 패하도록 두지 않았을 것이오!"

조조의 울부짖음에 수하들은 고개를 숙이고 말았다.

역사는 바꿀 수 없지만, 만약 곽가가 살아있었다면 조조는 잘못 판단하지 않을 수 있었을까? 답은 분명 '아니오'이다. 성공은 종국에는 성공한 자를 실패로 이끌기 때문이다. 조조라고 예외는 아니었다. 시원한 울음 덕분에 그는 실패의 짐을 벗고 다시 일어설 기운을 얻었다. 그는 천명이 아직 자신을 버리지 않았다고 믿고 있었다.

'나는 기필코 다시 돌아올 것이다!'

◈ 심리학으로 들여다보기

사람은 불안감이 들면 의지할 사람이나 장소, 대상을 찾는다. 미신도 그것의 일종이다. 운명을 점치며 미래를 내다보는 운세나 액을 물리친다는 부적 등의 힘을 빌리려는 것이다. 그러나 이것이 해결책이 될 수 없다. 지금 직면한 문제를 풀기 위해 행동하지 않으면 점괘는 달라진다.

편을 나누면
보이지 않는 경쟁심도 불탄다

적벽대전에서 대패한 후, 조조는 한풀이할 기회만 엿보았으나 그것도 잠시였다. 여전히 잘 먹고 잘 마시며 잘 놀았다. 좌절해도 금방 극복되는 성격 덕분이었다.

건안 15년 봄, 적벽대전이 일어난 지도 벌써 1년이 지났고 동작대도 완성되었다. 조조는 문무 대신들을 불러 화려한 연회를 열었다. 흥을 돋우기 위해 조조는 무장들에게 활쏘기 시합을 하도록 했다. 서천에서 나는 붉은 비단 전포 한 벌을 버드나무 가지에 걸고 백 걸음 떨어진 곳에 금을 그었다. 무장들은 둘로 나뉘어 조씨 문중(조씨와 하후씨)은 붉은 옷을, 다른 성을 가진 장수들은 녹색 옷을 입힌 다음 활을 가지고 말에 올라 시합을 준비했다.

"과녁 한가운데 붉은 동그라미를 맞추는 자에게는 상으로 붉은 전포를 내리겠다. 맞추지 못하는 자에게는 벌로 물 한 잔을 내리겠다."

붉은 옷을 입은 무리 중에서 조조의 조카인 조휴曹休 나섰다. 조휴는 나는 듯이 말을 몰아 미리 그어둔 금 쪽을 세 번 왔다 갔다 하더니 활을 쏘아 보기 좋게 붉은 동그라미를 맞췄다. 징이 울리며 사람들이 환호했다. 그 광경을 지켜보던 조조는 크게 기뻐했다.

"우리 집안의 천리마 같은 아이로구먼!"

조조가 조휴에게 비단 전포를 내리려 할 때, 녹색 옷을 입은 편에서 문빙이 고함치며 달려 나왔다.

"승상께서는 비단 전포를 저희 족외 장수들이 먼저 얻을 수 있도록 기회를 주셔야 합니다. 조씨 문중의 장수가 먼저 활을 쏘게 하는 것은 불공평합니다."

문빙은 활을 재고 말을 달리더니 역시 붉은 동그라미에 화살을 쏘아 박았다. 또 한 번 징이 울리고 환호성이 터졌다.

"어서 그 비단 전포를 내게 가져오너라!"

문빙의 말에 붉은 옷을 입은 편에서 장수 하나가 외쳤다.

"어찌 어린 장수가 먼저 맞춰 얻은 상을 가로채려 하는가? 내가 자네 두 사람의 다툼을 풀어주지."

말이 끝나자 화살이 유성처럼 날아 정중앙에 박혔다. 모두 박수치며 그 장수를 보니 다름 아닌 조홍이었다. 조홍이 비단 전포를 가져가려 하자 녹색 옷을 입은 편에 있던 장합이 달려 나와 등 뒤로 화살을 쏘자 붉은 동그라미에 명중했다.

"그 전포는 내가 가져가겠소!"

이번에는 붉은 옷을 입은 하후연이 말을 달려 나오더니 몸을 완전히 반대로 틀어 화살 한 대를 날렸다. 역시나 명중이었다.

"이만하면 내가 전포를 차지해도 되겠소?"

그의 활 솜씨에 사람들은 환호했다. 그때 녹색 옷을 입은 무리에서 또 다른 장수 하나가 달려 나왔다.

"그 전포는 내 것이오!"

그는 서황이었다.

"붉은 동그라미를 맞추는 것이 뭐가 그리 대단하단 말인가? 내가 어떻게 저 전포를 얻는지 보시게!"

그가 활을 겨누어 쏘자 전포를 걸어둔 버드나무 가지가 부러지면서 비단 전포가 땅에 떨어졌다. 서황은 발을 달려 전포를 주워들고는 얼른 몸에 걸쳤다. 그리고는 조조를 향해 소리쳤다.

"승상, 전포를 내려주셔서 고맙습니다!"

서황의 활 솜씨에 모두가 놀랄 때 녹색 옷을 입은 무리에서 허저가 달려와 전포를 빼앗으려 했다. 말 탄 두 장수는 잠시 엎치락뒤치락하다 서황이 활로 허저를 쳤다. 그러나 허저가 활을 잡아당기는 바람에 안장에서 미끄러진 서황이 활을 집어 던지고 말에서 내렸다. 허저도 말에서 내려 두 사람은 한 덩어리가 되어 싸우기 시작했다. 비단 전포는 한순간에 찢어지고 말았다.

"두 사람은 당장 그만두어라!"

조조가 두 장수를 말려 대 위로 불렀지만 서황과 허저는 씩씩대고 이를 갈며 분을 삭이지 못했다.

단결이 잘 되기로 유명한 조조의 장수들이 왜 비단 전포를 두고 싸움을 벌였을까? 조조의 집안 출신인 붉은 옷 팀과 성이 다른 녹색 옷

팀이 서로 견제한 것도 그렇지만 같은 편인 서황과 허저가 조조의 앞에서 몸싸움까지 벌인 이유는 무엇일까?

1960년대, 미국 심리학자 무자퍼 세리프는 서로 다른 집단이 충돌하는 현상을 연구하기 위해 소년들을 대상으로 여름 캠프 진행했다. 그 결과, 소년들이 상대편에 매우 쉽게 적의를 품는다는 사실을 알아냈다. 소년들을 두 숙소로 나누어 넣기만 해도 '우리'와 '저들'을 구분하는 심리가 발생했다. 두 숙소에 '독수리'와 '방울뱀'이라는 이름을 붙여주자 서로 간의 경쟁심리는 더 극대화되었다.

보물찾기, 줄다리기, 운동시합처럼 경쟁적인 활동을 할 때는 두 집단 간의 마찰이 더욱 두드러졌다. 소년들은 상대방을 '사기꾼', '고자질쟁이', '속 좁은 녀석'이라고 욕을 하거나 다투기도 했다. 나중에는 서로의 숙소에 쳐들어가 상대방의 깃발을 훔치거나 태우고 상대편을 위협하는 글을 붙여두기까지 했다.

동작대의 건축을 축하하기 위한 의미로 시작된 연회였지만 비단 전포 쟁탈전은 분명 경쟁하는 시합이었다. 장수들을 조조의 일가붙이와 그렇지 않은 무리로 나누어 다른 옷을 입힌 것은 세리프가 여름 캠프 숙소에 다른 이름을 붙인 것과 마찬가지였다. 두 집단 구성원에게 귀속감을 불어넣었고, 이것이 서로 간 경쟁심리를 부채질한 것이다.

그러나 이 시합은 실질적으로 팀 대항이 아니라 비단 전포가 걸린 개인전이었다. 따라서 시간이 지나자 같은 집단 안에서도 내분이 발생했다. 서황과 허저는 같은 녹색 옷을 입고 있었지만 하나뿐인 전포를 놓고 주먹질까지 하게 된 것이다.

조조도 예상치 못했던 사태였다. 비단 전포로 이렇게 큰 소동이 일

줄은 몰랐다. 시합을 주동한 사람으로서 이 상황을 잘 마무리할 책임이 있었다.

"그대들의 활 솜씨를 보고 싶었을 뿐 까짓 전포가 아깝겠는가!"

조조는 껄껄 웃으며 과녁을 맞힌 장수들에게 값진 비단을 한 필씩 내렸다. 전포가 갖고 싶으면 각자 지어 입으라는 뜻이었다. 두루뭉술한 처사 같지만 소란을 잠재우는 좋은 방법이었다. 이런 식으로 무마하지 않았다면 비단 전포 싸움은 집단의 단결에 악영향을 끼쳤을 것이다.

한차례 소동이 지나자 장내는 다시 화기애애해졌다. 무사들의 겨루기를 보고 나자 이번에는 문신들의 솜씨를 보고 싶어졌다.

"그대들처럼 학식이 높은 문사들이 오늘 이 높은 동작대에 올랐으니 각자 아름다운 문장을 지어 이 순간을 오래도록 남겨 보시구려."

문사들이 지어 올린 시들을 즐기려는 찰나 알림이 전해졌다.

"동오에서 화흠華歆을 보내 유비를 형주목으로 삼아달라는 표문을 올려왔습니다. 손권은 여동생을 유비에게 시집보냈고 한상의 아홉 개 군도 유비의 손에 들어갔다고 합니다."

조조는 손에 쥐고 있던 붓을 떨어뜨렸다. 놀란 나머지 동작대의 아름다움다움을 노래하려던 마음도 싹 사라졌다. 오늘날 조식의 '동작대부銅雀臺賦'만이 전해지는 이유이다.

조조가 당황한 모습을 처음 보는 정욱이 물었다.

"승상께서는 수많은 적군 틈에서 돌과 화살이 쏟아질 때도 놀라지 않으셨습니다. 그런데 유비가 형주를 얻었다는 말에 이렇게까지 놀라시는 이유가 무엇입니까?"

유비에 대한 조조의 인식은 여러 단계를 거치며 변화했다. 유비가 서주를 차지하지 않고 한섬과 양봉을 죽였을 때, 결코 함부로 대할 수 없는 영웅임을 알았다. 그러다 유비가 절묘한 순간에 허도를 떠나 공개적으로 자신에게 맞서기 시작하고, 서서와 제갈량을 얻은 뒤로 싸움에서 여러 번 이기자 조조는 유비를 다시 보게 되었다. 황숙이라는 명분을 등에 업고 조조를 견제하라는 천자의 밀서까지 쥐고 있는 유비야말로 가장 위험한 적이었다.

"유비는 사람 속에 섞인 용 같은 자였소. 전에는 알맞은 물이 없었지만 이제 형주를 얻었으니 고단한 용이 큰 바다로 들어간 꼴인데 어찌 놀라지 않을 수가 있겠소?"

정욱은 고개를 끄덕였다.

손권이 유비와 손을 잡고 관직을 얻어주려 하는 것은 이해할 수 있었다. 동시에 조조에게 적벽대전을 잊지 말라는 신호를 보내는 것이기도 했다. 다시 우리를 공격한다면 힘을 합쳐 본때를 보여주겠다는 뜻이었다. 고민하던 조조가 정욱에게 방법을 물었다.

"손권과 유비가 손을 잡았다 해도 빈틈없이 끈끈하게 뭉친 것은 아닙니다. 그 둘을 서로 싸우게 만들면 우리 쪽에 유리하게 될 것입니다."

조조는 과거 동탁을 제거하기 위해 열여덟 제후가 모였을 때를 떠올리고 고개를 끄덕였다. 실제로 연맹이란 깨지기 쉬운 것이었다.

"승상께서는 화흠에게 높은 벼슬을 주어 조정에 잡아두시고 주유를 남군태수로, 정보를 강하태수로 삼으십시오. 이 두 곳 모두 유비의 손에 있으니 동오는 그 땅을 빼앗으려 할 것입니다. 주유와 정보가 태수에 봉해지면 욕심이 더 커지겠지요. 그러면 손권과 유비의 사이가 갈라질 것이니, 둘을 싸우게 하여 적벽의 한을 풀 기회를 얻을 수 있습니다."

조조는 정욱의 말대로 했다.

손권의 스파이로 왔다가 높은 벼슬을 얻게 된 화흠은 즉시 마음을 바꿔 조조를 위해 일하기 시작했다. 그는 나중에 조씨가 나라를 세우는 데 큰 공을 세우게 된다.

동일한 목적을 제시하면 집단 사이의 경쟁을 손쉽게 불러일으킬 수 있다. 적벽대전에서 유비와 제갈량의 공적을 줄곧 못마땅해하던 주유는 조정의 벼슬을 받은 뒤 자신의 땅을 되찾을 궁리를 했다. 제갈량은 그런 주유를 계략에 빠뜨려 화병으로 죽게 만들었다. 유비는 덕분에 든든한 본거지를 얻었지만 동시에 손권을 적으로 돌리게 되었다.

◈ 심리학으로 들여다보기

갈은 목표는 단결보다 경쟁을 일으키기 쉽다. 겉으로는 힘을 도모하지만 속으로는 자신의 이익을 추구한다. 목표 지점이 눈앞에 있다면 그 경쟁심은 노골화된다. 자신에게 불리할수록 집착한다. 굳이 심리학을 운운하지 않아도 인간이라면 당연한 이치이다.

8부

조조 판단의 기준

인생의 기로마다 결정이나 판단을 내려야 한다.
단 한 번의 판단 착오가 삶의 방향을 바꾸고 길을 잃게 만든다.
조급함을 버리고 객관적이고 냉정한 판단이 답이다.
이를 위해 정신적 신체적으로 건강해야 한다.

비밀이
불행의 씨앗이 될 수 있다

형주를 얻은 유비는 제갈량과 방통의 도움으로 세력을 크게 확장했다. 초조해진 조조가 모사들에게 물었다. 순유가 먼저 나섰다.

"마음 놓고 남쪽으로 내려가려면 먼저 서량의 마등을 불러들여야 합니다."

조조는 기억조차 희미한 마등의 이름을 다시 떠올렸다. 천자의 혈서 사건 당시 유비와 함께 블랙리스트에 올랐던 마등은 조조의 속셈을 빤히 알고 있어 불러도 올 것 같지 않았다. 미심쩍었지만 어쨌든 시도는 해봐야 했다.

마등이 오지 않는다면 대놓고 반대파에 서기로 마음을 먹었다는 뜻이다. 만약 온다면 예전과 달리 마음을 바꾸었다는 의미다. 물론 조조를 싫어하면서도 겉으로는 지지하는 척할 수도 있다. 그렇다면 허도로 불러들여 마음을 떠본 다음 적당한 때에 제거하면 되었다.

과연 마등은 허도에 올까? 혈서사건 이후 많은 사람이 조조의 칼에 목숨을 잃었다. 국구인 동승도 예외는 아니었다. 그런데도 마등은 제 발로 호랑이굴에 들어올 것인가?

조서를 받은 마등은 아들인 마휴와 마철, 조카 마대를 비롯한 가솔들을 모두 이끌고 허도에 도착했다. 마등은 어째서 이런 결정을 내렸을까?

이 또한 '천명' 때문이다. 마치 하늘이 돕는 양 거칠 것이 없는 조조의 행적이 설득력을 갖게 된 것이다. 마등과 뜻을 모았던 동료들은 가장 먼저 빠져나간 유비를 제외하고는 모조리 조조의 칼에 목숨을 잃었다. 동탁이 있을 때는 왕윤이 나서서 그를 견제했지만, 지금의 조정에는 조조에 맞설 사람이 아무도 없었다. 이것이 마등의 끓던 피를 잠재우고 '천명'의 순리에 따르도록 만들었다.

마등은 천명이 조조에게 있다면 서량도 그의 그늘에서 벗어날 수 없다고 생각했다. 거기다 이렇게 황제의 조서까지 온 마당에 조조와 타협하지 않을 수 없었다. 그렇다고 마등을 비난할 수는 없다. 자신의 능력 밖의 일을 지속적으로 겪으면 누구나 포기와 타협, 자기기만을 하게 된다.

마등에게는 또 다른 걱정거리가 있었다.

'과연 조조가 나를 믿을 것인가?'

조조가 믿지 않는다면 마등은 매우 위험해질 수 있었다. 목숨을 부지하려면 지난날의 마등이 아님을 보여줘야 했다. 그래서 마등은 군사 대신 가족들을 이끌고 허도로 갔다. 힘없는 가족들이 마등의 보호막이 되어주리라 믿었다. 다른 마음을 먹은 사람은 결코 가족들을 데리고 호랑이굴에 들어가지 않는다. 채중과 채화가 동오에 거짓 항복을 했을 때 가족들은 두고 갔던 것과 같은 이치다.

그럼에도 신중한 마등은 만일의 경우를 대비해 언제라도 군대를 움직일 수 있도록 맏아들 마초馬超를 서량에 남겨두었다. 마초처럼 용맹한 장수가 버티고 있다면 조조도 자신을 함부로 어찌하지는 못할 것이라는 판단이었다.

온 가족을 이끌고 무기 하나 없이 허도에 온 마등을 보자 조조는 단번에 그의 뜻을 알아차렸다. 곧장 마등을 편장군에 봉하고 마휴는 봉군도위, 마철과 마대는 각각 기도위 벼슬을 내렸다. 그리고 출정을 명령했다.

"군사를 내줄 테니 유비를 잡아오시오."

한편 마등이 허도에 왔다는 소식에 헌제가 눈을 반짝였다. 죽어 있던 마음이 갑자기 물결치기 시작했다. 그는 언젠가 조조를 제거하고 자신의 권위를 되찾겠다는 생각을 한 번도 버린 적이 없었다. 출정을 앞둔 마등을 불렀다. 전쟁에 앞서 격려차 얼굴을 보자는 명분이었다. 마등이 오자 헌제는 그를 데리고 조용한 전각으로 갔다.

"경의 선조가 누구인지 알고 있는가?"

순간 마등은 헌제가 오랜 세월 스트레스로 정신이 약간 이상해진 것 아닌가 싶었다. 자신의 선조 복파장군伏波將軍 마원馬援을 모를 리가 없으니 말이다.

"제 선조 복파장군은 광무제를 도와 혁혁한 공을 세우셨으니 후손으로서 늘 자랑스럽사옵니다."

조조에게 들킬 위험이 있는 헌제는 말을 빙빙 돌릴 시간이 없었다.

"마등, 그대는 한실을 일으킨 선조를 본받아 간악한 도적을 죽일 수 있겠는가?"

마등은 즉시 헌제의 뜻을 알아차렸다. 그러나 이미 조조와 타협하기로 마음먹은 터라 모르는 척할 수밖에 없었다.

"어명을 받들어 즉시 도적 유비를 잡아 올리겠나이다."

"황실 종친인 유비가 어찌 도적이란 말인가. 반란을 일으키는 도적은 조조다. 놈은 반드시 짐의 황위를 빼앗아갈 것이야. 그 조서는 짐의 뜻으로 내린 것이 아니다. 경은 어찌 선조를 본받지 않고 도적과 손을 잡으려 하는가?"

그쯤 되자 마등은 모른 척할 수 없어 눈시울을 붉혔다.

"신 마등, 지난날 폐하께서 옥대에 감춰 내리신 조서를 받들어 국구와 함께 역적을 죽이려 했으나 실패하고 말았습니다. 신 또한 그럴 마음이 없는 것은 아니나 뜻을 이룰 힘이 없나이다."

"조조를 제거하지 못하면 짐은 하루가 1년 같을 것이다. 이제 조조가 경에게 군사를 주었으니 방법을 생각해보라."

대대로 한실에 충성해온 마등은 황제가 이렇게까지 말하자 온 가족의 목숨을 걸고 폐하의 뜻을 받들겠노라 말해버렸다. 마등 같은 '전과자'를 헌제와 단독으로 만나게 해놓고 별 신경 쓰지 않았던 조조도 문제였다. 사람을 쉽게 믿어버리는 조조의 고질병이 다시 도진 셈이다.

궁에서 나온 마등은 아들과 조카를 불러 의논했지만 뾰족한 수가 없었다. 한편 조조는 마등의 출전을 재촉하기 위해 문하시랑 황규를 행군참모로 보냈다. 마주 앉아 술잔을 기울이던 황규가 말을 꺼냈다.

"제 아비 황완은 이각과 곽사의 난 중에 돌아가셨습니다. 그 일이 한으로 맺혀 반드시 역적을 죽이리라 다짐했는데 오늘날 내가 역적을 돕고 있으니 기가 막힌 일입니다!"

깜짝 놀란 마등이 얼른 되물었다.

"그 역적이 누구란 말이오?"

황규는 화를 내며 대답했다.

"임금을 속이고 윗사람을 홀리는 역적은 바로 조조가 아닙니까!"

순간 마등은 조조가 사람을 보내어 자기 속을 떠보려는 것이라 생각했다.

"함부로 말씀하지 마시오!"

이에 황규는 술기운을 빌어 고함을 쳤다.

"복파장군의 후예인 그대가 역적을 도와 유황숙을 정벌하러 가다니, 천하 백성의 얼굴을 어찌 보려고 그러시오!"

감택이 채중과 채화에게 썼던 것과 같은 '노출 호혜의 효과'였다. 상대방의 속마음을 알고 싶다면 나의 속내부터 털어놓아야 한다. 황규가 위험을 무릅쓰고 감춰둔 진짜 생각을 꺼내놓았으니 마등의 마음이 어찌 움직이지 않을 수 있을까.

"정녕 그렇게 생각하신단 말이오?"

황규가 목숨을 걸고 맹세하자 비로소 마음을 놓은 마등은 며칠 전 황제와 나누었던 대화를 털어놓았다. 의기투합한 두 사람은 출전하기 직전, 조조가 군대를 점검하러 왔을 때 기회를 틈타 죽이기로 작전을 세웠다.

엄청난 일을 벌인 황규는 집으로 돌아와서도 좀처럼 마음을 가라앉

힐 수 없었다. 뭔가 숨기는 것이 있다고 생각한 부인이 까닭을 물었지만 황규는 입을 굳게 다물었다. 그런데 그의 젊은 첩 이춘향이 그 모습을 황규의 처남 묘택에게 알렸다. 이춘향과 묘택은 남몰래 사통하고 있었던 것이다.

눈치가 빠른 묘택은 평소 매부 황규의 정치적 입장을 잘 알고 있었다. 밤낮으로 춘향을 얻을 궁리만 하고 있던 그에게는 좋은 기회였다. 묘택은 춘향에게 은근히 황규의 속마음을 떠보도록 했다. 이것도 역시 '노출 호혜의 효과'를 이용한 수법이었다.

황규를 맞이한 춘향이 물었다.

"유황숙은 인덕이 넘치는 사람이고 조조는 간웅이라는 말을 들었습니다. 그 말이 옳습니까?"

그 말을 듣자 황규는 기분이 좋아졌다. 제집의 젊은 첩도 세상 돌아가는 이치를 파악하고 있으니 말이다. 같은 마음을 품은 동지라는 생각이 들자 황규도 입을 열었다.

"일개 아녀자인 너도 도리를 아는데 나 같은 대장부는 오죽하겠느냐? 내 며칠 후 조조를 죽일 계획을 세워놓았으니 기다려 보거라."

첩 앞에서 남자다움을 뽐내려는 황규의 의도가 엿보인다. 세상이 다 아는 권력자 조조를 죽인다면 대단한 영웅이 되기 때문이었다.

춘향은 묘택에게 자신이 들은 것을 알려주었다. 묘택은 곧장 조조를 찾아가 매형을 밀고했다. 조조는 즉시 마등과 황규는 물론 그 가솔들까지 모조리 잡아들였다. 이 일이 새어나가리라고는 꿈에도 생각지 않았던 마등은 끝까지 잡아뗐다. 그러나 조조가 묘택을 불러 대질하자 황규는 할 말을 잃고 말았다. 그제야 상황을 알게 된 마등이 분노하며 고함을 쳤다.

"이 서생 놈이 대사를 그르쳤구나! 역적을 없애려던 것이 두 번이나 발각되다니, 하늘이 한나라를 망하게 할 심산인 모양이로다!"

마등은 길평과 마찬가지로 '하늘의 뜻' 때문에 뜻을 이루지 못했다고 생각했다. 어쩌면 하늘은 정말로 조조의 편인지도 몰랐다. 동승의 집 노비 진경동이나 황규의 처남 묘택이 밀고하지 않았더라면 조조는 이미 저세상 사람이 아닌가.

조조는 마등과 황규의 일가족 300여 명을 모조리 죽이고 가산을 몰수했다. 묘택은 자신의 공을 내세우며 조조에게 요구했다.

"저는 아무런 상도 바라지 않습니다. 그저 춘향을 아내로 삼을 수 있도록 해주십시오."

묘택의 밀고로 목숨을 구한 조조로서는 큰 상을 내려도 모자랄 판이었다. 그러나 뜻밖에도 조조는 차갑게 대꾸했다.

"너는 겨우 계집 하나 때문에 매형의 집안을 망쳐놓았구나. 의롭지 못한 놈을 살려둔들 무엇에 쓰겠느냐?"

그러고는 묘택의 목을 베라고 고함을 쳤다.

당시 위정자들은 '의'를 매우 중요하게 여겼다. 자기 자신은 의롭지 못해도 아랫사람이 자신에게 '불의'한 것은 그냥 넘기지 않았다. 만약 모두가 '불의'를 행동기준으로 삼는다면 위정자의 지위가 불안해진다. '불의'한 신하의 '의'를 옹호한다면 이 질서가 무너진다. 이에 조조는 선택의 여지가 없었다.

조조가 마등의 일가를 몰살했을 때, 마등의 조카 마대는 간신히 빠져나가 서량으로 도망쳤다. 마대에게 사실을 전해 들은 마초는 통곡하며 서량의 군대 20만을 이끌고 가족의 복수를 하려 했다. 이를 알게 된 조조가 서량태수 한수에게 사람을 보냈다. 마초를 잡아 허도로 압송하면 서량후에 봉하겠다는 것이었다.

◈ 심리학으로 들여다보기

때로 진실은 거짓말보다 위험하다. 분명 진실은 옳다. 그리고 바르다. 그 가치 또한 크다. 그러나 상황에 따라 감춰져야 할 필요가 있다. 진실만이 정의를 실현한다고 할 수 없다. 그렇다고 거짓으로 일관하라는 말은 아니니 오해하지 마라.

권위자의 실수는 연대를 부른다

한수는 의와 대의명분을 매우 중시하는 사람이었다. 장점이라고 할 만한 성격이었지만 남에게 이용당하면 자신을 위험에 빠뜨릴 수도 있었다. 조조의 편지를 받은 한수는 이미 자신이 어떻게 해야 할지 알고 있었다. 마등과 의형제 사이였던 그가 편지를 들고 마초를 찾아가자, 마초는 바닥에 무릎을 꿇으며 말했다.

"부디 저희 형제를 붙잡아 숙부님의 수고를 덜도록 하십시오."

한수는 황급히 마초를 일으켜 세웠다.

"나는 네 아버지와 형제인데 어찌 너를 해칠 수 있겠느냐? 그럴 마음이었다면 편지를 들고 너를 찾지도 않았을 것이다. 네가 군사를 내겠다면 나도 너를 돕겠다."

한수의 약점은 자신감이 부족하다는 것이었다. 굳이 조조의 편지를 앞세워 마초의 신임을 얻으려 했기 때문이다. 어쨌거나 마초는 크게 고마워하며 한수와 함께 군사를 일으켰다. 용맹하기로 이름난 서량군은 불타는 복수심을 앞세워 장안을 단숨에 함락시켰다. 동관潼關까지 밀려난 조조군은 급히 조조에게 전갈을 띄웠다. 조홍을 보냈지만 동관마저 마초의 손에 넘어가자 결국 조조가 직접 대군을 이끌고 출전했다. 복수심에 눈이 먼 마초는 조조를 보자마자 곧장 창을 휘두르며 공격해왔다. 조조의 장수들도 무예가 뛰어난 마초를 상대하지 못했다.

상황이 여의치 않자 조조는 말머리를 돌려 도망쳤다. 적군과 아군이 뒤섞여 혼란한 와중에 서량병사가 큰소리로 외쳤다.

"붉은 옷을 입은 자가 조조다!"

그것을 들은 조조는 감히 뒤돌아볼 엄두도 내지 못한 채 얼른 겉옷을 벗어던졌다.

"수염을 길게 기른 자가 조조다!"

깜짝 놀란 조조는 순식간에 검을 뽑아 긴 수염을 싹둑 잘라버렸다. 그의 행동을 지켜보던 서량병사가 다시 외쳤다.

"수염이 짧게 잘린 자가 조조다!"

간담이 서늘해진 조조는 얼른 천 조각을 찢어 수염을 가리고 도망쳤다. 그렇게 한참 동안 말을 달려 싸움터에서 멀어졌지만, 흰옷을 입고 눈을 부릅뜬 젊은 장수가 바짝 추격해오고 있었다. 마초였다. 조조는 깜짝 놀라 혼이 달아날 지경이 되어 말채찍까지 바닥에 떨어뜨렸다. 맹렬하게 달려오는 마초는 금방이라도 조조를 따라잡아 한 창에 꿰뚫어 죽일 기세였다. 그때 마침 조조의 눈에 나무 한 그루가 들어왔다. 급한 대로 나무를 끼고 도망쳤는데 마초가 힘껏 던진 창이 나무에 박혔다. 조조가 피하지 않았다면 그대로 목숨을 잃을 뻔했다. 구사일생으로 목숨을 건진 조조는 계속해서 도망쳤고, 마초는 마초대로 나무에 꽂힌 창을 뽑아 들고 맹렬하게 추격했다. 마침 도착한 하후연이 마초를 막아섰다. 적군에 둘러싸일 위험에 놓인 마초는 말을 돌릴 수밖에 없었다.

저승 문 앞에서 가까스로 살아온 조조는 꼴이 말이 아니었다. 반면 천하에 이름을 떨치고 '백포장군白袍將軍'이라는 이름까지 얻은 마초는 조조군에게 공포의 대상이 되었다. 조조의 군사들은 흰옷을 입은 장수만 봐도 혼비백산 도망치기 바빴다.

다음 날 마초가 다시 싸움을 걸었다. 조조는 응하지 않은 채 몰래 서황에게 군사를 딸려 강 건너 서쪽으로 보냈다. 마초의 군대를 양쪽에서 공격하려는 속셈이었다. 그러나 조조의 계략을 눈치챈 마초는 한수와 상의한 끝에 군대 일부를 보내 서황을 막도록 했다. 주력군은 조조군이 강을 건너올 때까지 기다렸다가 반쯤 건넜을 때 공격할 계획이었다.

시간이 흘러 조조가 군사들이 강을 건너는 모습을 지켜보고 있을 때였다. 백포장군이 아군의 장수를 죽이고 이쪽으로 오고 있다는 소식이 전해지자 깜짝 놀란 조조군이 황급히 배에 올라 도망치기 시작했다. 그러나 조조는 여전히 제자리에서 꼼짝도 하지 않은 채 상황을 지켜보고 있었다. 바로 며칠 전에 마초에게 쫓겨 목숨을 잃을 뻔한 일을 생각하면 조조도 보통 인물은 아니었다. 아군의 사기를 흩뜨리지 않으려는 생각에서였지만 덕분에 또 한 번 생명의 위협을 느끼며 우스운 꼴을 당하게 된다.

마초와 마대가 조조에게 접근하는 것을 본 허저는 이것저것 가리지 않고 조조를 끌어 배 위에 태웠다. 조조가 볼멘소리로 말했다.

"저따위 젊은 도적놈이 무엇이 두렵다고 그러는가?"

허저는 검을 휘둘러 배 위에 있던 사람들을 모두 쫓아낸 다음 직접 배를 저었다. 그것을 본 마초가 궁수대를 불러 활을 쏘았다. 허저는 말 안장을 방패 삼아 비처럼 날아드는 화살을 막으면서 나머지 한 손으로 노를 저었다. 조조는 납작 엎드려 허저의 발밑에 숨는 수밖에 없었다. 필사적으로 조조를 구하기 위해 발버둥 치는 허저의 모습은 마초마저 혀를 내두를 정도였다. 위급한 상황에 처하면 초능력이 발휘된다. 허저가 놀라운 활약으로 조조를 구해낸 것도 이 같은 이치였다.

조조가 이때처럼 위급하게 빠져나온 적도 없다. 간신히 강 건너에 도착하자 장수들이 조조를 맞으러 나왔다. 갑옷에 화살이 꽂혀 고슴도치 꼴이 된 허저와 달리 조조는 상처 하나 입지 않았다. 그것을 본 장수들은 땅에 엎드려 축하의 뜻을 표했다. 이것도 예외적인 장면이다. 과거 조조가 위기를 넘겼을 때는 축하의 말만 전했을 뿐 바닥에 엎드리지는 않았기 때문이다.

우스운 꼴이 되었는데도 조조의 권위가 강화된 까닭은 '실수효과 Pratfall Effect' 때문이다.

존 케네디 대통령이 재임 중이던 1961년, 피그만을 통해 쿠바에 들어가 카스트로 정권을 몰아내려던 작전이 실패로 돌아갔다. 황당한 실수로 인한 참패였다. 그런데 놀랍게도 갤럽 조사 결과 케네디의 지지율은 오히려 상승했다. 실수를 저지르자 사람들이 그를 더 좋아했다는 이야기다.

이 묘한 상황을 연구한 심리학자 아론슨은 '실수효과'라는 개념을 제시했다. 뛰어난 능력과 권위를 지닌 인물이 단점이나 잘못을 노출하면 매력이 오히려 증가하는 현상이다. 여기에는 중요한 전제가 있다. 실수효과가 적용되려면 해당 인물이 우선 '슈퍼 능력자'의 이미지를 갖고 있어야 한다. 평범한 사람이 실수하면 이미지는 바닥으로 추락한다. 이처럼 사람들이 권위 있는 인물에게만 관대한 이유는 완벽한 줄 알았던 사람의 실수를 목격하면 친근감이 형성되기 때문이다. 이렇게 생겨난 친근감은 자연스럽게 해당 인물의 매력을 상승시키는 요인이 된다.

1961년, 케네디는 대단한 인기를 끌었다. 젊은 미남으로 똑똑하며 건장한 몸매까지 매력이 넘치던 그는 인간이 갖출 수 있는 모든 장점을 모아놓은 것 같았다. 베스트셀러 작가였고 뛰어난 정치인이자 전쟁 영웅이기도 했다. 화목한 명문가 출신으로 아름다운 여성과 결혼하여 똑똑한 두 아이까지 얻었다. 그래서 그의 정부는 '카멜롯Camelot(아서왕의 전설에 등장하는 왕국)'으로 불리기도 했다. 그러나 지나친 완벽함에 거리감을 느끼던 대중들은 그가 실수를 저지르자 오히려 친근감을 느끼며 좋아했다.

조조도 문무를 겸비한 장군이었다. 또한 유명한 시인이자 위대한 전략가였다. 동탁을 정벌하고 황건적을 토벌했으며 원소를 물리치고 유표를 항복시켜 북방을 통일했다. 군사이론서인 《맹덕신서孟德新書》를 쓰기도 했다. 여러 차례 전쟁을 치르며 위기에서 빠져나왔고 내부의 스파이를 잡아내기도 했다. 이처럼 다른 사람의 눈에 조조는 하늘의 각별한 보살핌을 받는 사람이자 영웅 중의 영웅이었다. 그래서 마초에게 쫓겨 옷을 벗어 던지고 수염까지 잘라가며 배에 납작 엎드려 목숨을 구했지만 오히려 이것이 강력한 '실수효과'를 발휘하게 된 것이다.

심리학자 케이Kay Deaux는 남성들 사이에서 실수효과가 훨씬 강력하게 작용한다는 것을 밝혀냈다. 절대다수의 남성은 능력이 뛰어난 남자가 실수했을 때 호감을 느꼈지만, 여성의 경우 상대가 남자든 여자든 잘못을 저지르지 않은 엘리트를 선호했다.

조조의 부하는 모두 남성이었다. 그러다 보니 우스운 꼴을 보였지만 조조를 향해 엎드려 예를 다한 것이다. 이에 조조는 껄껄 웃으며 말했다.

"하마터면 새파란 도적놈 때문에 곤란한 일을 겪을 번했소!"

이기면 거만하게 굴지만 져도 기죽지 않는 것이 조조였다. 그는 큰 실패를 겪을수록 더욱 호방해졌다. 이것이 부하들로부터 더욱 강한 '실수효과'를 불러왔다.

한편 마초는 한수에게 돌아갔다.

"거의 다 잡은 조조를 어느 용맹한 자가 구해냈습니다. 그가 누구인지 아십니까?"

조조군의 상황을 잘 알고 있는 한수가 대답했다.

"조조의 호위군에는 매우 용맹한 장수가 두 사람 있지. 그중 전위는 장수의 난 때 죽었으니 오늘 본 자는 허저일 것이다."

적이라도 영웅끼리는 통하는 법이었다. 마초는 허저에게 깊이 탄복했다. 한편 군사를 정비한 조조는 다시 마초와 싸웠지만 복수심을 불태우는 마초의 위용에 연달아 패배했다. 최대한 버티려 해도 무서운 기세로 공격하는 서량군에 상황이 여의치 않았다. 이때 순욱이 말했다.

"강의 모래를 퍼서 토성을 쌓고 지키면 나을 것입니다."

그러나 모래가 쉽게 뭉쳐지지 않아 성이 금방 무너져버렸다. 실로 방법이 없었다.

◈ **심리학으로 들여다보기**

때로는 작은 얼룩이 완벽한 장식보다 낫다. 권위자의 실수는 우리에게 동질감과 친근감을 준다. 완벽하지 않은 사람이라는 것이 증명되므로 훨씬 가까이 다가갈 수 있게 만든다. 그의 매력으로 작용하는 것이다. 온전한 흰색은 작은 티끌도 돋보이게 만든다. 그만큼 부담스럽다.

동맹은
언제 무너질지 모르는 성벽이다

9월 말이 되어 구름이 많이 끼고 날씨가 추워지자 양측은 잠시 싸움을 멈췄다. 조조가 토성 때문에 골머리를 앓고 있을 때 누자백婁子伯이라는 노인이 찾아왔다. 신선 같은 분위기를 풍기는 그는 종남산에 숨어 사는 사람이었다. 조조는 귀인이 찾아왔음을 직감했다. 누자백이 말했다.

"승상께서는 위하渭河에 앉아 영채를 세우려 한 지 오래인데 어찌 성을 지어 서량군에 맞서지 않으시오?"

조조가 한숨을 내쉬며 대꾸했다.

"땅이 모래흙이라 성을 지을 수가 없습니다. 좋은 방책이 없겠습니까?"

"귀신같은 용병술을 부리는 분이 어찌 천시는 모르시오?"

적벽대전에서도 천시를 알지 못해 큰 곤욕을 치렀던 조조가 아닌가. 이번을 계기로 한 수 배우고 싶었다.

"지금은 매일 같이 구름이 끼고 날이 차니 바람이 불면 얼어붙을 것이오. 밤을 틈타 흙에 물을 부으면 다음 날 성이 완성되어 있을 것이외다."

그 말을 들은 조조는 크게 기뻐했다. 조조는 누자백을 진영에 잡아두려 했지만 정작 본인은 그럴 뜻이 전혀 없었다. 자신이 사는 곳에서 오랫동안 전쟁이 지속되는 것이 싫어 조조에게 넌지시 방법을 알려줄 뿐이라고 했다.

그날 밤, 북쪽에서 거센 바람이 일었다. 병사들을 시켜 누자백의 말대로 하자 과연 다음날 견고한 성이 완성되었다. 조조가 흡족해하고 있을 때 서황은 이미 마초군의 뒤에서 협공을 할 준비를 마쳐놓은 상태였다. 그러나 마초와 한수 사이가 워낙 끈끈해 쉽게 싸울 수가 없었다. 그때 가후가 좋은 방법을 내놓았다.

"이간계를 써서 한수와 마초가 서로 믿지 못하게 한다면 쉽게 무너뜨릴 수 있을 것입니다."

그 말에 조조는 아픈 기억이 떠올랐다. 적벽대전에서 주유의 이간계에 빠져 채모와 장윤을 죽이고 결국 일을 망쳤기 때문이다. 그러나 동탁을 정벌할 때를 생각하면 동맹이란 사분오열되기 쉽다는 것을 잘 알고 있었다.

돌파구를 찾자 조조의 머리는 쉬지 않고 돌아갔다. 한수는 의리와 체면을 중시하는 사람이었다. 젊은 시절 한수를 가까이에서 봤던 조조는 그의 성격을 훤히 알고 있었다. 마초와 한수가 등지게 할 방법만 찾아낸다면 조조군에게도 얼마든지 승산이 있었다. 조조가 부하에게 물었다.

"내일은 누가 오는가?"

"한수가 옵니다."

조조는 껄껄 웃었다.

"이제야 일이 내 뜻대로 풀리려는 모양이구나"

다음 날 조조는 말에 올라 장수들을 거느리고 출전했다. 양측의 싸움이 오랫동안 이어졌지만 조조가 직접 출정하는 일은 드물었다. 따라서 한수가 이끄는 서량의 병사들은 가까이에서 조조를 본 일이 거의 없었다. 하지만 마초가 이끄는 군사들은 두 번이나 조조의 우스운 꼴을 목격했다. 조조를 본 적이 없는 병사들은 동료의 이야기를 듣고 상당한 호기심을 갖고 있었다. 성격이며 용병술로 유명세를 떨치던 조조가 나타나자 그를 보려는 한수의 군사들이 앞다퉈 달려 나왔다. 이때 문득 허세를 부리고 싶어진 조조는 위험을 무릅쓰고 앞으로 말을 몰며 큰소리로 외쳤다.

"조승상이 어떻게 생겼는지 궁금하더냐? 나는 괴물이 아니라 너희 같은 사람이다. 다만 지모가 조금 뛰어날 뿐이지!"

이를 들은 허저는 깜짝 놀랐다. 주공은 마초에게 쫓겨 죽다 살아난 일을 벌써 잊었단 말인가? 내가 자기를 구하려다 고슴도치가 되었던 일은 또 어쩌고?

그러나 조조의 거침없는 모습은 한수의 군사들을 압도했다. 만약 활을 잘 쏘는 병사가 있었다면 손쉽게 조조를 죽일 수 있었을 테지만 기세에 눌린 서량군은 함부로 나서지 못했다. 조조가 다시 입을 열었다.

“한수 장군께 말씀드려라. 내가 직접 만나 옛정을 풀어보고 싶다고.”

한수는 그 모습을 지켜보며 속으로 웃었다.

‘수십 년이 지났건만 조맹덕 저 양반, 성격은 하나도 안 변했구먼.’

한수는 겁쟁이로 보일까 봐 일부러 갑옷도 입지 않고 가벼운 차림으로 말에 올라 혼자 나갔다. 이윽고 두 말머리가 가까워지자 조조가 먼저 말했다.

“나는 장군의 부친을 아저씨뻘로 모셔왔고, 장군과는 함께 벼슬길에 올랐소. 그때는 우리 둘 다 청년이었는데 어느새 수십 년이 지나버렸구려. 장군께서는 올해 나이가 어떻게 되시오?”

조조가 독대를 청하기에 대단한 이야기라도 나눌 줄 알았던 한수는 순간 긴장이 풀렸다. 옛이야기를 나누는 이 편안한 시간이 그의 목숨을 위협한다는 사실은 꿈에도 알지 못했다.

“벌써 마흔이외다.”

예전 일들을 이야기하자 두 사람은 오랜 벗이라도 되는 양 분위기가 화기애애해졌다. 방금까지 서로 죽고 죽이며 싸우던 것은 잠시 잊고 청춘의 추억을 나누고 있었다. 그렇게 두 시간가량을 주거니 받거니 하던 두 사람은 아쉬워하며 각자의 진영으로 돌아갔다. 그 모습을 본 마초가 자초지종을 묻자 한수가 대답했다.

“예전에 있었던 일을 이야기 한 것뿐이다.”

“어째서 군사와 싸움에 관한 이야기는 하지 않았습니까?”

“조조가 꺼내지 않는 말을 굳이 먼저 해야 할 필요는 없지 않은가?”

이에 마초는 슬그머니 한수를 의심하기 시작했다. 조조가 심어놓은 불신의 씨앗이 싹을 틔우고 있었다. 동맹에서 절대적으로 피해야 할 것이 바로 불신이다.

진영으로 돌아온 조조는 가후에게 말했다.

"공은 내가 오늘 한수와 이야기한 까닭을 알겠소?"

가후가 조용히 미소 지으며 대답했다.

"주공의 뜻이 오묘하나 아직 두 사람을 갈라놓기에는 부족합니다. 제게 한수와 마초를 원수지간으로 만들어놓을 계책이 있습니다."

으스대고 싶었던 조조에게는 좀 의외의 대답이었다.

"말해보게."

"마초는 용맹하지만 지모가 없는 자입니다. 승상께서 한수에게 편지를 써 보내시되, 글자를 알아보기 어렵게 쓰시고 중요한 부분은 먹을 덧칠해 글자를 고쳐 쓴 뒤 한수에게 보내십시오. 마초는 반드시 그 편지를 보려 할 것이고, 고쳐진 부분을 발견하면 의심을 품을 것입니다. 의심은 반드시 변란을 낳게 마련이니 우리에게는 좋은 기회가 됩니다."

가후의 계획은 조조가 한수와 말머리를 맞대고 이야기를 나눈 것을 바탕으로 한다. 마초가 이 일로 이미 경계심을 품었으니 반드시 한수와 조조 사이의 움직임을 주시할 것이었다. 또 적벽대전에서 주유가 편지로 조조 내부를 이간질한 것에서 힌트를 얻은 것이기도 하다. 가후의 말을 들은 조조는 무릎을 치며 곧바로 시행하도록 했다.

한편 한수가 조조의 편지를 받았다는 소식을 들은 마초는 황급히 달려왔다. 한수는 기분이 썩 좋지 않았지만 마초에게 편지를 내줄 수밖에 없었다. 자신감이 부족한 그는 늘 물증을 앞세워 자신의 말을 뒷받

침하려 했기 때문이다. 아니나 다를까, 군데군데 번지고 덧칠된 편지를 본 마초는 의심의 눈초리로 한수를 다그쳤다.

"어째서 중요한 곳이 고쳐져 있거나 번져 있습니까?"

"나도 모르겠다. 처음부터 그런 글이 왔을 뿐이야."

생각이 얕은 마초는 이것저것 따져보지도 않고 나오는 대로 말을 뱉었다.

"그럼 조조가 초고를 보내기라도 했단 말입니까? 내가 자세한 상황을 알까 봐 일부로 고쳐놓은 것이 아니고요?"

그 말에 한수는 울컥 피를 토했다. 자신은 조카를 도우러 군사를 이끌고 왔는데 뜻밖에 모욕적인 말을 듣자 화가 난 것이다.

"네가 나를 믿지 못하겠다면 이렇게 해보거라. 내일 내가 조조를 불러내면 네가 달려 나와 단칼에 죽이는 것이다. 그러면 내가 결백하다는 뜻이 아니겠느냐?"

한수가 그렇게까지 나오자 마초도 한 발짝 물러서는 수밖에 없었다.

"그렇게 된다면 숙부님을 믿을 수 있습니다."

한수는 속으로 쓴웃음을 지었다.

다음 날, 한수가 후선, 이감, 양흥, 마완, 양추 등의 장수를 거느리고 나와 조조에게 대화를 청했다. 마초는 바로 달려나갈 수 있도록 가까운 곳에 몸을 숨기고 있었다.

한수는 조조가 불렀을 때 나갔으니 자신이 부르면 조조가 나오리라 생각했다. 자신이 지금 어떤 상황에 처했는지 전혀 모르는 순진한 발상이었다. 소식을 들은 조조는 편지의 효과가 나타나고 있다며 가후와 웃었다. 그런 다음 조홍을 보내 한수를 상대하게 했다.

"어젯밤 승상께서 장군께 전하신 말씀을 잊으시지는 않으셨지요? 실수가 있어서는 안 됩니다!"

조홍이 말을 마치고 몸을 돌리자 한수는 어리둥절한 얼굴로 멍하니 그의 뒷모습만 바라봤다. 그때 뒤에서 듣고 있던 마초가 창을 뽑아 한수를 죽이려 들었다. 주위 장수들이 급히 막아준 덕분에 한수는 가까스로 화를 피했다.

"조카는 의심을 거두게. 나는 정말로 다른 뜻이 없네."

그러나 이미 의심을 사실로 받아들인 마초는 씩씩대며 진영으로 돌아갔다.

조조의 이간계는 어떻게 성공할 수 있었을까?

우리는 서로 다른 사물을 연결시켜 원인을 찾으려는 경향이 있다. 이런 주관적인 생각 때문에 '착각상관'이 일어난다. 마초는 한수와 조조가 이야기를 나눈 것이나 이상한 편지, 고쳐진 내용, 조홍의 말을 하나로 연결시켜 추론해나갔다. 아무런 관계가 없는 일들을 교묘히 '포장'한 조조의 계략에 완전히 속아 넘어간 것이다.

착각상관은 우리가 사물을 인지하고 판단하는 과정에 깊숙이 작용한다. 조조도 주유의 계략에 넘어간 적이 있지만 지난 실수에서 확실한 교훈을 얻은 덕분에 보기 좋게 마초를 속일 수 있었다.

진영으로 돌아온 한수는 마음이 착잡했다. 또한 휘하의 장수들도 좀처럼 분을 삭이지 못했다. 마초가 성급하게 굴며 한수를 의심하고 모욕한 것이 불만스러웠던 그들은 조조에게 투항할 것을 권하기 시작했다. 한수는 그럴 생각이 없었지만 설령 조조를 물리친다 해도 거친 마초와 잘 지낼 것 같지가 않았다. 죽은 친구와의 의리를 지키려던 마음이 식어버리자 한수는 양추를 조조에게 보내 투항의 뜻을 전했다.

조조는 크게 기뻐하며 한수에게 제후의 벼슬을 내렸다. 그런데 한수와 장수들이 마초를 잡을 구체적인 계획을 세우고 있을 때, 이상한 낌새를 느낀 마초가 달려와 그들의 대화를 들었다. 그는 이 모든 것이 본인의 성급한 의심 때문이라는 것을 알 리 없었다.

마초가 칼을 뽑아 달려들자 급한 김에 왼팔을 들어 막은 한수는 팔 한쪽을 잃었다. 곁에 있던 장수들이 한꺼번에 달려들었지만 마초를 막을 수 없었다. 소식을 듣고 밀려온 조조군과의 싸움에서 진 마초는 마대, 방덕을 비롯해 겨우 30여 명의 군사들만 데리고 도망쳐 장로에게 투항했다. 나중에는 유비에게 의탁하게 된다.

◈ 심리학으로 들여다보기

세상에서 가장 믿을 수 없는 것은 바로 동맹이다. 언제 무너질지 모르는 성에서 함께 노는 것과 마찬가지다. 서로의 이익을 위해 연대했기에 이익에 반하는 지점이 나오면 등을 돌린다. 상대가 먼저일지 자신이 먼저일지 모른다. 그러므로 오늘의 동맹은 내일의 적이 될 수 있다.

후회는
아무리 빨리 해도 늦다

한중漢中의 장로가 서천을 공격한다는 소식이 들려오자 익주목 유장이 수하들을 모아 대책을 의논했다. 익주에서 별가別駕로 있는 장송張松이 큰소리치며 나섰다.

"저를 조조에게 보내주십시오. 세 치 썩지 않은 혀로 장로가 감히 우리 땅을 넘보지 못하게 만들겠습니다."

장송은 능력이 있으나 오만하여 좀처럼 인정받지 못하는 인물이었다. 그가 내놓은 계책이란 조조를 설득해 한중을 치도록 하여 장로가 함부로 움직이지 못하게 만드는 것이었다. 이야기를 듣고 난 후 유장이 말했다.

"별가는 조조가 형주에 있을 때도 가본 적이 있지 않은가? 그자가 몹시 오만하고 안하무인으로 군다며 돌아와서도 화를 억누르지 못했는데, 이번에 다시 가서 만나보겠단 말인가?"

오만한 사람은 다른 사람의 오만함을 참지 못한다. 과거 장송은 조조가 그를 제대로 대접해주지 않은 것에 분개했다. 이번에 조조를 찾아가겠다고 나선 것도 한 번 더 도전해보고 싶었기 때문이다. 어쨌거나 장송은 자신감이 넘치는 사람이었으니 말이다.

그러나 유장의 대꾸는 장송의 자존심을 긁었다. 자신의 체면을 잃지 않으려면 조조에 대한 불만은 잠시 접어두고 적극적으로 그를 변호해야 했다.

"조조가 형주에 있을 때는 100만 대군을 이끌고 할 일이 쌓여 있었으니 사람을 제대로 대접할 겨를이 없었겠지요. 지금은 잘 정돈된 허도에 있으니 제가 가면 이해득실을 따져본 다음 군사를 일으켜 장로를 칠 것입니다."

유장이 말했다.

"그렇다면 우선 그 이해득실이라는 것부터 들어보세나."

현명한 선택이었다. 유장이 무능한 인물로 알려진 것은 결과만으로 영웅을 판단하는 편견에서 비롯된 것이다. 여기서 유장을 설득하지 못하면 조조를 만나러 갈 수 없다는 것을 알고 있던 장송은 정신을 가다듬고 입을 열었다.

"조조를 만나면 이렇게 말할 것입니다. 마초가 비록 싸움에서 졌으나 여전히 이를 갈고 있습니다. 만약 장로에게 의탁해 힘을 합친다면 공에게 위협이 될 테니, 마초와 장로가 손을 잡기 전에 앞질러 한중을 쳐서 후환이 없도록 하는 것이 나을 것입니다."

장송의 논리를 인정한 유장은 조조에게 바칠 예물을 갖춰 함께 허도로 보냈다. 그러나 유장의 안목도 여기까지였다. 천하를 노리는 조조가 한중을 손에 넣고 나면 서천에도 관심을 가질 것이다. 그렇게 되면 유장은 장로를 피한 대신 조조를 상대해야 한다.

사실 장송은 매우 위험한 인물이었다. 오만한 그의 눈에는 유장조차 들어오지 않았다. 자신에게 어울리는 주공은 오직 조조밖에 없다고 생각했다. 사실 그가 허도로 가져가는 진짜 선물은 유장이 마련한 예물이 아니라 서천의 지형도였다. 그 지형도만 손에 넣는다면 조조가 서천을 무너뜨리는 것은 식은 죽 먹기였다.

그러나 장송이 생각지 못한 변수가 있었다. 마초를 물리친 조조는 형주에 있을 때보다 훨씬 더 오만해져 있었다. 그는 매일 승상부에 앉아 일하고 연회를 베풀며 밖으로 나가지 않았다. 특별하지 않은 사람들은 조조의 얼굴조차 구경할 수 없었다.

며칠째 승상부 입구를 맴돌았지만 좀처럼 안으로 들어갈 수가 없었던 장송은 문지기에게 뇌물을 주고서야 간신히 문턱을 넘을 수 있었다. 상황이 그렇게 되자 기분이 나빠졌다. '반사실적 사고Counterfactual Thinking' 때문이었다.

'반사실적 사고'란 과거에 발생한 일에 다른 상상을 보태는 행위를 뜻한다. 지각했을 때 '조금만 일찍 출발했더라면 늦지 않았을 텐데'라고 생각하거나, 시험을 망쳐놓고 '조금만 더 열심히 했으면 합격했을 텐데'라고 가상의 미래를 상상하는 것이다. 경우에 따라 미래에 발생할 상황을 미리 판단하고 그에 따라 행동하는 심리로 확대되기도 한다.

장송이 서천 지형도를 넘긴다면 조조로서는 크게 고마워해야 할 일이다. 그것을 이미 기정사실화한 장송은 지형도를 넘기기도 전에 이미 한껏 콧대를 높이고 있었다. 그래서 조조의 오만함에 더욱 분개했다.

한편 자신의 볼품없는 인물과 몸매에 늘 콤플렉스를 안고 있던 조조는 장송을 보자 갑자기 자신감이 생겼다. 유달리 못생긴 그의 외모 때문이다. 얼굴이 삐딱하고 머리통은 뾰족한 데다 찌그러진 코며 드러난 이가 어느 곳 한군데 잘난 구석이 없었다. 게다가 키까지 오 척도 되지 않아 장송에 비하면 조조는 미남자요 헌헌장부였다.

"네 주인 유장은 어째서 해마다 조공을 올리지 않느냐?"

장송은 서주를 통째로 넘겨주러 온 자신을 하대하며 거들먹거리는 꼴에 비위가 상했다.

"도처에 도적이 들끓는 데다 길이 험해 오지 못했습니다."

그 말을 들은 조조도 기분이 상했다.

"내가 이미 중원을 말끔히 정리해두었는데 도적이라니?"

상대방의 가장 아픈 곳만 골라 찔러대는 것이 장송의 주특기였다.

"남쪽에는 손권이 있고 북쪽에는 장로가 있으며 가운데에는 유비가 있는데 어찌 그리 천하태평이십니까?"

얼굴도 못생긴 자가 말까지 밉게 하자 조조는 소매를 털고 일어나 후당으로 들어가버렸다. 주위에 있던 사람들이 덩그러니 서 있는 장송을 나무랐다.

"승상의 심기를 건드리다니 어찌 그리 몽매하시오? 다행히 승상께서 그대가 멀리서 온 것을 보아 죄를 묻지 않으셨으니 서둘러 돌아가는 것이 좋을 것이오!"

체면이 땅에 떨어진 장송이 대들듯 말했다.

"우리 서천 사람들은 남에게 아첨하는 소리를 못 해 그러오!"

그때 단 아래 서 있던 사람이 큰소리로 따졌다.

"서천 사람들이 아첨하는 소리를 못 한다고? 그럼 우리 중원에는 아첨꾼만 살기라도 한다는 말인가?"

그는 다름 아닌 예형이 '작은아들'이라고 불렀던 양수楊修 양덕조楊德祖였다. 서로 이름을 밝히고 말을 몇 마디 나누자 장송의 나쁜 버릇이 다시 시작되었다.

"내가 듣기로 공은 대를 이어 높은 벼슬을 해온 명문가 출신이라 들었소. 마땅히 천자를 보위해야 할 분께서 어찌 승상부의 이름 없는 벼슬아치가 되셨소이까?"

조조가 대권을 쥐고 있으니 승상부의 말단 관리가 황제의 대신보다 훨씬 나은 시절이었다. 그래도 장송의 말은 상당한 파괴력이 있었다. 양수는 부끄러움을 감추지 못하며 변명하듯 대꾸했다.

"내가 비록 직위는 낮으나 승상께서는 군대에 필요한 예산이며 식량을 모두 내게 맡기셨소. 게다가 아침저녁으로 승상의 곁에서 가르침을 받으니 얻는 것이 많다오."

조조를 비웃어 상처받은 자존심을 회복하려 한 장송이 얼른 말을 받았다.

"조승상은 글에 어두워 공자와 맹자의 도를 잘 알지 못하고, 무예에 있어서도 손자나 오자의 병법을 통달하지 못했다 들었소. 헌데 공은 대체 무슨 가르침을 받는단 말이오?"

양수가 체면을 지키기 위해서는 조조를 천하제일로 만들어야 했다. 그는 조조가 새로 쓴 《맹덕신서》를 꺼내 장송에게 보여주었다. 조조가 초고를 완성한 후 양수에게 다듬도록 한 것이라 아직 아무도 보지 못한 단 한 권뿐인 책이었다.

"아무래도 변방에 오래 계신 탓에 승상의 재주를 모르시는 모양이오. 이 책은 승상께서 직접 쓰신 병서인데 한번 보시오. 후세에 남겨 줄만 하지 않소?"

장송은 눈 하나 까딱하지 않고 처음부터 끝까지 훑어보더니 책을 내던지며 말했다.

"이 책을 조승상이 직접 썼다고 하셨소?"

양수가 고개를 끄덕이자 장송은 껄껄 웃으며 대꾸했다.

"이 책은 전국시대의 어느 이름 없는 자가 쓴 것으로, 우리 촉에서는 어린아이들까지 줄줄 외고 있소이다. 승상이란 자가 남의 것을 베껴 그대들을 속이는 것이오!"

양수가 믿지 않자 장송이 말을 이었다.

"그렇다면 내가 욀 테니 들어보시오."

그러고는 처음부터 끝까지 글자 하나 틀리지 않고 외워 보였다. 양수는 깜짝 놀랐다. 한번 훑어본 책을 달달 외워버리는 장송의 재주 때문이었다. 장송의 작전에 넘어간 양수는 조조를 찾아가 장송을 천거했다.

"승상, 어째서 촉에서 온 장송이라는 사람을 홀대하셨습니까?"

아직 분이 풀리지 않은 조조가 찌푸리며 대답했다.

"얼굴도 못생긴 것이 말투까지 불손하니 죽이지 않은 것만도 충분히 대접해준 것이지."

"외모로 사람을 써서는 안 됩니다. 그가 인물은 없으나 비상한 재주를 지녔습니다. 예형 같은 사람도 용납하셨으면서 어찌 장송은 받아들이지 못하십니까?"

조조의 얼굴빛이 조금 바뀌었다.

"그 자에게 무슨 재주가 있는가?"

양수는 책을 꺼내 조조에게 내밀며 장송이 이 책을 단번에 모두 외워버린 일을 이야기해주었다.

'그렇게 못생긴 놈에게 그런 재주가 있다고?'

그러나 자존심 강한 조조가 장송에게 자신을 무시할 기회를 줄 리가 없었다. 그래서 조조는 책을 받아 아무 말 없이 갈기갈기 찢어버렸고, 《맹덕신서》는 후세에 전해지지 않게 되었다.

조조는 장송을 이용하기로 마음먹었다. 양수에게 다음 날 있을 열병식에 장송을 데려오도록 했다. 그에게 무언가 보여줄 속셈이었다. 조조가 책을 찢어버렸다는 이야기를 들은 장송은 조조의 생각을 알아차렸다.

'열병식에 가서 내가 어떤 사람인지 보여주리라.'

다음 날, 조조는 5만 명의 군사를 세웠다. 하나 같이 번들대는 갑옷에 창과 칼이 번쩍이고, 사람이며 말이 하늘로 치솟는 것처럼 장관을 이루었다. 조조가 차가운 눈으로 옆을 보니 장송이 찌푸린 눈으로 군사들을 보고 있었다. 오만한 두 사람은 서로를 내리누르려 안간힘을 쓰고 있었지만 상황은 다른 방향으로 흘러갔다. 조조가 먼저 말을 걸었다.

"그대가 사는 서천에서도 이런 영웅들을 본 적 있는가?"

장송이 지지 않고 맞섰다.

"우리 촉에서는 인의로 백성을 다스립니다. 이런 군사들은 본 적이 없지요."

그 말을 들은 조조의 얼굴색이 바뀌었지만 장송은 전혀 모르는 눈치였다. 조조를 잘 아는 양수는 장송이 또 조조를 건드렸다가 화를 입을까 싶어 눈짓을 했다. 조조가 다시 말했다.

"나는 천하의 쥐새끼 같은 무리를 풀이나 지푸라기쯤으로도 안 본다. 대군이 가면 싸워서 지는 법이 없고 공격해서 얻지 못할 것이 없다. 나를 따르는 자는 영달을 누리고 거스르는 자는 가문의 씨가 마른다는 것을 알지 못하는가?"

감정의 변화를 숨기는 데 서툰 조조가 이쯤 말했다면 이미 화가 잔뜩 났다는 뜻이다. 장송이 한 번만 더 건드리면 폭발할 상황이었다. 그러나 장송은 조조의 약점을 정확히 겨냥했다.

"승상께서 가시는 곳마다 승리한다는 것은 잘 알고 있습니다. 동관에서 수염을 자르고 옷을 벗어던지셨을 때나 배를 빼앗아 화살을 피하며 위수를 건너실 때도 그렇지 않았습니까. 이 모두 천하에 승상의 적수가 없음을 보이는 것이 아닙니까?"

이에 조조가 분노했다.

"이 선비 놈이 감히 나의 아픈 곳을 건드리는구나! 뭣들 하느냐? 어서 저놈을 끌어다 목을 베라!"

이를 양수가 말리고 순욱도 편을 들자 조조는 장송의 목숨을 살려주는 대신 몽둥이질을 하도록 명했다.

대단한 대접을 기대하고 왔다가 매만 맞은 장송은 혼자서 터벅터벅 서천으로 향했다. 이 일을 안 제갈량이 적절히 손을 쓰면서 장송은 결국 서천의 지형도를 유비에게 넘겨준다.

조조는 오만한 성격 때문에 제 발로 굴러온 기회를 놓쳐버렸다. 이로 인해 서천을 통째로 유비에게 빼앗기고 만다.

◈ **심리학으로 들여다보기**

남을 무시하는 것으로 자신의 존엄을 세울 수는 없다. 상대 또한 자신을 깎아내리는 당신을 치켜세우지 않는다. 서로 존중하지 않는 관계는 경쟁관계의 적보다 못하다. 예의를 갖춰 상대를 존중하라. 그것만이 인간관계의 답이다.

사소한 몸짓에 결정적 단서가 숨어 있다

조조가 남의 땅을 빼앗기 위해 골몰하고 있을 때, 신선 같은 용모의 채식주의자 동소가 새로운 문제를 들고 나섰다. 그는 과거 조조에게 허창으로 수도를 옮길 것을 제안했다. '천자를 끼고 제후들을 움직이는' 전술을 제시한 인물이기도 했다. 확실히 안목 하나는 남다른 사람이 분명했다. 동소는 조조가 거절할 수 없는 매력적인 건의를 했다.

"지금껏 승상처럼 많은 공을 세운 신하는 없었습니다. 저 옛날의 주공周公이나 강태공이라 한들 승상을 따라올 수는 없지요. 지난 30년간 온갖 어려운 일을 겪으며 백성을 편안케 하고 한실을 바로 세웠으니 어찌 다른 신하들과 나란히 할 수 있겠습니까? 마땅히 위공魏公의 지위와 구석九錫을 받아 공덕을 기려야 합니다."

구석이란 수레와 의복, 음악, 주호朱戶(대문과 기둥에 붉은 칠을 한 집-옮긴이), 납폐納陛(칼을 차고 황제를 알현할 수 있는 특권-옮긴이), 호분虎賁(궁궐 호위 군사를 사사로이 쓸 수 있는 권한-옮긴이), 부월斧鉞(금도끼와 은도끼. 사람을 죽여도 죄를 묻지 않는 특권을 상징-옮긴이), 궁시弓矢(붉은 화살과 검은 화살. 마음대로 역적을 칠 수 있는 권한을 상징-옮긴이), 거창규찬秬鬯圭瓚(종묘에서 쓰는 제기를 부모의 제사에 사용할 수 있는 특권-옮긴이)의 아홉 가지 특권이었다. 천자가 특별한 공을 세운 제후나 대신에게 내리는 최고의 예우였다. 특히 조조는 '위공'이라는 글자가 마음에 들었다. 지난날 왕립이 '한나라는 이미 기운을 다했으니 위魏와 진晋에서 반드시 흥하는 이가 있으리라'라고 했기 때문이다.

신하가 공을 세워 구석을 받기란 극히 어려웠다. 실제로 이 아홉 가지 특권을 받은 사람은 거의 없었다. 그러나 만약 해당되는 자가 있다면 상황은 미묘해진다. 구석에 걸맞은 공을 세웠다면 황제가 위협을 느껴 제거해버리거나 반대로 실권이 넘어가 역적이 되어버리기 때문이다. 안한공安漢公에 봉해졌다가 구석을 받은 왕망王莽은 한나라를 무너뜨리고 스스로 황제가 되었다. 그러다 보니 구석은 신하에 대한 최고의 예우였지만 그 끝이 좋지 않았다.

조조가 동소의 제안대로 한다면 큰 걱정거리를 덜 수 있었다. 이미 만인지상 일인지하의 지위에 오른 조조는 '합법적'으로는 더 올라갈 곳이 없었기 때문이다. 그가 믿고 있는 천명의 심증은 확실하나 그 작용이 오락가락했다. 그런데 여기서 동소가 조조의 발상을 완전히 전환시켰다. 단숨에 황제가 될 수 없다면 차츰차츰 다가가면 될 것이 아닌가.

신이 난 조조가 막 일을 추진하려 할 때, 조조의 일등 모사 순욱이 반대하고 나섰다.

"승상께서 의병을 일으킨 것은 한실을 붙들기 위해서였습니다. 부디 처음의 충정을 잃지 마시고 겸손하게 처신하십시오. 군자는 덕으로 백성을 사랑해야지 구석으로 세도를 뽐내서는 안 됩니다."

처음 순욱이 조조를 따른 이유는 동탁을 물리치고 한실을 부흥시키기 위해서였다. 그런데 조조의 권세가 날로 커지면서 순욱은 당초의 목표에서 점점 멀어지는 것을 느꼈다. 동탁을 찌르려 했던 영웅이 어느새 또 다른 동탁이 되어버린 것이다. 순욱은 조조가 모반했다는 명분으로 국구 동승과 동귀비를 죽였을 때부터 마음에 들지 않았다. 하지만 그것을 막을 힘이 없었기에 나서지 않았다. 어쨌거나 조조가 승상으로서 한 일이니 잘못이라 할 수는 없었다. 그러나 만약 조조가 위공이 되면 모든 것의 성질이 바뀌어버리니, 더 이상 내면의 인지부조화를 견디지 못한 순욱이 드디어 직접 나서서 막아보고자 한 것이다.

순욱은 조조가 지금의 자리에 오기까지 중요한 역할을 했다. 조조가 가장 믿고 따르는 모사였다. 조조는 매번 출정할 때마다 순욱에게 허도를 맡기며 자신의 분신처럼 생각했다. 그런 순욱이 어째서 자신이 위공에 오르는 것을 반대하고 나서는지 이해할 수도 받아들일 수도 없었다. 게다가 다른 이들은 다 가만히 있는데 순욱만 유일하게 반대하자 더더욱 받아들이기 어려웠다.

동소는 계속해서 조조를 부추겼다.

"한 사람이 반대한다고 해서 모두의 바람을 저버리시겠습니까?"

조조의 마음은 이미 위공과 구석을 받아들이기로 정했다. 순욱은 눈물을 감추며 물러나 하늘을 향해 탄식했다.

"내 어찌 이런 날이 오리라는 것을 생각하지 못했던가?"

순욱은 가슴을 쥐어뜯으며 안타까워했다. 조조는 조조대로 순욱이 더는 자신을 돕지 않을 거란 생각에 이런저런 감정들로 마음이 쓰라렸다. 그중 가장 강한 감정은 배신의 아픔이었다.

건안 17년 10월, 조조가 군사를 이끌고 강남으로 내려가자 순욱은 병을 핑계로 수춘壽春에 멈췄다. 조조가 사람을 보내 재촉했지만 그는 따르지 않았다.

"죽어 구천에 들면 무슨 낯으로 한의 황제들을 뵙겠는가."

이때 조조가 사람을 시켜 그에게 밥그릇을 보냈다. 순욱이 조조의 친필로 봉해진 밥그릇을 열자 안은 텅 비어 있었다. 그것을 본 순욱은 조조의 뜻을 알고는 독을 마시고 스스로 목숨을 끊었다. 소식을 들은 조조는 후회하며 순욱의 장례를 후히 치르게 했다.

무엇이든 처음이 어렵다고 했던가. 조조가 위공에 오르자 사람들은 위왕魏王이라고 부르기 시작했다. 이때 순욱의 조카 순유가 반대하고 나섰다. 기본적으로 순욱과 같은 가치관을 품고 있었던 순유였다.

"승상께서 위공에 봉해지고 구석까지 받았으니 이미 그 지위가 극에 달했습니다. 그런데 다시 위왕으로 승격하는 것은 이치에 맞지 않습니다."

조조는 또 한 차례의 충격을 받았다. 남이 반대하면 그냥 넘길 수 있지만 평소 가장 신임하고 의지하던 사람이 반대하고 나서자 조조는 깊은 슬픔과 동시에 분노를 느꼈다. 참을 수 없었던 조조가 입을 열었다.

"그대가 순욱을 흉내 내기라도 하겠단 말인가?"

이 말에 순유는 엄청난 압박감을 느꼈다. 그렇지 않아도 최선을 다해 역적을 도운 것을 깊이 후회하던 그였다. 특히나 조조의 냉정한 행동력을 누구보다도 잘 알고 있었다. 근심과 울분이 뒤섞인 순유는 자리에 누워 보름 만에 세상을 떠나고 말았다.

순유의 죽음도 조조에게는 큰 충격이었다. 그런 마음으로 왕위에 오르고 싶은 마음은 없었다. 하루는 기분이 상한 조조가 칼을 차고 입궐하자 헌제와 복황후가 깜짝 놀라 벌벌 떨었다. 조조가 두 사람을 향해 말했다.

"손권과 유비가 각기 땅을 차지하고 앉아 조정을 거스르고 있습니다. 어찌하면 좋겠습니까?"

헌제가 대답했다.

"그것은 위공이 알아서 하시오."

지겹도록 듣던 말이니 평소 같으면 피식 웃고 말 테지만, 그날따라 순유의 일로 마음이 답답하던 조조는 갑자기 화가 치밀어 올랐다.

"폐하께서 자꾸 그러시니 다들 내가 임금을 기만한다고 하지 않습니까!"

전형적인 화풀이였다. 영문을 모르는 헌제는 아무런 대답도 할 수 없었다. 조조가 돌아가자 의랑 조엄이 바깥 사정을 귀띔해주었다.

"요즘 위공이 스스로 왕이 되려 한다는 소문이 돌고 있습니다. 오래지 않아 즉위할 것 같습니다."

그제야 헌제는 조조가 성을 낸 이유를 알 수 있었다. 조조가 권력을 쥐고 있지만 헌제는 그를 제거하려는 생각을 지금껏 단 한 번도 버린 적이 없었다. 거듭되는 실패에도 자신의 생존을 위해, 한나라 황실을 위해 다시 새로운 계책을 세웠다. 평생을 남의 손에 놀아난 헌제가 막

다른 골목에서도 끝까지 굴복하지 않는 모습은 탄복할 만하다.

헌제는 복황후와 상의 끝에 황후의 아버지 복완을 시켜 조조를 죽이기로 했다. 복황후는 밀서를 써서 목순穆順으로 하여금 복완에게 전달하도록 했다. 목순은 편지를 머리카락 속에 넣어 궁을 나가 복완을 만났고, 답장을 받아 다시 머리카락 사이에 숨겨 궁으로 돌아왔다.

이 소식을 들은 조조가 궁궐 문 앞에서 목순을 붙잡았다. 이런 일이라면 이골이 난 조조였다. 과거 동승에게 속아 넘어간 적이 있기 때문에 이번만큼은 반드시 잡아내리라 마음먹었다.

"어인 일로 궁을 나갔다 오는가?"

"황후께서 편찮으셔서 의원을 데리러 갔습니다."

조조가 다시 물었다.

"그럼 의원은 어디에 있는가?"

"서두르다 보니 찾지 못했습니다."

충심 하나만으로는 일이 이루어지지 않는 법이다. 목순의 어설픈 대답은 더 큰 의심을 불러일으켰다. 조조는 예의를 차리지 않고 수하들을 시켜 그의 몸을 뒤졌다. 하지만 아무것도 찾지 못했다. 하는 수 없이 목순을 보내주려는 순간, 하늘이 또다시 조조를 향해 미소 지었다. 난데없이 바람이 불어 목순의 모자가 바닥에 떨어진 것이다. 조조는 그의 모자를 뒤져보도록 했지만 역시 아무것도 없었다.

이번에는 어쩔 수 없이 그를 보내줘야 했다. 그런데 모자를 받아 다시 쓰는 목순의 모습이 좀 이상했다. 머리카락 속에 감춘 편지를 들킬까 긴장한 바람에 지나치게 조심스러운 손길로 머리를 더듬은 것이다. 이것을 포착한 조조가 눈을 가늘게 떴다.

과거 조조는 투명도착각을 알지 못해 동탁을 암살하려다 실패하고 쫓기는 신세가 되었다. 또 천둥소리에 놀란 척하던 유비에게 속아 넘어가기도 했다. 그러나 드디어 도둑이 제 발 저리는 이유를 깨닫게 되었다. 목순이 그토록 조심조심 다루는 것으로 보아 머리에 뭔가가 있는 것이 틀림없었다. 조조가 다시 그의 머리를 뒤져보도록 하자 역시나 복완의 밀서가 나왔다.

지금 죽여야 하나? 아니면 살려둘까?

선택의 여지가 없는 질문이었다.

그날 밤 조조는 무장한 군사 3천 명을 보내 복완의 집을 포위하고 온 가족을 붙잡은 다음 황후가 보낸 편지까지 찾아냈다. 분노한 조조는 복씨 삼족을 모조리 감옥에 가둬버렸다.

다음날 조조는 어림장군御林將軍 극려에게 군사 300명을 딸려 황후의 옥새를 가져오도록 했다. 뭔가 잘못되었다고 느낀 복황후는 벽 틈에 몸을 숨겼다. 하지만 얼마 후 상서 화흠이 무장한 군사 500명을 데리고 들이닥쳤다. 화흠이 숨어 있던 황후의 머리채를 잡아끌고 가자 조조는 황후를 몽둥이질하여 죽이라고 고함을 쳤다.

이 세상에는 여러 종류의 사람들이 있다. 순욱과 순유처럼 죽음으로 자신의 가치관을 지키는 사람이 있는가 하면 화흠처럼 온갖 짓을 가리지 않고 부귀영화를 쫓는 사람도 있다.

복황후를 죽인 조조는 그녀의 소생인 왕자 두 명까지 독살했다. 복완과 목순의 가족 200여 명을 한꺼번에 참수한 다음 저잣거리에 효시했다.

복황후가 처참하게 죽고 나자 깊은 절망에 빠진 헌제는 식음을 전폐

했다. 남자로서 자신의 여인조차 지키지 못하고 황제로서 아들조차 보호하지 못하는 삶이 과연 살아갈 가치가 있을까? 억지로 목숨을 부지하고 살아간들 또 무슨 의미가 있겠는가?

이때부터 헌제가 산송장처럼 숨만 쉬고 있자 조조가 찾아가 말했다.

"폐하께서는 걱정하지 마십시오. 신은 다른 마음이 없습니다. 지금 귀비로 폐하를 모시고 있는 제 여식이 매우 어질고 효심이 깊으니 황후로 삼으십시오."

어느 누가 그의 말을 따르지 않을 수 있단 말인가?

모든 것은 위공의 손에 뜻에 달려 있었다.

◈ 심리학으로 들여다보기

정의는 약할지라도 늘 돕는 사람이 있게 마련이다. 옳은 길이기 때문이다. 그러므로 신뢰를 얻으려면 바른길을 가라. 그곳에 당신과 함께 걸어줄 동행자가 있다. 불의한 길을 가면서 도움을 구하고 인정받기를 원한다면 비난으로 되돌아온다.

심신이 약해지면
잘못된 것에 현혹되기 쉽다

황후의 일이 마무리되자 조조는 다시 군사를 이끌고 한중으로 향했다. 장료가 총애하는 모사 양송楊松을 뇌물로 매수해 손쉽게 한중을 얻었다. 하지만 조조는 양송에게 상을 내리기는커녕 단칼에 목을 쳐버렸다. 여자 때문에 매부 황규를 죽인 묘택과 같은 꼴이었다.

조조가 한중을 손에 넣자 주부主簿로 있던 사마의司馬懿가 찾아왔다.

"유비가 서주를 차지한 지 얼마 되지 않아 아직 민심이 어수선합니다. 주공께서는 신속히 군사를 내셔서 서주를 취하십시오."

조조는 의미심장한 눈으로 사마의를 보았다.

'이놈이 아직 뭘 모르는군. 직접 겪어보지 않으면 일의 깊고 얕음을 알 수 없는 법이다.'

정말 무서운 것은 실력이 아니라 기세다. 절묘하게 상대를 내리누르는 기세만 있다면 싸우지 않고도 상대를 무릎 꿇릴 수 있다. 조조와 곽가는 이런 이치를 잘 알고 있었다. 과거 조조는 곽가의 유언에 따른 덕분에 역주易州에서 군대를 움직이지 않고도 원씨 형제를 죽였다. 조조의 기세에 눌린 요동태수 공손강이 알아서 원씨 형제의 머리를 바쳤기 때문이다. 그때 만약 군대로 빼앗으려 했다면 공손강과 원씨 형제는 힘을 합쳐 맞섰을 것이다.

이후 조조가 승리에 도취한 데다 곽가가 죽고 이 같은 이치를 일깨워줄 사람이 없었다. 형양荊襄 땅을 손쉽게 손에 넣었을 때 동오에서는 조조에게 항복하자는 의견이 많았다. 그러나 조조가 군대를 이끌고 남쪽으로 내려오자 손권은 유비와 손을 잡았고, 결국 조조는 적벽대전에서 대패하고 말았다.

조조도 서주에 욕심이 없는 것은 아니었다. 다만 지금 대군을 움직이면 유비의 백성들이 똘똘 뭉치는 결과를 낳게 되리라는 것을 알고 있었다. 그런 상황을 원치 않았던 조조는 군대를 멈추고 조용히 지켜보기로 한 것이다.

한편 조조의 행동을 본 제갈량은 황급히 유비에게 달려가 강하江夏와 계양桂陽, 장사長沙 땅을 동오에게 떼어주도록 했다. 그것을 대가로 군사를 일으켜 조조를 막도록 하려는 심산이었다. 제갈량이 상대방에게 땅을 주고 원조를 구한 것은 이것이 처음이자 마지막이었다. 당시 조조의 기세가 대단했다는 것을 방증하는 대목이다.

원하던 땅을 얻은 손권은 군사를 일으켰다. 제갈량의 절묘한 움직임에 조조는 허도로 돌아가는 수밖에 없었다. 그때 허도에서는 또 조조를 위왕으로 삼자는 말이 나왔다. 이번에도 반대하는 사람이 있었으니, 원소의 수하였던 상서 최염이었다. 조조가 거리낌 없이 최염을 죽여버리자 이제 누구도 반대하고 나서지 못했다.

헌제는 여러 대신에게 조조를 위왕으로 즉위시킬 것을 '요청'했다. 조조는 짐짓 세 번 사양했으나 헌제가 거듭 '권하자' '어쩔 수 없이' 왕위에 올랐다. 열두 줄 면류관을 쓰고 천자의 복식을 입은 채 6마리 말이 끄는 금마차를 타고 다니니 그 화려함과 위엄이 가히 하늘을 찔렀다. 조조는 업군業郡에 위왕의 궁전을 지었다.

왕이 되고 나니 세자를 정해야 했다. 조조의 맏아들 조앙은 완성에서 죽었고, 부인 변씨 소생의 네 아들 조비, 조창, 조식, 조웅이 있었다. 그 밖에 다른 첩들이 낳은 아들도 스무 명가량이었다. 이 중에서 조조는 조식을 가장 사랑했다. 당시 뛰어난 글솜씨를 가진 조식이 가장 조조를 기쁘게 했던 것이다.

세자가 되고 싶었던 조비는 가후를 찾아가 조언을 구했다. 세자는 미래의 권력이니 책봉에 힘을 실어준다면 가후는 부귀영화를 누릴 수 있었다. 그러나 워낙 민감한 사안인지라 잘못하다간 몹시 난처한 상황에 몰릴 위험이 있었다. 저칫하면 목숨마저 위태로울 수 있었다. 하지만 가후는 어떻게 처신해야 할지 너무나 잘 알았다. 그 방법이란 조조가 세자책봉에 관해 물어올 때 대답하지 않는 것이었다.

가후가 입을 꾹 다문 채 말이 없자 조조는 그 이유를 물었다. 그제야 가후는 한숨을 내쉬며 대답했다.

"잠깐 다른 생각을 하느라 대답을 하지 못했습니다."

무슨 생각을 했냐고 묻자 가후가 말했다

"원소와 유표의 집안을 생각했습니다."

원소와 유표의 집안은 모두 맏아들을 후계자로 세우지 않은 탓에 내란이 일어나 망했다. 가후의 뜻을 알아차린 조조는 조비를 세자로 삼았다.

가후의 접근법은 매우 현명했다. 물론 그는 처음부터 조비를 세자감으로 점찍어두었다. 그러나 만약 대놓고 조비의 편을 들었더라면 조조의 불만을 살 뿐만 아니라(조조는 조식을 염두에 두고 있었기 때문) 가후 본인의 이익을 위해 세자책봉에 관여한다는 의심까지 받을 수 있었다. 그래서 그는 별 관심 없는 양 슬쩍 원소와 유표의 이야기를 꺼내 대외적으로 중립을 지키면서 조비를 도울 수 있었다. 더불어 조조의 의심을 피하면서 효과적으로 설득할 수 있었다.

위왕궁이 완성된 후, 좌자左慈가 나타나 이런저런 술법으로 조조를 놀라게 했다. 당시 천하의 인심이 조조를 곱게만 보지는 않았다는 점을 상징적으로 보여주는 사건이다. 어쨌거나 조조는 좌자의 술법으로 화병을 얻고 좋다는 약을 모두 먹었지만 낫지 않았다.

그때 태사太史 허지許芝란 사람이 관로管輅를 천거했다. 관로는 점을 잘 치기로 유명했다. 한번은 곽은郭恩이라는 자와 형제 셋이 모두 병에 걸려 그를 찾았다. 점괘를 뽑은 관로가 말했다.

"그대의 부친이 흉년이 든 해에 쌀 몇 되를 뺏느라 숙모를 우물에 밀어 빠뜨리고 큰 돌을 떨어뜨려 머리를 깨뜨렸구나. 삼 형제가 지금 그 앙갚음을 받는 걸세."

그 말은 들은 곽씨 삼 형제는 깜짝 놀라며 잘못을 빌었다. 사람이 사물을 인지할 때 이성적, 체계적으로 정보를 분석하는 대신 직감적, 본능적인 결정에 따르는 현상을 '휴리스틱스Heuristics'라고 한다. 우리는 보통 감정적이고 생동감이 넘치며 상상하기 쉽고 구체적인 사건을 더욱 쉽게 인지하고 기억해낸다. 관로의 이야기도 휴리스틱스가 작용했기 때문에 신비로운 이미지가 강해져 큰 영향력을 발휘할 수 있었다.

조조는 관로에게 좌자의 일을 물어보았다. 관로는 담담한 얼굴로 대답했다.

"그것은 사람의 눈을 속이는 환술에 불과하니 걱정하지 마십시오."

다른 사람들이 수없이 했던 말이지만 관로의 입에서 나오니 어딘가 달랐다. 그 누가 말해도 병이 깊어지던 조조는 관로의 한마디에 금방 자리를 털고 일어났다. 그렇다면 정말로 관로가 마음의 병을 고쳐준 것일까? 답은 그럴 수도 있고 아닐 수도 있다.

관로의 말을 듣고 조조의 병이 나았으니 그렇다고 할 수도 있다. 하지만 더 큰 이유는 좌자에 대한 조조의 생각이 바뀐 까닭이다. 이 사건은 미신이 사람의 몸과 마음에 얼마나 큰 영향을 미치는지 잘 보여준다.

한편 조조는 병이 낫자마자 관로에게 천하의 점괘를 보아달라고 청했다.

"삼과 팔이 엇갈리고 누런 돼지가 호랑이를 만나면 정군 남쪽에서 한팔이 꺾인다. 사자궁 안에 신위가 평안하다. 왕도가 새로 일어나니 자손이 부귀하리라."

점괘를 풀이해달라고 했지만 관로는 짤막하게 대답했다.

"하늘의 수는 아득하여 모두 알 수 없습니다. 뒷날 절로 알게 될 것이니 알려 하지 마십시오."

점술에 얽힌 신기한 이야기는 고대부터 오늘날까지 이어진다. 과학

지상주의자들은 점술을 미신으로 치부하며 교묘한 말로 돈을 버는 사기행위에 가깝다고 설명한다. 그러나 세상에는 과학으로 설명하지 못하는 일들이 많다. 이런 신기한 사건들은 비과학적으로 접근해야만 이해할 수 있다. 무조건 단정하기보다 가능성을 열어두고 지켜보는 자세가 필요하다. 이 책에서는 점술의 본질을 심리학적으로 풀어보려는 시도는 하지 않겠으나, 점괘의 결과가 사람들의 심리와 행동에 큰 영향을 미친다는 사실을 간과할 수는 없다.

관로는 아직까지 자신의 재주를 직접 증명해보이지 않았지만, 조조는 이미 그를 철석같이 믿고 있었다. 대단한 사람을 당연히 곁에 두고 싶었던 조조는 태사의 벼슬을 내리려고 했다. 하지만 관로는 거절했다.

"저는 명이 얕고 상이 궁해서 관직에 나아갈 사람이 못됩니다."

조조가 그 까닭을 물었다.

"제 이마에는 주골主骨이 없고 눈에는 안정眼睛이 없으며 코에는 양주梁柱가 없습니다. 다리에는 천근天根이 없고 등에는 삼갑三甲이 없는 데다 배에는 삼임三壬이 없으니, 태산의 귀신이나 다스릴 뿐 사람을 다스리지는 못합니다."

관로는 상대가 거절하지 못하도록 거절했다. 권위 있는 사람은 역시 달랐다. 조조가 제안을 거절당했으면서도 그를 탓하지 않았으니, 이것 또한 매우 드문 상황이었다. 관로의 대답을 듣자 문득 관상이 궁금해진 조조가 물었다.

"내 상은 어떤지 좀 봐주게."

"신하된 자로서 이미 가장 높은 지위에 올랐는데 무슨 상을 보신단 말입니까?"

조조가 재차 물었지만, 관로는 웃을 뿐 대답하지 않았다. 그러나 뜻밖에도 특별할 것 없는 이 말이 당시 정국 전체의 흐름을 바꾸는 계기가 되었다.

위왕이 즉위한 이후로 조조는 빨리 한실의 뒤를 이어 천자가 되고 싶었다. 제위로 향하는 급행열차는 이미 종착역에 가까워지고 있었다. 그를 막을 수 있는 사람은 아무도 없었다. 그런데 관로가 '신하로 가장 높은 지위'라고 말하면서 급행열차에 제동을 걸었다. 아무리 해도 '신하'의 굴레를 벗어날 수 없다는 의미로 해석된다.

조조는 예전부터 왕립의 천명설을 굳게 믿고 있었다. 과거 '금과 화가 바뀌는 형국이니 반드시 새로운 천자가 나게 될 것이다. 한나라는 이미 기운을 다했으니 위魏와 진晋에서 반드시 흥하는 이가 있으리라', '위가 한의 뒤를 이어 조씨가 천하를 안정케 할 것이다'라는 예언에서 조씨란 조조 개인이 아니라 그 아들 대까지 의미했다. 하지만 조조를 포함한 모든 이들은 조조를 가리킨다고 여겼다. 또 아들 조비가 태어나던 날, 도인이 '아드님은 참으로 귀하게 될 상'이라며 '신하에 그칠 인물이 아니다'라고 한 것도 그랬다. 이 둘을 종합하면 결론은 어렵지 않게 난다.

그때 조조는 젊었을 때 여러 명사가 자신을 두고 했던 말을 떠올렸다. 청렴한 관리로 존경받던 교현橋玄은 이런 말을 했다.

"장차 천하가 어지러울 때에는 하늘이 내린 재주를 갖지 않으면 구해낼 수 없네. 이를 구해낼 사람은 오직 자네뿐일세."

남양의 하옹何顒은 조조를 만난 후에 이렇게 말했다.

“곧 한실이 망하고 천하를 안정시킬 사람이 나타날 것이니 바로 이 사람이리라.”

관상을 잘 보던 허소許昭는 조조의 상을 보고 이렇게 말했다.

“그대는 평화로운 시대에는 능력 있는 신하가 될 것이고, 난세에는 간웅이 될 것이오.”

이 모든 단서를 종합한 조조는 그제야 진정한 천명을 깨닫고 무릎을 쳤다.

‘천명이 조씨를 가리킨다면 나는 문왕(은나라를 무너뜨리고 주나라를 세웠으나 정식으로 즉위한 것은 그 아들 무왕이었다-옮긴이)이 되어야겠군. 마지막 과제는 아들 조비에게 넘겨주면 되리라.’

◈ **심리학으로 들여다보기**

미신으로 생긴 걱정은 미신으로 풀 수밖에 없다. 그만큼 말도 안 되는 요행에 집착하고 매달린다는 뜻이다. 자신의 노력으로 해결책을 찾지 않고 묘수만 찾게 된다. 태어날 때부터 정해진 운명은 없다. 설령 있다 해도 지금 당장 당신이 벽돌 한 장을 쌓아야 이루어진다.

갈피를 못 잡은 이가
나아갈 길은 없다

조조가 동오와 서촉의 상황에 관해 점을 봐달라고 하자 점괘를 뽑아 읽은 관로가 말했다.

"동오의 주인은 큰 장수를 한 사람 잃을 것이고, 서촉의 군대가 경계를 침범할 것입니다."

실제로 관로가 조조에게 알려준 구체적인 정보는 이것 하나뿐이었다. 그런데 지금껏 늘어놓은 모호한 이야기는 잘도 믿던 조조가 이번에는 쉽게 믿으려 들지 않았다. 사실 이것은 매우 정상적인 현상이다. 관로가 구체적인 예측을 했을 때 그것이 사실이 아니라는 것이 밝혀지면 미신에 대한 신뢰도가 와르르 무너지기 때문이다.

그러나 얼마 지나지 않아 조조의 연락병이 달려왔다. 동오의 장수 노숙이 병으로 죽었고 유비는 장비와 마초를 시켜 군사를 일으켰다는 소식이었다. 평소 조조의 성격 같아서는 당장 군대를 이끌고 서촉을 정벌하러 가야 했다. 하지만 그는 관로의 재주에 감탄한 나머지 점괘를 되달라고 했다.

"왕께서는 가지 마십시오. 올봄 허도에 큰 불이 날 것이니 여기에 계셔야 합니다."

관로의 말이라면 팥으로 메주를 쑨대도 믿을 지경이었다. 조조는 즉시 출정할 마음을 접고 조호에게 5만 군사를 주어 하후연과 장합을 도와 한중을 지키도록 했다. 또 하후돈에게는 따로 3만 군사를 주어 허도를 순찰하며 방비를 강화하도록 했다.

며칠 후 조조가 왕필王必을 불러 어림군御林軍을 맡기자 주부 사마의가 말했다.

"왕필은 술을 좋아하고 성격이 너그러워 중임을 다하지 못할까 걱정됩니다."

당시 사마의는 조조의 눈에 들고 싶어 기회가 될 때마다 나서서 몇 마디씩 보탰다. 마치 복권을 사며 당첨되기만을 기다리는 사람 같았다. 하지만 조조는 그의 의견을 전혀 귀담아듣지 않았다.

"왕필은 내가 어려울 때부터 함께한 사람으로 충심이 굳은 자인데 중임을 맡을 수 없다니 그게 무슨 말이냐?"

사마의가 뽑은 번호는 이번에도 꽝이었다. 그럼에도 그는 낙심하지 않았다. 복권이란 순전히 운에 따르는 것이니 다음 기회를 노리면 그만이었다.

이때 허도에는 경기耿紀라는 사람이 있었다. 승상부연丞相府掾을 지내다 나중에 시중소부侍中少府가 되었는데 위황韋晃과 가깝게 지냈다. 이들은 조조가 위왕에 책봉된 뒤 천자의 수레와 의복을 입고 드나드는 것에 큰 불만을 품고 조조를 제거할 방법을 논의했다. 위황이 말했다.

"나와 친한 벗 중에 김위金禕라는 사람이 있는데 승상을 지낸 김일제金日磾의 자손으로 조조에게 불만이 많지. 그가 왕필과 매우 가깝게 지내니, 이 사람만 끌어들일 수 있다면 반드시 성공할 걸세."

이 세 사람은 죽은 길평의 두 아들 길막吉邈, 길목吉穆과 손을 잡았다.

"정월 보름밤이면 집집마다 큰 등을 내걸어 대보름을 경축하려 할 테니, 그때 우리 두 집안의 하인들을 시켜 불을 지르세. 그다음 천자를 오봉루五鳳樓에 모시고 문무백관을 모으는 걸세. 천자께서 조조를 벌하라는 분부를 내리시면 역적을 죽이라고 백성을 부추기고, 유황숙에게 연락해 군사를 일으키도록 하면 대사가 완성되지."

언뜻 보면 제법 치밀한 계획이었다. 그러나 어디까지나 책상 위에서 탄생한 구상에 지나지 않았다. 수백 명의 하인으로 어떻게 조조의 철갑기병을 당해낼 수 있단 말인가? 경험이 전혀 없는 이 '5인조 화공대'의 시도는 당연히 실패로 돌아갔다. 이번에도 관로의 예언이 맞아떨어진 것이다.

더 놀라운 일은 그 후에 벌어졌다. 조조는 모든 대신을 너른 터에 모아놓고 왼쪽에는 붉은 깃발을, 오른쪽에는 하얀 깃발을 세워두었다.

"지난밤 경기와 위황이 허도에 불을 지르고 난리를 일으켰소. 그때 나와서 불을 끄려 한 사람은 붉은 깃발 아래에 서고, 집에 있던 사람은 하얀 깃발로 가 서시오."

막연히 불을 끈 사람에게 상을 주려는 것이겠거니 생각한 대신들은 대다수가 붉은 깃발 쪽으로 갔다. 그러나 그들 가운데 상당수는 집 밖으로 나오지 않은 사람들이었다. 삼 분의 일 가량만이 솔직하게 하얀 깃발 아래로 갔다. 조조가 감춘 패를 모르는 상황에서 선불리 그와 게임을 했다가는 큰 손해를 보게 된다. 붉은 깃발로 가서 선 대신들은 곧 자신들의 선택이 얼마나 참혹한 대가를 불러올지 알게 되었다.

"붉은 깃발 아래 선 자들을 모두 잡아들여라."

조조의 말에 깜짝 놀란 대신들이 앞다투어 결백을 주장했다. 조조는 차갑게 웃으며 대꾸했다.

"너희는 불을 끄기 위해서가 아니라 반란에 끼어들기 위해 나온 것이 아니냐!"

붉은 깃발 쪽에 있던 대신들은 변명할 기회도 없이 전원 목이 떨어지고 말았다. 하얀 깃발을 택한 대신들은 큰 상을 받았다.

조조의 행동은 근거도 명분도 없는 그야말로 망나니짓이었다. 아무리 지혜롭고 영민한 사람이라도 평생 총기를 발휘할 수는 없는 법이다. 특히 높은 지위에 오르고 나이가 들수록 이해할 수 없는 일들을 저지른다. 이미 노인이 된 조조는 점점 더 심해지는 두풍에 시달리고 있었다. 질병은 그의 성격까지 바꿔놓았다. 질병이 잔혹하고 악랄한 성품을 더욱 강화시켜 외부의 자극에 한층 과격하게 반응한 것일 수도 있다. 세기의 영웅 조조도 인생의 끝은 피할 수 없었다.

한편 한중에 도착한 조홍은 첫 싸움에서 마초의 부장을 죽이고 승리를 거둔 뒤 군사를 물려 남정南鄭으로 갔다. 장합이 조홍을 찾아와 물었다.

"장군께서는 적장을 베어놓고 어찌 군사를 물리셨습니까?"

조홍은 솔직하게 대답했다.

"용하기로 소문난 관로가 이곳에서 큰 장수 한 사람이 꺾인다 했소. 그 말이 마음에 걸려 군사를 움직이지 못했소이다."

장합이 껄껄 웃으며 말했다.

"장군께서는 반평생을 싸움터에서 보내셨으면서 어찌 점쟁이의 말에 현혹되십니까?"

"장비는 용맹한 장수올시다. 가벼이 맞아서는 안 되오."

이렇게 말한 장합은 최선을 다했지만 결국 장비에게 패하고 말았다.

제갈량은 황충, 엄안, 위연 등 여러 장수에게 군사를 나눠주어 여러 갈래에서 진격하게 했다. 이에 조조군은 대패했고, 허도도 충격에 빠졌다. 조조는 직접 40만 대군을 이끌고 정벌에 나섰다.

남정에 도착한 조조는 정군산定軍山에 주둔하던 하후연을 시켜 황충과 법정을 공격하도록 했다. 그 결과 하후연은 그 싸움에서 죽고 만다. 조조가 의병을 모았을 때부터 그를 따랐던 하후연은 늘 조조의 곁에 머물며 많은 공을 세웠다. '삼과 팔이 엇갈리고 누런 돼지가 호랑이를 만나면 정군 남쪽에서 한팔이 꺾인다'라고 했던 관로의 예언은 결국 하후연을 가리킨 것이었다.

삼과 팔이 엇갈린다는 것은 건안 24년을 의미하고, 누런 돼지가 호랑이를 만나는 것은 기해己亥년 정월이라는 뜻이다. 정군 남쪽은 정군산을 가리키고 팔이 꺾인다는 것도 조조의 팔과 같았던 하후연을 의미하는 것이다.

소식을 들은 조조는 슬픔을 이기지 못하고 큰 소리로 울었다. 하후연의 죽음은 조조에게 너무나 큰 사건이었다. 하후연은 사적으로도 조조와 형제처럼 깊은 정을 나눴다. 공적으로는 조조의 오른팔이 되어 오랜 세월 천하를 누비며 많은 공을 세웠다.

이번 사건은 조조가 '천명' 앞에서 느낀 최초의 절망이었다. 운명이 이미 정해져 있어 관로 같은 사람이 예측할 수 있다면 아무리 노력해도 바꿀 수 없었다. 운명의 보살핌을 받던 조조도 정해진 운명 앞에 서자 삶에 대한 투지가 사그라들었다. 지금껏 그가 거둔 자랑스러운 업적들이 실은 자신의 노력의 대가가 아니라 '천명'에 지나지 않는다는 의미였기 때문이다. 세상 모든 이치가 이미 정해져 있는 것이라면 힘들게 뜻을 펼칠 까닭이 대체 뭐란 말인가? 순간 모든 것이 덧없어졌지만 운명에 대한 고민은 정답이 없는 법이었다. 조조는 곧 관로를 떠올리고 답을 구하고자 했지만 그는 어느새 자취를 감춘 뒤였다.

조조는 하후연의 복수를 다짐했으나 결국 유비와 제갈량에게 패하고 말았다. 운명이 자신을 배신하자 조조는 천명에 대해 다시 생각했다. 평생에 걸쳐 수많은 좌절과 실패를 겪었지만 단 한 번도 포기하거나 절망한 적 없는 조조였다. 그러나 이번만큼은 그도 엄청난 무력감에 빠졌다. 과연 앞으로 계속 싸워야 할지 아니면 조용히 운명의 뜻에 따라야 할지 알 수 없었다.

◈ 심리학으로 들여다보기

하늘의 순응하며 살 것인가, 하늘에 도전장을 내밀 것인가. 순응하며 살기란 쉽다. 자기 고집, 자기 주관, 자기 신념을 버리면 된다. 하지만 죽는 순간까지 도전장을 내밀겠다면 응원하겠다. 어차피 정해진 운명이라 하더라도 자기 의지로 살았다는 의미만은 다른 무엇과 바꿀 수 없으니까.

스스로 계륵이 되지 마라

군사를 움직이지 않은 지 여러 날이 지났다. 진격하자니 장비와 조운, 마초, 황충이 길목을 막고 있었다. 군사를 물리자니 사람들의 비웃음을 살까 걱정되었다. 진퇴양난의 상황에 빠져 있을 때 마침 요리사가 닭으로 탕을 만들어 올렸다. 그릇 안에 담긴 닭의 갈비를 본 조조는 고개를 끄덕였다. 마침 하후돈이 들어와 밤에 쓸 암호를 물었다.

"계륵鷄肋이라고 하게, 계륵."

하후돈은 조조의 명령을 각 부대에 알렸다. 야간순찰하는 병사들은 '계륵'을 암호로 사용했다. 한편 오늘 밤 암호가 계륵이라는 소식에 양수는 병사들에게 짐을 싸 떠날 준비를 하도록 했다. 이 소식을 들은 하후돈은 깜짝 놀라 양수를 찾아갔다.

"아니 덕조공, 어찌하여 짐을 꾸리십니까?"

여기서 하후돈이 양수를 부르는 호칭이 심상치 않다. 당시 양수의 나이는 서른넷으로, 하후돈보다 열 살 이상 어렸다. 또 관직도 하후돈보다 훨씬 낮았건만 그는 극도로 정중한 표현 '공'을 사용해 부른 것이다. 하후돈을 비롯한 장수들 사이에서 양수의 영향력이 어느 정도였는지 알 수 있다.

그 이유는 무엇일까?

양수는 명문가 출신으로 학문이 깊고 총명하여 모르는 것이 없었다. 특히 조조의 심중을 알아차리는 것이 특기였다. 한번은 조조가 정원을 새로 만든 적이 있었다. 정원이 완성되자 감독관이 조조를 청했고, 정원을 둘러본 조조는 아무 말도 하지 않은 채 붓을 들어 문 위에 '활活'이라는 글자만 적은 뒤 돌아갔다. 아무리 생각해도 무슨 뜻인지 몰랐던 감독관은 양수에게 도움을 청했다.

"간단한 문제 아닙니까. 문 안에 '활活'자가 있으면 넓을 '활闊'이 되니, 승상께서는 문이 너무 넓다고 하신 것이지요."

그 말을 듣고 감독관은 얼른 정원의 문을 좁힌 다음 다시 조조를 청했다. 조조는 그가 자신의 '수수께끼'를 푼 것을 보고 매우 기뻐하며 물었다.

"누가 내 뜻을 알아맞혔는가?"

감독관은 양수의 이름을 댔다. 애초에 조조는 정원을 둘러 본 후 장난기가 일어 수하를 놀려주면서 자신의 지혜도 뽐낼 생각이었다. 감독관이 오랫동안 문제를 풀지 못하고 자신을 찾아와 가르침을 청하면 굉장히 기분 좋을 것 같았다. 그러나 양수가 알아맞혔다는 말에 조조는 웃음을 거두었다.

한번은 북방에서 조조에게 바삭한 전병을 한 상자 보내왔다. 장난기가 인 조조는 상자 위에 '일합소一合酥'라고 쓴 다음 상자를 탁자 위에 올려두고 잠이 들었다. 마침 양수가 들어와 상자를 보고는 사람들을 불렀다.

"승상께서 주시는 것이니 한 사람당 한입씩 드시오."

잠에서 깬 조조는 상자가 빈 것을 보고 누가 전병을 먹었냐고 물었다. 양수가 웃으며 대답했다.

"승상께서 한 사람당 한입씩 먹으라고 하셨기에 모두가 함께 먹었습니다. 일합소一合酥라는 글자를 풀어쓰면 일인일구소一人一口酥가 아닙니까."

조조는 껄껄 웃었다.

"과연 덕조는 내 뜻을 알았구려."

이때 조조의 심리는 다소 복잡했다. 아무도 그의 뜻을 알아차리지 못했다면 재미가 없었겠지만, 양수가 너무 빨리 간파해버리자 그것도 재미가 없었다.

모두가 양수를 다시 보게 만든 일은 그 후에 벌어졌다.

평소 암살을 두려워한 조조는 궁리 끝에 방법을 생각해내고 사람들에게 말했다.

"나는 꿈결에 사람을 죽이는 일이 잦으니 내가 잘 때는 아무도 가까이 오지 마라."

하루는 잠자던 조조가 바닥에 이불을 떨어뜨렸다. 가까이서 시중들던 사람 하나가 얼른 달려와 이불을 덮어주려 했다. 그때 조조가 칼을 휘둘러 그를 죽여버린 다음 아무 일도 없는 듯 몸을 돌려 다시 잠에 빠졌다. 한참을 자고 일어난 조조가 '깜짝 놀라' 물었다.

"누가 내 시종을 죽였는가?"

다른 시종들이 간밤에 있었던 일을 고하자 조조는 눈물을 흘리며 시종을 후하게 장사지내주었다. 이 일로 사람들은 정말로 조조가 '잠결에 사람을 죽이는 버릇'이 있다고 믿게 되었다. 그러나 양수는 조조의 진짜 속내를 알고 시종의 장례에 찾아와 말했다.

"참으로 아까운 목숨이로다. 그대는 도구에 불과했으니."

아무도 자신의 속내를 모르길 바랐던 조조는 이 일을 계기로 양수를 보는 눈이 달라졌다. 특히 조조처럼 엄청난 권력을 휘두르는 사람은 내밀한 자기 생각이 공개되는 것을 달가워하지 않는다.

IQ는 높아도 EQ가 형편없던 것이 양수의 문제점이었다. 조조의 속내를 훤히 알아도 사람들 앞에서 시시콜콜 떠들며 우쭐대지는 말아야 했다.

사실 조조는 대단한 인내심을 발휘하고 있었다. 양수 때문에 자신의 속셈을 모두 알게 되었지만 조조는 여전히 양수의 재주를 아꼈다. 이는 그를 더욱 대단한 사람으로 만들어 사람들 사이에서 큰 영향력을 행사하게 해준 꼴이 되었다. 양수가 더욱 득의양양하게 된 이유이다.

이번에도 '황견유부, 외손제구'를 조조보다 먼저 해석해내면서 진영의 사람들은 더욱 감탄했다. 나아가 그를 한층 공손히 대하게 되었다. 어떻게 보면 모두의 눈에 양수는 이미 조조 위의 '신' 같은 존재로까지 보이고 있었다.

하후돈이 양수를 깍듯이 대하며 조조의 뜻을 알려달라고 하는 것도 모두 그 때문이다. 양수는 의기양양하게 입을 열었다.

"오늘 야간 암호를 보니 전하께서는 곧 철군하시겠소. 계륵이란 먹자니 맛이 없고 버리자니 아까운 것입니다. 지금 나아가도 이길 수 없고 물러서자니 세간의 비웃음을 살까 두려우니 이것이 바로 계륵이지요. 내 생각으로는 얻을 것이 없으니 어서 돌아가는 것이 좋을 것 같소이다. 위왕 전하께서는 분명 허도로 군사를 돌리실 것이니 나중에 허둥대지 않도록 미리 준비해놓으려는 것이오."

양수의 판단에 탄복한 하후돈은 땅에 엎드려 예를 표했다.

"덕조공이야말로 위왕 전하의 속을 들여다보는 분이오!"

그러나 위왕의 속을 들여다보는 것이 꼭 좋은 일은 아니었다. 양수와 하후돈은 이로 인해 엄청난 대가를 치르게 된다. 군사를 엄격히 다루기로 유명한 조조가 명이 떨어지기도 전에 짐부터 싼 수하를 그냥 놔둘 리 없었다.

한편 양수에게 한 수 배운 하후돈은 신나게 짐을 쌌다. 대군을 통솔하는 하후돈이 이러니 조조군 진영은 순식간에 회군할 준비로 들썩이게 되었다. 우스운 것은 대군 전체가 후퇴를 준비할 동안 총사령관인 조조는 아무것도 모르고 있었다는 점이다.

사실 조조는 아직 철군할 마음을 굳히지 않은 상태였다. 마음이 심란하여 잠이 오지 않아 진영을 돌아다니던 그는 바쁘게 짐을 싸는 장졸들 모습에 깜짝 놀랐다. 총사령관이 명령하지도 않았는데 군 전체가 한 덩어리가 되어 열심히 짐을 꾸리고 있으니 놀라지 않을 수가 없었다. 조조는 황급히 하후돈을 불러들여 자초지종을 물었다.

"주부 양수가 대왕의 심중을 읽은 것입니다."

조조는 양수를 불러들였다. 양수는 이번에도 별 것 아니라는 듯 계륵의 뜻을 풀이해댔다. '일합소'의 비밀을 설명할 때와 전혀 다를 것이 없는 말투였다. 사정을 듣고 난 조조는 분노하며 소리쳤다.

"이런 요망한 것, 감히 짐의 군사들을 어지럽히다니!"

지금 죽여야 하나? 아니면 살려둘까?

많은 사람은 조조가 양수의 재주를 질투해 그를 죽였다고 생각하지만 실은 그렇지 않다. 양수를 죽인 것은 그의 재능이 틀림없지만 결정적인 이유는 질투가 아니었다. 아무리 훌륭한 재능이라도 군사나 후계자 문제에 간섭하는 것은 결코 용납할 수 없는 문제이기 때문이다.

'천명'의 한계에 대한 뼈아픈 인식과 지병에 시달리던 조조는 후계자 문제로 고민 중이었다. 맏아들 조비 대신 가장 아끼는 셋째 아들 조식을 세자로 삼으려 했는데, 조식의 뒤에 양수가 있었다.

이미 세자로 책봉된 조비는 이상한 낌새를 차리고 오질吳質이라는 사람을 불러 의논하려 했다. 그러나 그를 자신의 처소로 불러들인 것이 남의 눈에 띌까 두려워 커다란 광주리에 오질을 숨겨 들였다. 양수에게 이 일을 들은 조조는 다음 날 광주리를 들춰보기로 했는데, 조비는 다행히 제 아버지 곁에 심어둔 사람을 통해 소식을 미리 접할 수 있었다. 당황하는 조비에게 오질이 말했다.

"그걸 가지고 무얼 걱정하십니까? 내일 그 광주리에 비단을 가득 채워 평소처럼 세자저하의 처소로 들이시면 되지요."

다음날 광주리를 뒤져본 조조는 아무것도 나오지 않자 양수가 조조를 해치려는 것으로 의심하게 되었다. 이후에도 양수는 조조의 심리를 꿰뚫는 자신의 통찰력을 이용해 조식이 아버지의 시험을 미리 준비할 수 있도록 도왔다. 덕분에 조식은 매번 물 흐르듯 유창하게 대답할 수 있었다. 그러나 조비가 이 일을 조조에게 고자질하면서 조조는 후계자 문제에 끼어드는 양수가 야심이 있는 인물이라 여기게 되었다. 다만 스스로 모든 일을 통제할 수 있으리라 믿었기에 양수에게 특별한 조치를 취하지는 않았다.

그러나 계륵 사건은 조조에게 큰 충격을 안겨주었다. 수십 년간 자신의 최측근으로 일했던 하후돈마저 양수의 말에 회군할 준비를 했기 때문이다. 조조는 순간적으로 양수의 영향력을 과소평가했음을 깨달았다. 그런 양수가 조비와 조식의 후계 다툼에 개입한다면 결과는 그의 뜻대로 될 가능성이 높았다. 조조가 원하는 상황이 절대 아니었다.

조조는 조식을 아꼈지만 그는 낭만적 성향이 강한 시인이지 훌륭한 위정자가 될 재목은 아니었다. 결국 조조는 조식에게 실망하고 조비 쪽으로 마음을 기울게 된다. 그러나 여러 장수에게 큰 영향을 미치는 양수가 조식을 돕는다면 조비에게는 버거운 상대가 되어 형제의 난으로 번질 것이 뻔했다.

결국, 조조는 집안싸움을 막기 위해 양수의 목을 벨 수밖에 없었다. 이것이 양수가 죽어야 했던 진짜 이유였다.

양수는 계륵 때문에 죽었지만, 실은 양수 본인이 '먹자니 맛이 없고 버리기는 아까운' 계륵이었다. 재능은 출중했으나 딱히 쓸 곳이 없었고 심지어 제 한 몸 지키지 못했으니 재주가 있어도 무슨 소용이란 말인가?

양수를 죽이자 화살은 하후돈에게 돌아갔다. 그러나 하후연이 죽은 지 얼마 안 된 시점에서 군의 전력을 상하게 할 수 없었다. 그래서 신하들이 만류에 못 이기는 척 하후돈을 놓아주었다.

비록 목숨은 건졌지만 하후돈은 단순한 머리 때문에 조조의 신임을 잃어버렸다. 나중에 조조가 세상을 떠날 때도 곁을 지키지 못하고 조홍에게 자리를 빼앗기게 된다. 하지만 하후돈은 원래 일을 꼼꼼하게 처리하던 인물이었다. 관우가 여섯 장수를 죽이고 다섯 관문을 지나 유비를 찾아갈 때 끝까지 따라가며 포기하지 않았다. 반면 조홍은 덤벙대는 성격으로 실수도 많이 저질렀다. 그럼에도 조조가 마지막 순간에 하후돈 대신 조홍을 선택한 것은 결국 양수와의 일 때문이었다.

◈ 심리학으로 들여다보기

잘못된 곳에 재능을 사용하면 계륵이 되어버린다. 자신의 잘못된 판단이나 행동으로 이도 저도 아닌 존재가 되어버린다. 그로 인해 인정받지 못하고 신뢰는 물 건너간다. 자신이 추진하는 일에서 정도를 지키고 명분을 세워라. 누구든 당신을 탐할 것이다.

생의 유한성에
도전장을 내밀지 마라

양수가 조조의 심중을 파악하고 있었던 것만큼은 틀림없었다. 양수를 죽이고 난 후 조조는 전쟁할 마음이 들지 않았다. 거기다 위연이 날린 화살에 인중까지 다치자 황급히 철군할 수밖에 없었다. 한중은 결국 유비의 차지가 되었다.

이후 유비는 신하들의 청을 받아들여 한중왕이 되었다. 이 소식을 들은 조조는 크게 노했다.

"돗자리 장수나 하던 놈이 감히 이럴 수가 있는가! 내 맹세코 이놈을 죽이고 말리라!"

혈서사건의 핵심 인물이 결국 가장 큰 근심거리가 된 것이다. 씩씩대는 조조의 앞에 사마의가 다시 나타나 '복권'을 뽑아보았다.

"왕께서는 노여움을 거두십시오. 유비가 촉蜀 땅에서 자멸하도록 만들 계책이 있습니다. 그 군사가 지쳤을 때 장수 하나만 보내면 손쉽게 도모할 수 있을 것입니다."

평소 사마의를 미더워하지 않은 조조는 그가 내놓는 계책들도 거들떠보지 않았다. 그런데 이번에 생각해낸 방법은 장내에 있던 대신들이 놀랄 정도로 그럴 듯했다. 그동안 연달아 '꽝'만 뽑던 사마의가 조급해졌다.

"손권은 유비에게 누이동생을 시집보냈다가 다시 데려왔으니, 이는 두 사람 사이에 문제가 있다는 뜻입니다. 손권에게 사람을 보내 형주를 치게 하면 유비는 지원군을 보내겠지요. 이때 위왕께서 군대를 보내면 유비군은 머리와 꼬리가 서로 돕지 못하게 되니 반드시 패할 것입니다."

고개를 끄덕인 조조가 만총滿寵을 손권에게 보내 손을 잡고 유비를 치자고 제안했다. 손권은 귀가 솔깃했지만 유비에게 한 번 더 기회를 주고 싶었다. 그래서 형주에 있는 관우에게 제갈근을 보내 혼인 이야기를 꺼냈다. 하지만 망신만 톡톡히 당하고 돌아왔다. 화가 난 손권은 형주를 빼앗기로 마음먹었다.

조조는 동오와 손잡고 형주로 군대를 보냈다. 이에 관우는 오히려 양양襄陽까지 손에 넣고 조인을 번성樊城으로 쫓아버렸다. 다급해진 조인이 구원을 요청하자 조조는 우금을 사령관으로, 방덕을 선봉으로 삼아 새로 훈련시킨 군사를 일곱 갈래 내주며 관우를 상대하도록 했다. 그러나 맹장 관우는 조조군을 모조리 수장시키고 우금을 산 채로 잡은 데다 방덕까지 죽이며 천하에 그 위세를 떨쳤다. 허도에서 소식을 들은 조조는 깜짝 놀라 문무대신을 불러 모았다.

"천하에 적수가 없다는 관우의 용맹은 익히 알고 있었다. 이제 그가 형주와 양양을 차지했으니 호랑이가 날개를 얻은 것과 같다. 우금을 사로잡고 방덕을 죽였으니 그 기세를 당할 자가 없을 것이다. 만약 그가 군사를 이끌고 허도를 공격하면 누가 감당할 수 있겠는가? 하여 나는 도읍을 옮겨 관우의 칼을 피하려 한다."

조조 같은 영웅호걸이 이다지도 약한 모습을 보이다니. 관우의 위세에 눌려 기라도 죽은 것일까?

사람의 신체적 상태, 특히 건강상태는 결정 및 행동에 큰 영향을 미친다. 지병에 시달려 나날이 쇠약해지는 조조는 이제 불타는 야심으로 천하를 누비던 영웅이 아니었다. 세월과 질병은 그의 육체뿐만 아니라 야망까지 좀먹었다. 약한 모습을 숨길 수 없었던 조조는 도읍을 옮겨서라도 관우를 피하고 싶었다. 늙은 영웅의 몰락이라니, 이 얼마나 처량하고 슬픈 일인가!

"그것은 아니 됩니다!"

반대표를 던진 사람은 사마의였다. 앞서 '당첨'된 복권이 그에게 자신감과 용기를 불어넣었다. 그러나 이번에 생각해낸 계획도 저번의 것과 크게 다르지 않았다.

"지금 유비와 손권의 사이가 좋지 않습니다. 여기에 관우까지 물 만난 고기처럼 설치니 손권도 못마땅할 것입니다. 동오로 사람을 보내 손권이 관우의 뒤를 치게 하면 관우를 해치울 수 있습니다."

사마의가 뽑은 복권은 다시 당첨되었다. 이번에는 관우의 목과 탁고대신托孤大臣이라는 신분이 상으로 돌아왔다.

손권이 보낸 여몽呂蒙은 흰옷을 입고 강을 건너 형주가 빈틈을 타서 관우의 뒷길을 막아버렸다. 싸움에서 패한 관우는 맥성麥城에서 손권에게 붙잡혔다. 그런데도 끝까지 투항하지 않다가 죽임을 당했다. 관우를 죽여 유비의 복수가 걱정된 손권은 조조에게 화를 떠넘기자는 장소長昭의 계략에 따라 관우의 머리를 허도로 보냈다.

그렇게 해서 동오의 사신이 관우의 머리를 담은 상자를 조조에게 바쳤다. 살아있을 때와 똑같은 관우의 머리를 보자 조조는 만감이 교차했다. 평생에 걸쳐 흠모하며 가장 극진히 대접했건만 관우는 끝내 조조를 떠나 적이 되었다. 그러나 화용도에서 마주쳤을 때 그는 자신의 목숨을 걸고 조조에게 길을 열어주었다. 두 사람이 주고받은 은의恩義는 말로 다 표현할 수 없을 정도였다. 그런 관우와 결국 이렇게 다시 만나게 될 줄이야. 날로 쇠약해지던 조조는 그대로 쓰러져 정신을 잃고 말았다.

정신을 차린 조조는 좋은 침향나무로 관우의 몸을 깎아 머리와 이어 왕후의 예로 화려한 장례를 치르게 했다. 관우를 죽인 책임을 다시 동오에게 떠넘기려는 의도였다. 소식을 들은 유비는 관우의 원수를 갚겠다며 온 나라의 군사를 총동원해 동오를 공격했다. 상황은 조조가 바라던 방향으로 흘러가고 있었다.

그러나 관우의 죽음은 조조에게도 충격이었다. 그의 병세는 날이 갈수록 깊어졌고 머리가 쪼개지는 것처럼 아파 견딜 수 없었다. 신하들이 저마다 좋은 의원을 데려왔지만 아무런 소용이 없었다. 그때 화흠이 들어왔다.

"왕께서는 신의라 불리는 화타를 모르십니까?"

당시 화타는 관로처럼 다양한 일화를 통해 '신격화'되어 널리 알려진 사람이었다. 그에 대한 소문은 퍼질수록 더욱 겹겹이 포장되어 급기야는 신의 경지에 오른 명의라는 이미지로 굳어졌다.

"나도 이름은 들어보았으나 의술이 어떤지 알 방법이 있어야지."

이에 화흠은 화타에 관련된 이야기를 들려주며 '편작扁鵲'에 버금간다고 추켜세웠다. 병이 급하면 아무 의원이라도 찾게 되었다. 오랜 세월 두풍에 시달려온 조조는 즉시 화타를 데려오게 했다.

조조를 진맥한 화타가 담담하게 말했다.

"머릿속에 바람이 일기 때문에 생기는 병입니다."

병을 고치는 것이 어렵지 않다는 어투였다.

"내가 평소 두풍을 앓고 있어 수시로 발작을 한다. 한번 아프기 시작하면 닷새고 이레고 아무것도 먹고 싶지 않지. 고칠 수 있겠느냐?"

화타는 거만한 표정으로 웃었다.

"이 병의 뿌리는 머리에 있으니, 안에 있는 바람을 빼내지 않으면 어떤 탕약도 듣지 않습니다. 마비산을 드시고 도끼로 머리를 쪼개어 바람을 빼면 병은 씻은 듯이 낫습니다."

현대 의학의 관점에서 보면 조조가 앓고 있는 병은 만성경막하혈종일 가능성이 큰데, 개두술로 치료하면 90퍼센트 이상 완치된다. 화타는 세계 최초로 마취제 마비산麻沸散을 발명하여 개두술의 통증을 없앨 수 있었다. 하지만 당시 도끼로 머리를 쪼개는 외과수술은 감히 상상조차 하지 못할 엄청난 일이었다. 가뜩이나 심한 두통으로 성격이 더 급해지고 화를 잘 내던 조조는 화타의 말을 듣자 대번에 성을 냈다.

"네가 나를 죽이려 하느냐?"

오랜 세월 암살의 두려움에 시달리던 조조는 이미 바람만 불어도 깜짝 놀라는 지경에 이르러 있었다. 꿈결에 사람을 죽인다는 황당한 거짓말을 꾸며내서라도 암살의 위협에서 벗어나고 싶었다. 게다가 길평의 독살 시도가 있고 난 후부터 조조는 의원을 극도로 경계하고 있었다. 화타는 먼저 조조의 믿음을 얻은 다음 수술을 받도록 설득해야 했다.

그러나 화타는 생각 없이 이렇게 말했다.

"왕께서는 관운장이 오른팔에 독화살을 맞았을 때 제가 뼈를 긁어내어 독을 빼주었다는 사실을 모르십니까? 지금 앓고 계신 병은 대단한 것이 아닌데 무슨 의심이 그리 많으신지요?"

화타는 훌륭한 외과 의사였지만 정신과 쪽으로는 재능이 없는 사람이었다. 큰 병이 아닐지라도 조조는(사람이라면 누구나) 본인의 머리를 두고 가볍게 생각할 수 없었다.

게다가 관우의 잘린 머리를 보고 놀란 이후인지라 조조의 정신은 매우 불안정한 상태였다. 화타가 관우의 이야기를 꺼내 조조를 설득하려 한 것은 공교롭게도 정반대의 효과를 낳았다.

"팔의 독은 긁어낼 수 있다 해도 머리통을 어떻게 쪼갠단 말이냐? 너는 관공과 가까우니 이번 기회에 나를 죽이려는 것이 아니냐?"

앞뒤가 맞지 않는 말이지만 두풍에 시달릴 대로 시달렸다는 점을 고려하면 이처럼 '횡설수설'하는 것도 이해할 수 있다. 조조는 화타를 옥에 가두고 가혹하게 고문했다.

소식을 들은 가후가 달려와 조조를 말렸다.

"저 사람 같은 대단한 의원은 다시 나지 않을 것입니다. 함부로 그 재주를 없애시면 안 됩니다."

그러나 거의 이성을 잃은 조조의 귀에 가후의 권고가 들릴 리 없었다. 모진 고문을 견디다 못한 화타는 결국 위왕을 죽이려 했다고 자백할 수밖에 없었다.

지금 죽여야 하나? 아니면 살려둘까?

답은 당연히 전자였다.

극도의 고통에 시달리는 환자는 어쩌면 다른 사람을 괴롭히는 것에서 비뚤어진 쾌감을 느꼈는지 모른다.

◈ 심리학으로 들여다보기

고통은 영웅의 가장 큰 적이다. 신체적 정신적 고통은 자신의 의지를 갉아먹는다. 투지의 무릎을 꿇리는 것도 아픔이다. 건강을 지키지 못하면 나설 수 없고 의지를 지키지 못하면 쓰러진다. 영웅도 이들 앞에서는 무력해진다.

타인의 삶을
함부로 단정하면 안 된다

화타를 죽이고 난 후 조조의 병세는 점점 더 깊어졌다. 그러나 처리해야 할 문제는 여전히 산처럼 쌓여 있었다. 병든 몸을 억지로 일으켜 세워 일하는 수밖에 없었다.

이때 동오의 손권이 사신을 통해 편지를 보내왔다.

신 손권은 천명이 이미 왕께로 돌아갔음을 알고 있습니다. 바라건대 어서 대위에 오르시어 유비를 없애고 천하를 평안토록 하십시오. 신은 곧 수하들을 거느리고 투항하겠습니다.

조조에게 제위에 오르라고 권하는 내용이었다. 물론 손권의 진짜 목적은 관우의 복수를 위해 유비가 동오를 공격하지 못하게 하는 것이었다.

편지를 읽은 조조는 가볍게 한숨을 내쉬었다. 관로가 했던 말이 떠올랐기 때문이다.

'신하된 자로서 이미 가장 높은 지위에 올랐는데 무슨 상을 보신단 말입니까?'

순간 조조는 눈앞이 밝아지는 느낌을 받았다. 껄껄 웃으며 수하들에게 편지를 보여주었다.

"이 어린놈이 나를 추켜세워 화로 위에 앉게 하려는구나!"

이에 시중 진군陣群과 상서 환계桓階는 황제를 폐위시킬 절호의 기회라며 엎드려 청했다.

"한실은 이미 시든 지 오래고, 전하의 공덕은 태산 같으니 생명 있는 모든 것들이 우러러보고 있습니다. 손권이 신하를 자청한 것은 천하 백성들의 뜻을 보여주는 것입니다. 어서 황제의 대위에 오르시는 것이 마땅한데 어찌 망설이십니까?"

조조가 미소 지으며 말했다.

"나는 30년 넘도록 한을 섬겼다. 공덕이 있다 한들 이미 왕위에 올랐는데 무엇을 더 바라겠느냐?"

온화하고도 자족의 여유가 넘치는 말투였다. 거대한 야망으로 방종을 일삼던 과거의 성격과는 사뭇 다른 모습이었다. 이번에는 하후돈이 나섰다.

"한실의 운명이 다했다는 것은 천하가 알고 있습니다. 예로부터 백성을 보호해줄 수 있는 자가 그 주인이 된다고 했습니다. 왕께서는 지난 30여 년간 많은 공을 세우셨으니 이제 백성과 하늘의 뜻을 따라야 하지 않겠습니까!"

조조는 여전히 부드럽게 웃었다.

"천명이 과인에게 이르렀다 해도 과인은 문왕을 본받을 것이다."

황제의 자리를 넘볼 만큼 야심이 큰 사람들은 죽기 직전까지 어떻게 해서든 보위에 오르려 안간힘을 쓴다. 별안간 조조가 큰 도를 깨달은 것이 아니라면 이렇게 담담하게 나올 리 없었다.

사마의가 말했다.

"손권이 신하를 자청하며 투항해왔으니 왕께서는 그에게 벼슬을 내리고 유비를 막게 하십시오."

뽑은 복권이 연속으로 '당첨'되면서 조조의 신임을 얻은 사마의의 의견은 이번에도 통과되었다.

그런데 그날 밤 조조의 갑자기 병세가 위중해지면서 눈에 헛것이 보이기 시작했다. 복황후와 동귀비, 두 왕자부터 복완, 동승 등 조조가 죽인 사람 스무 명가량이 온몸에 피를 뒤집어쓴 채 똑같은 말을 반복하며 그를 죽이려 다가오는 것이었다.

"이놈 조조야, 목을 내놓아라."

신하들은 도사를 불러 귀신을 내쫓으려 했으나 뜻밖에도 조조는 고개를 저었다.

"이제 과인의 천명이 다했으니 하루에 만금을 써도 구할 수 없을 것이다."

다음날 머리로 기가 솟구치는가 싶더니 앞이 보이지 않았다. 조조는 급히 조홍, 진군, 가후, 사마의를 불렀다. 최근에 활약한 덕분에 조조의 임종을 지키게 된 사마의는 가장 끝자리에 섰다.

"그대들은 부디 세자를 잘 보필하라."

뒷일을 부탁한 조조는 길게 한숨을 쉬더니 숨을 거두었다. 그의 나이 예순여섯이었다. 세자 조비는 조조가 죽자마자 한실을 무너뜨리고 위나라를 세워 무제武帝가 되었다.

조조는 일생에 걸쳐 수없이 많은 사람이 죽였다.

지금 죽여야 하나? 아니면 살려둘까?

이 질문은 조조가 평생 고민한 과제였다. 여백사의 가족이나 불을 끄러 나온 관원들처럼 죄 없는 사람을 죽이고도 조조는 스스로 변호했다. 동승이나 마등, 복완 등 자신에게 반대한 사람들은 화근을 없앤다는 이유로 그 가족까지 몰살했다. 진궁처럼 자신을 배신한 사람도 죽였으며, 묘택이나 진경동처럼 제 주인을 밀고하여 조조의 목숨을 구해준 사람도 죽였다. 면전에서 자신을 모욕한 예형 등도 죽였고, 유비처럼 앞에서는 약한 모습을 보여 놓고 속으로는 다른 뜻을 품은 사람도 죽였다.

언뜻 보면 조조는 일관된 기준이나 규칙 없이 사람을 죽이는 것 같다. 그러나 사회심리학적으로 그의 일생을 분석해보면 조조의 행동도 나름의 이유가 있었다. 그 역시 각종 심리적 제약이 따르는 상황에서 떠밀리듯 선택해야 했던 사회적 동물이었던 것이다.

이제까지 조조는 간악하고 잔인하며 거짓되고 속이 좁은 데다 수단과 방법을 가리지 않는 간웅의 이미지로 남아 있다. 이러한 이미지는 《삼국연의》를 지은 이가 유비를 옹호하는 촉한정통론을 고수했기 때문이다. 《삼국연의》에 등장하는 조조는 물론 실존 인물 조조를 그대로 옮긴 것이 아니다. 《삼국연의》는 사회가 기대하는 특정한 '유형'을 반영하여 조조를 묘사했다. 이로 인해 조조의 부정적인 평가는 정확한 것이 아니며 상당히 황당하다.

물론 조조가 완벽한 사람은 아니었다. 실수도 저질렀고 멍청한 짓도 했지만, 이 세상에 완전무결한 사람이 있을까? 조조의 성격적 결함이나 외부환경 및 심리적 제약의 영향을 받은 행동은 사실 보통 사람들과 비교했을 때 특별한 것은 아니다. 조조도 선택의 여지가 없었던 것 뿐이다.

동작대가 완성되었을 때 조조는 감개무량한 마음에 이런 말을 했다.

"나는 본래 어리석고 모자라는 자로 효렴孝廉에 뽑혀 벼슬길에 올랐소이다. 그러나 뒤에 천하가 어지러워지자 병을 핑계로 고향에 돌아가 작은 집을 짓고 봄과 여름은 책으로, 가을과 겨울은 사냥으로 시간을 보냈소. 천하가 조용해지면 벼슬길에 나아갈 생각이었지. 그런데 조정에서 나를 점군교위點軍校尉로 삼자 그때부터 역적들을 몰아내고 공을 세우기 시작했소. 다만 죽고 난 후 내 무덤 앞에 '정서장군이자 제후 조조의 묘'라는 비석을 세우는 것이 꿈이었소."

벼슬에 올라 밝은 정치를 하고 싶었던 조조는 의도치 않게 난세를 만났다. 전쟁을 피해 집으로 돌아가 글을 읽었지만 시대는 그를 전쟁터로 내몰았다. 이때까지 조조는 제후가 되어 정서장군으로 후세에 이름을 남기고 싶었을 뿐이다.

"동탁을 몰아내고 황건적을 소탕했소. 원술을 없애고 여포를 죽였고, 원소를 멸하고 유표를 정벌하여 천하를 평안하게 했지. 승상의 지위에 올라 신하된 사람으로서 더할 나위 없이 귀한 몸이 되었으니 무엇을 더 바라겠소. 만약 내가 없었다면 얼마나 많은 사람이 왕이 되려 했겠소? 어떤 사람은 내가 권력을 쥐었다고 다른 마음을 품고 있지 않은가 의심하지만 그것은 천부당만부당한 말이오. 그러나 지금 병권을 내놓고 무평후武平侯 땅으로 돌아갈 수는 없소. 병권을 내놓으면 다른 사람이 나를 해할 것이기 때문이지. 내가 위험에 빠지면 이 나라 전체가 흔들리게 되니, 빈 이름을 지켜 화를 막으려는 것이오."

승상이 되어 동작대를 지었을 때는 황제가 되고 싶은 야심이 있었다. 그러므로 앞부분은 조조가 꾸며낸 말이지만, 병권을 포기한 경우를 걱정하는 뒷부분만큼은 솔직한 고백이었다. 난세에서는 병권을 쥐지 못하면 자신을 보호할 수 없지만, 병권을 얻은 후에는 전권全權을 쥐려 다가가게 마련이다. 같은 상황에 처한 인간이라면 누구나 피할 수 없는 과정이다.

많은 사람이 조조를 비난하지만, 그것은 다만 그의 상황이 되어보지 못했기 때문이다. 만약 똑같은 위치에 있었다면 조조보다 나은 판단을 할 수 있다고 누가 장담하겠는가. 아니, 오히려 더 잔혹하고 한층 교활해졌을 수도 있다.

◈ 심리학으로 들여다보기

인간은 마지막 순간에 이르러서야 자신의 진짜 모습을 깨닫는다. 죽음의 순간 자기 삶을 돌이켜보며 후회한다. 잘한 일보다는 아쉬운 일이 떠오르기 때문이다. 이제는 더 할 수 없음을 알기 때문이다. 그러므로 살아있는 이 순간 자기 삶을 가꿔야 한다. 어느 부분에 아쉬움이 가장 큰지 생각하고 채워나가야 한다. 그날이 오기 전에.

◆ Epilogue ◆

조조의 심리에서 배우는 난세의 가르침

《삼국지》는 위·촉·오 삼국의 역사가 고스란히 녹아 있는 문학작품이다. 역사로서 사람들의 삶이 곳곳에 녹아 있으며, 후대 문인과 학자들의 역사관에도 큰 영향을 미쳤다.

특히 천위안이 《이탁오의 삼국지 비평李卓吾 先生 批評 三國志》을 바탕으로 저술한 '현대 심리학으로 읽는 《삼국지》 인물 열전 시리즈'는 최초로 심리학의 각도에서 역사를 재해석한 시도이다. 심리학을 활용해 《삼국지》 속 인물의 행동을 분석한 것이다. 어떤 판본의 《삼국지》를 바탕으로 했는지는 중요하지 않다. 완전판의 《삼국지》든 마오 씨 부자毛氏父子의 《삼국지》든 심리학 지식을 풀어내기 위한 재료로 이용되었기 때문이다.

천위안은 '현대 심리학으로 읽는 《삼국지》 인물 열전 시리즈'의 대상 인물로 조조, 제갈량, 관우, 유비, 손권, 사마의를 선택했다. 이들은 난세에 태어나 영웅이 된 인물들이다. 개성이 뚜렷할 뿐만 아니라 우리가 생각하는 영웅의 이미지에 부합한다. 그로 인해 우리는 책을 읽으며 자신의 모습을 찾는다. 스스로 책 속의 인물이라 상상하며 '나라면 저 상황에서 어떻게 했을까?'라고 생각한다. 그 시대 영웅들이 실제로 어떤 인물이었는지는 그리 중요하지 않다. 역사를 좌우하는 결정에서 그들의 심리적 요인을 발견할 수 있기 때문이다.

관우가 실제로 오만하고 자기 우월감이 강한 인물이었는지는 중요한 문제가 아니란 이야기다. 우리 누구나 오만한 면이 있다. 살아가면서 그런 사람들을 만나게 된다는 것이 핵심이다. 비슷한 성격을 지닌 사람은 행동이나 심리적 패턴이 놀라울 정도로 흡사하다. 조조가 의심이 많은 것처럼 우리도 의심할 때가 많고, 주유가 질투하듯 우리도 자주 질투한다. 그래서 지략이 뛰어난 제갈량과 야심만만한 유비, 다혈질 장비와 충성스런 노숙을 보며 우리는 자신의 마음을 깊이 들여다볼 수 있다.

사람은 누구나 영웅적 기질을 지니고 있다. 남자든 여자든 누구나 영웅을 꿈꾼다. 이러한 역사적 영웅을 보면서 자기감정을 이입하고 현실의 경험에 대입한다. 사람의 심리란 참으로 미묘하다.

'현대 심리학으로 읽는 《삼국지》 인물 열전 시리즈'를 통해 우리는 심리 규칙을 들여다볼 수 있다. 여기에 나온 심리 규칙을 잘 이해한다면 사람과 사람 사이의 관계와 갈등에서 융통성과 포용력을 갖게 될 것이다. 또한, 일상의 고단함과 스트레스, 어려움을 직면하면서 겪게 될 수많은 시행착오를 비켜 지나갈 지혜를 발견할 수 있다. 이것이 이 책의 특징이다.

명나라의 대학자 이지李贽는 《분서焚书》에서 '남의 술잔을 빌어 나의 근심을 없앤다借他人酒杯 浇自己块垒'라고 했다. 우리가 책을 읽는 이유이다. 부디 이 책에서 많은 배움과 지혜를 얻기를 바란다.

편집인 리신타오李新濤